商业银行业务与经营

Commercial Banking
and Operations

周烨 主编

·上海·

内容提要

本书介绍了商业银行业务与经营的基本原理、知识和技能，阐述了商业银行的产生与演进、性质与职能、经营原则、组织结构，分析了商业银行的资产业务、负债业务、中间业务等。同时，结合国内外银行业务与经营管理实践，在金融科技的背景下探讨了我国商业银行的发展趋势及政府对银行业的监管新变化。

本书内容丰富、实用性强，既适合作为应用型本科和高等职业教育金融专业人才培养的教材，也可供商业银行从业人员参考使用。

图书在版编目（CIP）数据

商业银行业务与经营 / 周烨主编 . -- 上海 : 同济大学出版社, 2024.6
ISBN 978-7-5765-1163-5

Ⅰ.①商… Ⅱ.①周… Ⅲ.①商业银行－银行业务②商业银行－经营管理 Ⅳ.①F830.33

中国国家版本馆 CIP 数据核字 (2024) 第 102784 号

商业银行业务与经营

周烨　主编

出 品 人	金英伟
责任编辑	金　言
责任校对	徐春莲
装帧设计	张　微

出版发行	同济大学出版社 www.tongjipress.com.cn （地址：上海市四平路 1239 号　邮编：200092　电话：021 - 65985622）
经　销	全国各地新华书店
印　刷	常熟市华顺印刷有限公司
开　本	710mm×1000mm　1/16
印　张	21.75
字　数	373 000
版　次	2024 年 6 月第 1 版
印　次	2024 年 6 月第 1 次印刷
书　号	ISBN 978-7-5765-1163-5
定　价	88.00 元

本书若有印装质量问题，请向本社发行部调换　　版权所有　侵权必究

本书编委会

顾　问　张迺英

主　编　周　烨

副主编　赵　歆　余志芳

编　委

黄　璐　　中国银行上海市宝山支行副行长

倪　涛　　中国银行上海市共康支行行长

郑可圭　　万联证券上海分公司副总经理

俞默智　　万联证券富贵东路营业部总经理

石　超　　万联证券富贵东路营业部华东区首席讲师

王庆杨　　上海满星财务管理有限公司董事长

前言

商业银行是现代经济体系中最重要的金融机构之一，其业务涉及存贷款、外汇、理财等多个领域，对国家经济发展和金融稳定具有重要意义。随着金融市场的不断发展和金融科技的快速进步，全球银行业面临着越来越多的挑战和机遇。改革开放以来，我国银行业开启了飞速发展的变革过程。自党的十八大以来，在习近平新时代中国特色社会主义思想的指导下，我国银行业在服务社会经济发展方面稳步提升，不仅大力发展绿色金融、数字金融，而且金融监管体系不断健全，在防范和化解金融风险方面取得明显成效。因此，学习和研究商业银行业务与经营具有重要意义。

本书旨在全面系统地介绍商业银行业务与经营的基本原理、基本知识和基本技能，阐述商业银行的运作机制、业务特点和经营策略，以期提高读者对商业银行经营管理的认识和理解。同时，本书融入思政元素，每章涵盖思政案例分析，有助于引导学生在学习专业知识的同时，树立正确的世界观、人生观和价值观，增强社会责任感和职业道德意识。

本书共分为十章，包括导论、商业银行负债业务、商业银行贷款业务、商业银行现金资产业务、商业银行证券投资业务、商业银行中间业务、商业银行资本金管理、商业银行风险管理、商业银行金融科技业务、政府对银行业的监管等。在编写过程中，力求内容全面、系统、实用，注重理论与实践相结合，突出重点和难点，方便读者更好地理解和掌握相关内容。

本书具有以下特点：一是系统性与发展性相结合，本书既涵盖了商业银行业务与经营的基础理论部分，也包括商业银行金融科技业务、政府对银行业的监管等内容。二是基础性与应用性相结合，本书既注重理论知识的传授，也注重商业银行经营管理方法的介绍和案例分析，通过案例分析帮助读者更好地理解和掌握相关内容，最终服务于我国商业银行经营管理的实践。此外，本书配备了丰富的线上学习资源和在线开放课程，各章节重要知识点配有对应的二维码资源，可以通过手机扫描获取。

本书为商业银行从业人员提供了全面系统的参考，为高职财经类专业的学生提供了实用的资料，也可供从事金融工作的初学者或自学者使用。

本书第一章、案例整理与思政案例分析由上海济光职业技术学院经济管理学院赵歆老师编写；第六章由上海济光职业技术学院经济管理学院余志芳老师编写；第二章至第五章、第七章至第十章，以及习题由上海济光职业技术学院经济管理学院周烨老师编写。周烨老师对全书进行了统稿。

本书编写得到了上海济光职业技术学院经济管理学院院长张迺英教授及中国银行上海市共康支行倪涛行长的热情参与和指导，在此一并表示感谢！同时，校企合作单位中国银行上海市宝山支行、万联证券上海分公司、上海市创意产业协会、上海满星财务管理有限公司等提供了行业前沿发展趋势信息，丰富了本书内容。本书编写过程中，参考了许多专家学者的研究成果。由于时间仓促，书中难免有错漏之处，诚请批评指正，联系邮箱：zyzy15199@qq.com。

本书的出版得益于上海市教育委员会"数字化商务运营管理"高水平高职专业群建设（2022—2024）项目的支持。同济大学出版社在本书的出版过程中给予指导，提出了很多建设性意见，在此表示感谢。

编者

2024年5月

目录

前言		5
第一章	导论	9
第一节	商业银行的产生与演进	10
第二节	商业银行的性质与职能	14
第三节	商业银行的经营原则	20
第四节	商业银行的类型与组织结构	24
第二章	商业银行负债业务	41
第一节	商业银行负债业务概述	42
第二节	商业银行存款业务经营与管理	45
第三节	商业银行非存款业务经营与管理	70
第三章	商业银行贷款业务	87
第一节	商业银行贷款业务概述	88
第二节	公司贷款	107
第三节	个人贷款	114
第四节	贷款信用风险管理	122
第四章	商业银行现金资产业务	155
第一节	现金资产概述	156
第二节	商业银行现金头寸预测	158
第三节	商业银行现金资产管理	164
第五章	商业银行证券投资业务	177
第一节	商业银行证券投资业务概述	178
第二节	商业银行证券投资分析	183
第三节	商业银行证券投资策略	188

第六章 商业银行中间业务   **197**
   第一节 商业银行中间业务概述   198
   第二节 商业银行结算业务   203
   第三节 商业银行代理业务   212
   第四节 商业银行银行卡业务   218
   第五节 商业银行担保类业务与承诺类业务   221
   第六节 商业银行财富管理业务   230
   第七节 商业银行其他种类中间业务   233

第七章 商业银行资本金管理   **243**
   第一节 商业银行资本的界定及功能   244
   第二节 商业银行资本充足性及《巴塞尔协议》   248
   第三节 商业银行资本的管理   256
   第四节 我国商业银行的资本监管   264

第八章 商业银行风险管理   **273**
   第一节 商业银行风险概述   274
   第二节 商业银行风险管理   277
   第三节 商业银行内部控制   288

第九章 商业银行金融科技业务   **303**
   第一节 商业银行金融科技业务概述   304
   第二节 商业银行金融科技的应用   307
   第三节 金融科技对商业银行发展的影响   316

第十章 政府对银行业的监管   **321**
   第一节 政府对银行业的监管概述   322
   第二节 中国银行业监管框架   328
   第三节 全球银行业监管发展趋势   339

参考文献   **348**

第一章 导论

导言

商业银行,这一起源于近代西方的金融机构,经历了长期演变和发展,已成为现代市场经济中的核心组成部分。不仅为各类企业和个人提供全方位金融服务,而且在国民经济的信用创造和支付系统中发挥着至关重要的作用,构成了经济活动的基础架构。在我国,现代商业银行的起源可以追溯到外资银行的建立。自中华人民共和国成立以来,通过不懈改革和探索,我国已成功构建了一个具有现代化组织结构的商业银行管理体系。这一体系不仅促进了金融市场的健康发展,也为国家经济的稳定增长提供了有力支撑。

学习任务

①探讨商业银行的起源、发展和演变,理解其在不同历史阶段的角色和影响。②分析商业银行作为金融中介的核心职能,包括资金调配、信用创造和风险控制。③学习商业银行的经营原则,包括如何在风险与收益之间寻求平衡,以及如何实现可持续的盈利模式。④概述不同类型商业银行的特点和差异。⑤研究商业银行的组织结构,包括治理结构、部门设置和内部管理机制,以及它们如何影响银行的运营效率和风险控制。

第一节　商业银行的产生与演进

一、商业银行的产生

国际贸易与商业银行的产生

银行业的产生与国际贸易的发展紧密相连。"银行"这个词源于意大利语中的"banco",意思是"存放金钱的场所"。在古罗马时期,市场上已经出现了专业的货币兑换商,他们提供服务并收取一定的费用。到了中世纪,随着国际贸易的蓬勃发展,欧洲出现了两个著名的货币交易城市——威尼斯和热那亚。在中世纪的欧洲,由于封建领主割据,货币流通常常不稳定,这导致商人在进行交易时必须携带多种不同的货币。这些货币在形状、质地、重量上各不相同,且不能通用,使交易过程变得复杂,严重阻碍了国际贸易的发展。此外,由于缺乏有效的清算和结算机制,资金流动常常受到阻碍,一些人便利用手中的资金进行投机活动。为了解决这些问题,专业的货币交易商应运而生。他们不仅提供货币兑换服务,还帮助商人将携带的多种货币统一起来,简化了交易流程。同时,货币交易商还提供资金保管服务,使商人能够将资金存放在安全的地方。随着时间的推移,商人对货币交易商的服务需求不断增加,他们开始寻求更加多样化的服务。因此,除了传统的货币兑换业务外,货币交易商开始提供更加多样化的支付和汇款业务,如支票和汇票。在这个过程中,货币交易商逐渐承担了银行的初步职能。首先是货币兑换业务,货币交易商通过与各地货币兑换中心的合作,确保商人能够顺利地使用各种货币进行贸易。其次是资金转移服务,货币交易商负责将商人的资金从一个地点转移到另一个地点,这种服务在中世纪的欧洲极为关键。总的来说,中世纪欧洲的货币交易商不仅为商人的贸易活动提供了便利,也为后来银行体系的形成奠定了基础。

随着存款者数量的不断增加和存款量的持续增长,货币商敏锐地发现了一种现象:存款者并不总是在同一时间提取他们的存款。这一发现促使货币商开始将暂时闲置的资金转化为贷款,以满足那些急需资金的个人或企业的短期资金需求。这种策略不仅提高了资金的使用效率,而且为货币市场注入了额外的流动性,满足了市场对短期资金的多样化需求。起初,货币商仅利用自己拥有的资金提供贷款。

然而，随着时间的推移和经济的不断发展，代理支付制度的出现使借款者可以将资金存入贷出者处，由后者代为支付。这种存贷业务实际上已经开始具备了信用创造的功能，这正是现代商业银行的核心特征之一。

尽管早期银行业已经展现出一些现代银行的关键特征，但实际上它们仍处于银行体系的初级阶段。在那个时代，银行业的发展尚未与当时普遍存在的社会化生产方式紧密结合。银行的主要客户群体是掌握权力和财富的政府官员以及拥有土地、财产的封建贵族。这些银行向客户发放的贷款往往伴随着高额利息，这种做法不仅扰乱了社会再生产的正常进程，还对经济的健康发展造成了负面影响。但同时，这种高利贷模式也为货币和信贷业务的发展奠定了基础。从17世纪末至18世纪初，银行业经历了从原始形态到现代商业银行的演变，这一过程是社会经济发展的必然趋势，同时也是特定历史条件的产物。资本主义商业银行的出现标志着现代商业银行的雏形。随着生产力的提升、生产技术的进步以及社会劳动分工的细化，资本主义生产关系开始形成并逐步扩展。资产阶级作为新兴的阶级力量，开始推动社会的进步与变革。然而，封建银行的高利贷性质及其对特权阶层的贷款偏好，严重阻碍了社会闲置资本向产业资本的转化。新兴的资产阶级工商业者，作为资本主义生产方式的主要推动者，面临着从现有银行体系中难以获得足够信用支持的困境。因此，资产阶级迫切需要建立一个能够满足其资金需求、提供更有利贷款条件的资本主义银行体系。这样的金融机构将有助于扩大生产规模，提高生产力，推动社会经济的整体发展。

二、商业银行的演进

现代商业银行的兴起主要有两种途径。第一种是传统高利贷银行转型。随着资本主义生产模式逐步取代农业经济，贷款需求逐渐减少，传统高利贷银行面临着转型的挑战。为了生存和实现盈利，这些银行不得不降低贷款利率。然而，由于资金不足，它们难以满足大规模的贷款需求。在这种背景下，高利贷银行开始将业务重点转向为工商业提供流动性贷款，例如，短期贷款、票据贴现和承兑汇票等。随着时间的推移，一些规模较大的高利贷银行开始涉足储蓄业务，并通过发行纸币来吸引资金，这标志着它们从纯粹的高利贷银行转变为商业银行。第二种是基于资本主义原则通过股份制形式建立银行，专门从事金融业务。最早的实例是 1694 年成立的英格兰银行。这家银行的成立是为了打破当时市场上高利贷银行的信用垄断和高昂的贷款利率。因此，英格兰银行的创始人设定了 5%～6% 的低年利率，以吸引储户。由于其利率远低于其他高利贷银行，英格兰银行迅速获得了成功，打破了旧有的垄断格局，并成为其他国家效仿的典范。实际上，尽管英格兰银行最初是一家私人控股的股份制银行，但通过与政府的合作，逐渐发展成一个由国家控制的大型商业银行。其成功的经营模式很快被欧洲其他国家采纳，商业银行因此在全球范围内逐渐兴起。

三、商业银行的发展

（一）短期融资模式

至今，英美两国的商业银行贷款业务依旧以短期商业性贷款为主导，这一传统植根于英国深厚的历史背景之中。作为资本主义制度和股份制体系的先驱，英国的资本市场发展极为成熟和完善。因此，企业更倾向于利用这一发达的资本市场来筹集资金，而非过分依赖商业银行的贷款服务。在工业革命初期，由于企业生产设备相对简易，长期资本投入的比重较小，企业多通过资本市场进行融资。与此同时，银行贷款主要服务于商品流转中的临时性短期资金需求，成为企业短期融资的关键渠道。这种融资模式并非长期资本的主要来源，而是为企业提供灵活的资金支持，以应对市场波动和经营中的短期需求。

早期商业银行在金属货币制度下运营，资金主要来自活期存款，信用创造能力受限。为保障经营稳健，银行避免长期贷款，更侧重于短期商业性贷款。这种供需关系促使英国商业银行形成了独特的业务模式，即主要提供短期贷款以满足企业临时性资金需求，确保银行业务的安全性和流动性。

这种业务模式有其优势，能够较好地保持银行的清偿能力，确保经营的安全性。然而，其缺点也显而易见，即限制了银行业务的进一步拓展和发展。尽管如此，这种业务模式仍在一定程度上满足了当时经济发展的需要。

（二）多元经营模式

随着时间的推移，传统的商业银行业务模式已经从单一的短期商业性贷款扩展到长期贷款领域，甚至涉足了企业股票与债券的直接投资。这些银行不仅提供短期贷款，还为企业提供了一系列投资银行服务，如证券包销和决策咨询，并在企业合并等关键时期提供财务支持。这种服务的多元化体现了商业银行在金融服务领域中的综合能力。在德国等国家，这种综合银行模式已经长期坚持并发展成熟。同时，美国和日本的商业银行也在逐步向这一模式转型，以适应不断变化的市场需求，提高自身竞争力。综合银行模式的实施，不仅为银行自身带来了更广阔的业务机会和收入来源，也为企业提供了一个更加全面和一体化的金融服务平台。

那么，为什么会形成这样一种特定的银行模式呢？究其原因，是由于德国特殊的历史背景所决定的。作为一个新兴资本主义国家，德国在工业领域与英法等国家的老牌国家竞争激烈，特别是在汽车制造等领域尤为激烈。在这一时期，德国需要大量的资本支持以推动工业发展。然而，德国当时的资本市场尚不成熟，无法提供足够的资金来满足这种需求。因此，德国企业不得不依赖银行，期望银行能够成为他们的"资本合作伙伴"，帮助他们筹集必要的资金。为了巩固与客户的关系并加快自身发展，德国的银行积极回应了企业的需求，不仅提供各类贷款服务，还深度参与企业的经营决策，与企业保持紧密的战略合作关系。这种密切的银企关系促成了德国最早出现的银行资本与工业资本融合而成的金融资本，同时也催生了金融寡头的现象。

多元经营模式的显著优势在于其全面性的金融业务经营，能有效发挥商业银行在国民经济中的核心作用。然而，该模式同样面临挑战，如经营风险增加，对银行管理和风险控制能力提出了更高要求。

四、我国银行的产生

中国商业银行的起源可以追溯到古代。在南北朝时期，寺庙中出现了典当业务，这可以看作是银行业的早期形态。到了唐代，随着经济的繁荣和货币流通的增加，出现了汇兑业务，这为后来的钱庄提供了参考。北宋时期，"交子"作为纸币的早期形式，预示着现代银行业务的初步发展。明清时期，当铺成为重要的信用机构，它们与商业、手工业和农业领域建立了紧密联系。明朝末期，随着大量白银的流入，银铺逐渐转变为钱庄，并开始涉足贷款业务。清朝初年，钱庄的业务进一步扩展，除了传统的贷款业务外，还增加了存款等金融服务。然而，由于外部压力和政府的限制，钱庄的经营并不顺利，最终走向了衰败。

中国近代银行业的诞生与发展，可以追溯到19世纪中期，这是外国资本银行进入中国市场并开始渗透的关键时期。英商东方银行作为首批进入中国的外国银行之一，对中国银行业的演变产生了重要影响。随着更多资本主义国家在中国设立银行分支机构，它们不仅在商业竞争中与中国本土银行展开角逐，还在金融领域对中国传统的金融体系带来了重大的冲击。这些外国银行的进入，为中国银行业注入了新的活力，并引入了先进的经营模式，激励中国银行业学习并吸收这些宝贵的经验，为其自身发展奠定了基础。1897年，清政府在上海成立了中国通商银行，专门负责国际汇兑业务，这标志着中国现代银行体系的正式建立。

第二节　商业银行的性质与职能

一、商业银行的性质

从"宇宙行"年报看商业银行性质

商业银行，作为金融市场的核心，以追求利润为动力，专注于金融资产与负债的运营，多功能的金融特性。它不仅是企业，更是金融市场的核心力量，致力于金融服务的创新与拓展。

（一）商业银行具有企业经营性质

商业银行作为现代金融体系的核心机构，不仅具备现代企业的基本特征，而且在运作机制上与一般工商企业有着显著的共通之处。它们拥有经营所需的自有资金，构成了开展业务的基础。商业银行实行严格的独立核算制度，确保财务状况的透明度和准确性，从而维护了市场的信任。更为关键的是，商业银行承担着自负盈亏的责任，这要求它们在经营过程中必须审慎行事。商业银行的核心经营目标是追求最大限度的利润，这一目标不仅是其存在和发展的基础，更是推动其不断创新和前进的动力源泉。

因此，从某种意义上说，商业银行与工商企业在追求利润这一点上并无本质区别。二者都是市场经济的参与者，都需要通过不断努力和创新，在实现自身价值的同时，为社会的进步和繁荣作出贡献。

（二）商业银行不同于一般企业

商业银行在金融体系中扮演着核心角色，其经营模式与一般企业存在本质区别。它们专注于金融资产和负债的经营，致力于资金融通和支付中介服务。尽管这些服务不直接创造物质价值，但它们在现代经济中发挥着不可或缺的作用。

首先，业务范围的独特性。商业银行的业务涵盖了存贷款、代理、投资服务和财务顾问等方面。这些服务旨在满足客户多样化的金融需求，同时通过利息收入、手续费和佣金等形式，将收益回馈给客户或股东。

其次，经济影响力的体现。商业银行通过广泛的金融市场参与，掌握着庞大的信贷资源和货币流量。它们的经营状况不仅能够反映经济的繁荣与衰退，而且通过信用创造和信贷支持，对整个经济的运行机制产生深远影响。

最后，社会责任的承担。商业银行的责任不仅限于对股东和客户的经济回报，更包括对社会的积极贡献。它们需要在追求盈利的同时，响应国家政策，维护经济稳定，成为连接个人、家庭、企业与国家的重要纽带。

（三）商业银行不同于其他金融机构

商业银行在金融体系中占据着特殊而重要的地位。与中央银行相比，商业银行的角色和职能有着显著的区别。中央银行作为国家调控国民经济发展的核心部门，其职责在于制定和执行国家货币政策，拥有独一无二的货币发行权，并对金融市场进行严格的监管，商业银行则不具备这些宏观调控和监管的职能。

商业银行与其他金融机构不同，后者通常专注于特定的金融业务，商业银行则提供广泛的服务，从传统的储蓄和贷款到现代的投资理财和电子银行，其业务覆盖了社会经济的多个方面。这种综合性服务不仅满足了多样化的金融需求，也体现了商业银行在金融创新和经济发展中的重要作用。

二、商业银行的职能

在国家经济体系中，商业银行扮演着举足轻重的角色，是社会经济活动的枢纽，确保了金融市场的高效运作，并为经济的持续繁荣提供了动力。商业银行的核心职能包括信用中介、支付清算、信用创造，以及提供广泛的金融服务。商业银行的服务不仅为个人和企业提供了必要的金融支持，更通过确保资金的有效配置，促进了社会经济的全面增长。通过精细化的信贷策略和创新的金融服务，商业银行为经济增长注入了活力，同时通过风险管理和资产配置，为经济稳定提供了保障。

创新金融服务与商业银行的职能

（一）信用中介

商业银行的核心职能之一是作为信用中介将社会资金集中并重新分配到经济活动中。这一过程涉及吸收存款和发放贷款，确保资金的高效流通。银行的利润主要来自贷款利息与存款利息之间的差额，这种模式保证了其收益的稳定性。商业银行在这一过程中，不改变资本的所有权，而是转移资本的使用权，以促进经济的健康发展。具体而言，商业银行发挥了以下方面的作用。

（1）提高资金使用效率。商业银行通过存款业务，有效提升了资金的流通效率。它们将生产过程中的暂时闲置资金转化为活跃资本，不需要增加社会资本总量，显著提升了资本运用的效率，为生产规模的扩展提供了坚实的金融支撑。

（2）存款活动的增值潜力。商业银行的存款服务不仅为个人提供了储蓄便利，而且将消费过程中产生的资金转化为有增值潜力的投资。原本可能被闲置的货币资金，通过银行的介入，转变为推动社会资本增长和经济增长的重要力量。

（3）资金的结构性调整。商业银行还发挥着资金配置的枢纽作用，将短期货币资本转化为长期资本，并引导资本流向具有高增长潜力的部门。这种资本的结构性调整不仅优化了经济结构，更为经济的健康、稳定和可持续发展提供了动力。商业银行通过这些操作，既为实体经济注入了活力，也促进了经济体系内部资源的优化配置和产业结构的升级。

（二）支付中介

在货币资本的流转过程中，商业银行发挥着不可替代的关键作用。它不仅是资金的提供方，也是资金需求的满足者。虽然银行传统上被视为存放存款的机构，但在现代金融市场的发展浪潮中，它们已经转型为综合金融服务的提供者，具备了多元化的功能和角色。银行通过账户转账、代理支付和现金兑换等服务，构建了一个庞大而高效的支付网络。这种服务不仅减少了对现金的依赖，也降低了流通成本，加速了资金的结算和周转。商业银行的支付中介功能主要体现在两个方面。

（1）吸引低成本资金。银行通过提供便捷的支付服务，吸引并汇集了大量低成本资金。客户将资金存入银行，享受转账和支付的便利，这些存款为银行提供了低成本的资金来源，减轻了银行的运营负担。

（2）促进资金流动。银行的非现金转账服务，包括支票支付、汇兑和托收承付等，降低了现金使用频率，减少了相关费用，加快了资金的流动和周转，推动了资金在生产领域的投入和增值。

支付中介职能的起源可以追溯到货币经营时代，货币经营者通过提供货币保管和支付服务积累了资本。随着业务的发展，这些货币经营者逐渐引入了贷款服务，从而发展成为信用中介。随着时间的推移，支付职能的扩展越来越依赖于信用中介的支持。这是因为只有在客户在银行存有资金的情况下，银行才能有效地提供支付服务。这种支付与信用的相互依赖关系，促进了二者之间的紧密联系。它们相互促进，共同推动了银行借贷资本的流动，为经济活动提供了更加灵活的资金支持。支付中介和信用中介的协同作用，不仅增强了银行服务的综合性，也推动了金融体系的整体发展。

（三）信用创造

商业银行在履行信用中介和支付中介职能的基础上，进一步发展出信用创造职能。作为唯一能够吸收活期存款并开设支票账户的金融机构，商业银行使转账和支票流通变得可行。通过吸收存款并发放贷款，贷款在支票流通过程中转化为派生存款，这一过程在金融体系中起到了至关重要的作用。在存款不被完全提现的情况下，商业银行的这一循环机制扩大了其资金来源，形成了原始存款的派生存款。这种派生存款不仅增强了银行自身的资金实力，也为经济体系提供了更大规模的流动性。

知识点拨

甲银行吸收存款按照有关规定提取法定存款准备金，法定存款准备金率10%、超额存款准备金率5%、现金漏损率5%，后向 A 客户发放贷款形成客户在甲银行的贷款，A 客户用存款进行转账支付使乙银行 B 客户的存款增加，乙银行继续前面的过程。银行体系可以派生出数倍的存款货币，存款派生过程见表1-1。最终，银行系统总共收到存款500万元，贷放出去了400万元，这400万元就是100万元的原始存款衍生出来的派生存款。

表1-1 派生存款产生过程

银行名称	存款（万元）	法定存款准备金率	超额存款准备金率	现金漏损率	贷款（万元）
甲银行	100	10%	5%	5%	80
乙银行	80	8%	4%	4%	64
丙银行	64	6.4%	3.2%	3.2%	51.2
……	……	……	……	……	……
合计	500	50%	25%	25%	400

商业银行在进行信用创造时，并非无限制地进行，而是受到多方面制约。这些限制因素主要包括以下方面。

（1）原始存款规模。商业银行的信用创造活动，如发放贷款，依赖于其吸收的原始存款。整个银行体系的信用创造能力也与原始存款的规模紧密相关。因此，银行体系的发展与一个国家或地区的存款规模有着直接联系。在经济活动中，若缺乏充足的存款基础，银行将难以开展业务。

（2）中央银行的法定存款准备金率。这一比率是为确保银行能够满足公众的现金提取需求而设。如果银行的信用扩张超出了法定准备金的要求，它可能需要动用其他资金弥补这一缺口。这实际上增加了银行的信用创造成本，较高的准备金率则会抑制其信用创造能力。

（3）贷款需求。市场上必须存在足够的贷款需求促进信用创造。如果贷款需求不足，银行即使愿意发放贷款，也无法产生派生存款。银行发放的贷款在偿还前会产生相应数量的派生存款，贷款一旦偿还，这些派生存款也会相应减少。

（4）现金漏损率。银行在持有现金时面临一定的风险，因此会尽量减少现金的持有量。随着现金供应量的减少，银行获取资金的难度增加，这可能影响其放贷能力。较低的现金漏损率有助于增强银行的信用创造能力。

（四）金融服务

在金融市场竞争加剧的背景下，商业银行正通过金融科技和市场洞察力，提供更多元化和精细化的服务。银行服务的拓展包括信托租赁、投资咨询、代理业务、资产管理和国际业务，这些新兴领域成为银行发展的重要推动力。这些服务不仅增强了银行的市场竞争力，还促进了业务创新和利润增长，同时提高了资产质量。

在现代化社会的背景下，商业银行面临着金融市场创新的严峻挑战。为了在激烈竞争中保持领先地位，它们必须积极应对这一变革。借鉴国际上成功的金融服务经验，商业银行应当主动开发新产品、服务和业务模式，以满足客户日益增长且多样化的需求。通过这样的方式，银行能够不断自我革新，实现持续发展。具体来说，商业银行应突破传统的创新思维，借助大数据等技术手段来挖掘市场潜力，并与先进的金融科技相结合，推动其发展。这不仅涉及加强对信息技术的研发，还包括在管理和服务质量上进行提升，从而为客户提供更优质、更全面的服务体验。

在当今经济的迅猛发展中，商业银行的金融服务业务扮演着至关重要的角色。商业银行致力于提供全面、高效、便捷的金融服务，这不仅为顾客带来增值，也是推动社会经济持续进步的重要驱动力。随着金融市场竞争的加剧，商业银行正面临前所未有的挑战与机遇。为了在激烈的市场竞争中占据有利地位，商业银行必须积极更新服务理念，不断创新金融服务模式，以提升其核心竞争力，并确保实现长期可持续发展。

（五）调节经济

商业银行作为金融市场的核心参与者，通过其信用中介功能，在资源优化配置中扮演着至关重要的角色。在中央银行的监管和国家经济政策的引导下，商业银行能够更有效地发挥其作用，主要体现在以下方面。首先是对国民经济结构的调节。商业银行通过信贷政策，可以影响投资和消费的比重，进而促进社会总需求与总供给之间的平衡。这种调节作用对维持经济的稳定增长至关重要。其次是资金流向的引导。商业银行通过信贷资源的分配，可以引导资金流向高新技术产业和基础设施建设等关键领域。这有助于推动产业的升级和经济结构的优化。最后是国际经济关系的调节。在国际市场上，商业银行的融资活动对平衡国际收支和调节对外经济关系具有重要作用。商业银行作为对外融资的主体，通过国际业务促进了全球经济的互联互通。

第三节 商业银行的经营原则

商业银行在面对高负债率、高风险性以及日益严格的监管环境时，必须遵循多元化与统一的经营原则。这些原则由银行的内在特性决定，在全球范围内得到了商业银行的普遍认同。商业银行通过遵循这些核心原则，能够在复杂多变的市场环境中保持竞争力。《中华人民共和国商业银行法》明确规定，商业银行应当遵守"安全性""流动性"和"盈利性"等基本原则，维护金融体系的稳定和促进经济的健康发展。

从"海发行"倒闭案看商业银行经营原则

一、安全性

安全性是衡量银行资产抵御损失可靠程度的关键。这一指标的高低直接体现了资产安全性的强弱。具体而言，商业银行的资产若展现出更高的稳定性和可靠性，其安全性便得到加强；相反，如果资产面临较大的风险暴露，安全性则会相应降低。安全性与风险性是相互对立的概念，风险性指的是商业银行资产可能遭遇的各种风险和不确定性。

银行经营中的风险主要源于两个方面。一方面是市场风险，由市场波动的不确定性引起，例如，利率波动、物价变动等。另一方面是信用风险，即借款人未能按约定偿还贷款本金和利息的风险。这些风险对商业银行的经营构成了潜在威胁，而绝对的安全在商业银行的运营中是不存在的。因此，商业银行必须采取一切必要措施，将风险降至最低。稳健经营、资产安全和风险预防成为商业银行经营的核心原则。

商业银行经营遵循安全性的目的主要体现在以下方面。

（1）由于商业银行的自有资本相对较少，它们在面对潜在损失时更为脆弱。因此，商业银行必须通过有效利用负债提高资金的运用效率，以确保其利润率能够与工商企业相匹敌。商业银行的资本结构决定了它们需要依赖负债支持资金的运用。这种依赖性促使银行积累社会信用资源，以吸纳更多负债，增强自身资金实力。为提高资金的运作效率和盈利能力，商业银行倾向维持较高的资本杠杆率。这种做法虽然能够增加收益潜力，但也相应地增加了风险。商业银行通常具有较强的抗风险能力。在面临损失时，它们可以通过吸收存款或发行新股等方式弥补资金缺口，保持运营的稳定性。尽管商业银行具备一定的抗风险能力，但它们必须重视资金业务的安全性。稳健的风险管理是确保银行长期健康发展的关键。

（2）商业银行的经营活动具有其独特性，主要体现在其业务对象——货币。银行通过集中居民手中的闲置资金，为放贷提供基础，并通过此过程赚取利息。然而，储户对存放在银行的资金负有责任和义务，这构成了所谓的负债约束。负债约束不仅涉及利息的支付，也包括本金的偿还。如果银行无法确保贷款的安全性，即无法按时收回贷款本息，储户的本金损失将由银行承担，这将严重损害银行的信誉。信誉的损害可能导致客户信任度下降，存款减少，进而影响银行的正常运营。在极端情况下，银行可能因资不抵债面临破产风险。

在现代信用经济体系中，商业银行作为货币创造的主要媒介，其安全性对整个银行体系的稳定至关重要。银行体系的问题往往源于安全性问题。如果银行因安全问题无法收回到期贷款，坏账增多，可能面临破产风险。这种连锁反应可能导致银行体系陷入混乱，甚至影响宏观经济的正常运转。

二、流动性

流动性是衡量银行迅速且有效变现资产以支付债务的关键。这一概念包含两个核心要素：资产流动性和负债流动性。

资产流动性是商业银行运营中的关键要素，它指的是银行在确保资产安全的前提下，能够迅速将资产转换为现金以满足提款和贷款需求的能力。这种能力对银行的稳健运营至关重要。为了保持充足的流动性，银行必须持有一定量的现金和高流动性资产，包括库存现金、法定存款准备金和同业存款等。这些资产能够在需要时迅速转化为现金，以满足银行的即时资金需求。除了现金和准备金，银行还应持有短期票据和短期贷款。这些短期资产不仅能够提供流动性，还能在一定程度上带来收益。在面临流动性压力时，银行需要迅速采取措施。这可能包括通过负债管理来获取新的流动性，如出售到期债券或从市场上借入短期资金。银行应制订有效的流动性管理策略，以确保在不同市场条件下都能维持适当的流动性水平。这涉及对市场趋势的预测、资产配置的优化以及风险的评估。

负债流动性体现了银行迅速以合理成本获得资金的能力。商业银行通过主动负债，如向中央银行借款、同业拆借和国际市场融资来增强这一能力。银行在资金需求时能以低成本及时融资，显示了其负债流动性的优势。商业银行遵循流动性的经营目的主要体现在以下方面。

（1）确保支付义务与法律遵从性。商业银行与客户之间的储蓄合同要求银行在任何情况下都必须保证支付。无论是客户到期支取还是提前支取，银行都应履行其支付责任。同样，贷款合同通常规定了到期收回的条件，银行不得随意提前收回贷款。因此，银行必须在有限的库存现金下，保持资产的适度流动性，以确保其持续的支付能力。

（2）维护银行信誉与客户信任。银行若无法满足客户提存和贷款需求，或不能满足自身运营的资金需求，可能遭遇流动性危机。这不仅会严重损害银行的信誉，还可能导致业务量下降、经营成本上升，进而阻碍银行的进一步发展。因此，保持良好的流动性对维护银行的信誉和客户信任至关重要。

（3）促进社会经济稳定。商业银行的破产可能触发信用纠纷和信用危机，对社会经济的发展和社会稳定产生负面影响。因此，确保商业银行具备足够的支付能力和流动性，对维护社会经济的稳定和健康发展具有重大意义。

三、盈利性

盈利性体现了商业银行通过高效管理和资产运用实现经济利润最大化的能力。作为金融领域的核心企业，商业银行的业务经营活动始终以追求利润最大化为核心目标。盈利能力的强弱直接映射了银行获取利润的能力，而强大的盈利能力不仅在市场竞争中为银行带来显著优势，也是其信誉和实力的重要体现。

提升盈利水平对增强银行的市场吸引力至关重要，它有助于吸引更多客户，同时强化银行的经营风险抵御能力。这不仅保障了银行的稳定运营，也有效降低了因资本大幅损失而引发的破产风险。

商业银行经营追求盈利性的目的主要有以下方面。

(1) 商业银行的核心驱动力。盈利性是商业银行经营活动的核心和原动力。持续增长的盈利水平不仅是银行所有经营活动的起点和目标，也是其企业性质的直接体现。追求利润最大化是实现股东价值最大化的关键途径；同时，它也是推动银行不断创新、优化服务和提升效率的持续动力。

(2) 银行管理的晴雨表。盈利水平的变化全面反映了商业银行内部管理的优劣。它不仅展示了银行决策者的战略视野和管理技能，还揭示了银行运营的健康度和风险控制能力。因此，盈利状况是评估商业银行整体经营状况的重要指标。

(3) 商业银行的盈利能力是其发展的关键。高利润水平为银行提供了留存收益，这不仅为扩张打下了基础，也增加了股东回报，提升了市值，有利于资本的筹集。盈利性高的银行更容易获得公众信任，提高市场占有率，实现规模效应。此外，高盈利性还能提高员工工资，激发工作积极性，吸引优秀人才，为银行的长期发展注入活力。

四、"三性"原则之间的矛盾与协调

商业银行在其发展过程中，始终将实现盈利作为核心目标。然而，对盈利的追求必须建立在流动性和安全性的坚实基础之上。这三者之间存在着密切的相互关系，共同构成了银行稳健运营的三大支柱。在商业银行的经营中，安全性、流动性和盈利性三者之间需要达到一种动态平衡，忽视任何一个方面都可能导致银行运营的不稳定，甚至引发金融危机。因此，银行在追求盈利的同时，必须不断优化流动性管理，加强风险控制，确保安全性。

商业银行的经营策略常常需要在安全性、流动性和盈利性三者之间寻找平衡点。从盈利性角度出发，银行资产中盈利性资产的高占比通常意味着更高的收益和扩大的盈利规模。然而，从流动性角度考虑，非盈利性资产，如现金资产的高流动性是银行满足客户提现需求的关键。安全性则要求银行投资风险较低的资产，以保障资金安全。

这种状况下，盈利性推动银行提高盈利性资产的运用率，流动性则要求降低这一比率；盈利性倾向于追求高收益资产，安全性则偏好低风险、低收益资产。这些相互矛盾的要求使商业银行在决策时必须不断权衡"三性"原则，寻找最佳平衡。

然而，"三性"原则并非绝对对立，存在潜在的统一协调关系。盈利性的评估不仅基于预期收益率，还需考虑安全性和风险因素。全面的盈利性评估应包括风险评估，以真实反映银行的经营状况。因此，在某些方面，盈利性与安全性是相互统一的。

同样，盈利性与流动性也存在统一的一面。银行保留一定水平的流动性资产，不仅是为了满足客户需求，也是为了在面临流动性风险时能够迅速应对。如果银行将所有资金投入盈利性资产，可能会短期内提高盈利，但长期来看，可能因无法及时应对流动性需求或新的投资机会遭受损失。

安全性与流动性也是相辅相成的。流动性风险是商业银行面临的重要风险之一，有效的流动性管理是安全性管理的关键部分。因此，商业银行在追求盈利性的同时，必须高度重视安全性和流动性，确保三者之间的平衡与协调，以实现稳健经营和可持续发展。

第四节　商业银行的类型与组织结构

一、商业银行的类型

商业银行的类型可按出资主体、业务覆盖区域、能否从事证券业务、银行组织形式进行划分。

（一）按出资主体划分

在金融体系中，商业银行的所有权形式是其运营和发展的关键因素之一。商业银行主要可以分为三种所有权类型：私人、合股和国家所有。私人银行通常由个人或集体投资者通过集资方式成立。这类银行的规模相对较小，市场占有份额有限。私人银行的灵活性和创新能力是其在市场中竞争的优势。合股商业银行以股份公司的形式运营，拥有众多股东。这种结构使合股银行能够吸引大量资金，从而拥有较大的资产规模。合股银行因其广泛的股东基础和资本实力，已成为现代商业银行的主流。国有商业银行由国家或地方政府直接投资设立，这类银行通常资产雄厚、规模庞大，对市场具有显著的影响力，在维护金融稳定和执行国家经济政策中扮演着重要角色。

在我国，私人资本曾经不被法律允许开设独立的商业银行。但随着市场经济体制的逐步完善和发展，资本所有者的类型已经不再限制为单一的国有企业。如今，我国商业银行的所有权类型更加多元化，主要包括以下类型。

1. 国有控股的商业银行

国有控股商业银行是金融体系中的重要支柱，由国家或国有企业控制，具有显著的国有制特征。这些银行在商业银行业中占据着举足轻重的地位，在保障金融稳定、服务实体经济等方面发挥着至关重要的作用。随着金融市场的不断发展，这些银行将继续在促进国家经济发展中扮演关键角色。

2. 企业集团所有的银行

在我国，一些商业银行是由大型企业集团共同投资建立的。这些银行的股权结构中，企业集团扮演着最大股东的角色，这一策略不仅显示了企业集团对银行业未来发展的信心，也为其银行业务的扩展和资本市场的参与提供了支持。

3. 股份制银行

在我国，股份制银行按照其上市状态可以分为两大类：一类是尚未公开上市的股份制银行，如恒丰银行和渤海银行；另一类是已经上市的股份制商业银行，如上海浦东发展银行和中国民生银行。

我国股份制银行的股权结构相对复杂，由国家股、企业股、社会公众股以及外国投资者股份共同组成。这种多元化的股权结构不仅体现了我国银行业从封闭走向开放的趋势，也标志着从国有主导向多元化发展的重大转变。在股份制银行中，国家股代表国家对银行的所有权，而企业股则由企业法人持有，这表明政府和企业在银行发展中扮演着重要角色。社会公众股即公众股东所持股份，外国投资者股份则由外资金融机构和个人投资者持有，这反映了我国银行业对外开放的深度和广度。在地方政府和企业股份制银行中，地方政府和企业通常持有较大的股份比例，个人和其他机构持有的股份相对较少，这种持股结构有助于确保银行的稳定运营和政策导向。自 2014 年 7 月 24 日起，中国迎来了民营银行的快速增长时期。深圳前海微众银行、温州民商银行、浙江网商银行等新兴民营银行的成立，不仅丰富了中国金融市场的主体，也为金融改革注入了新动力。

（二）按业务覆盖区域划分

商业银行的类型根据其业务范围和市场定位被划分为区域性银行、全国性银行以及国际性银行三大类。每一类银行都具有其独特的业务特色和服务对象，以满足不同市场和客户的需求。区域性银行通常专注于特定地域内的经济活动，提供本地化的金融产品和服务，了解并适应当地市场的需求和特点，为地方经济发展提供支持。全国性银行拥有广泛的分支机构网络，覆盖全国各地，能够为更广泛的客户群体提供服务，满足不同地区的多样化金融需求，通常在国内金融市场中占据重要地位。国际性银行如花旗银行和汇丰银行，在全球主要金融中心设立分支机构，通过国际化的业务网络，为全球客户提供包括资金融通、外汇交易在内的综合性金融服务，它们的海外业务在总收入中占有重要比例。

我国银行业体系的构成包括国家控股银行，如工商银行、农业银行等，这些银行在国内享有高信誉和广泛影响力，是国家金融体系的支柱。全国性股份制银行，如招商银行、中信银行等，以灵活的经营策略和高效的管理机制，在国内外金融市场中占据一席之地。城市商业银行服务于特定城市或地区，为地方经济发展提供金融支持。农村商业银行致力于服务农村经济，为农业、农村和农民提供金融服务。

村镇银行扎根乡镇，直接面对广大农民和中小企业，提供贴近基层的金融服务。我国商业银行体系的多样性和专业化是其金融市场竞争力的重要体现。不同类型的银行在满足不同市场需求、促进经济发展和金融创新方面发挥着关键作用。

（三）按能否从事证券业务划分

1933年，美国通过《格拉斯－斯蒂格尔法案》首次明确了商业银行与证券业务的界限，为商业银行的分类奠定了基础。然而，随着时间的推移，全球对商业银行涉足证券业务的规定呈现出多样性，催生了不同类型的商业银行经营模式。德国式全能银行以全面经营银行、证券和保险业务为特点。在德国、奥地利和瑞士，全能银行或复合银行是主流，如德意志银行，它同时经营银行业务、证券业务和保险业务，体现了德国银行业的全能经营特色。英国的全能银行采取相对独立分散的经营模式，主要从事证券承销业务。这些银行通常以证券经纪商的身份出现，专注于股票和债券的承销，对工商企业股票的持有有限制；保险业务的参与较少，这与英国独特的商业保险体系有关。加拿大和澳大利亚这些国家也采用类似制度，银行作为主要的证券承销商，但与英国模式相比，可能在业务范围和深度上有所不同。传统的美国银行遵循分业经营模式，核心理念是银行仅经营本行业务，严禁参与证券业务。这种模式在美国、日本等得到应用，银行通常提供存款服务而不涉及贷款业务。

随着金融市场的发展和全球化趋势的加强，消费者需求的多样化促使银行业务界限逐渐变得模糊。1999年，美国通过《金融服务现代化法案》，标志着美国银行业向全能化经营模式的转变，取消了对银行经营证券业务的限制，允许其经营证券和保险业务。目前，我国银行业也在探索混合经营模式，商业银行正在努力适应不断变化的金融市场和客户需求，逐步向综合化服务转型。

（四）按银行组织形式划分

按银行组织形式可以划分为单一制银行、分行制银行、持股公司制银行和连锁银行制。

1. 单一制银行

单一制银行，也称为单元银行制，是一种独特的商业银行体系，其核心特征在于不设立分支机构。这种制度在美国尤为盛行，其设计初衷是为了确保商业银行的业务运作保持独立性，每个银行都是一个独立的法人实体。在单一制银行体系中，银行无法设立分支机构，且不受其他银行的直接控制。这种独立性有助于银行根据自身业务需求和市场定位制订策略，同时也保护了银行免受外部影响。这种银行制度的起源与美国联邦制的历史背景和各州政府的高度自治传统密切相关。美国各州的经济和社会发展不平衡，引发了许多地方对中央银行的需求。为了维持本地金融体系的稳定和繁荣，扶持中小银行的发展，落后地区常常通过制定严格的州银行法限制或禁止其他地区的商业银行在本州设立分支机构。采用单一制银行体系的目的之一是防止金融资源过度集中，避免金融权力的垄断。这有助于维护金融市场的公平竞争和多样性。该制度也是为了防止大型银行吞并或挤压本地银行，维护区域性金融稳定。这对保护地方经济和促进区域均衡发展具有重要意义。

实行单一制银行的优势具体体现在：①有助于抑制银行业的垄断行为，确保市场保持开放和竞争性，同时减轻市场竞争的压力，促进市场均衡发展。②银行与地方政府的紧密协作，使其能够响应地方经济的特定需求，集中资源提供定制化的金融服务，助力地方经济的持续繁荣。③银行享有的较高业务独立性和自主性，赋予其在经营策略上更大的灵活性，使其能够迅速应对市场变化，把握商机。④银行较为简化的管理结构，有利于中央银行货币政策的迅速落实，从而提升政策传导的效率和整体效果。然而，单一制银行同样存在不容忽视的缺点：①由于缺乏技术创新和风险管理的灵活性，单一制银行在采用新兴金融技术时往往需要承担较高成本，这限制了其业务范围和市场竞争力的提升。②资金实力的不足使其很难有效应对市场风险及金融冲击带来的问题。③单一制银行可能与经济发展的外向趋势产生冲突，这种冲突可能导致大量资本不必要的流动，从而削弱银行的资产质量和盈利能力，影响其在激烈竞争中的地位。

自20世纪70年代，美国社会对单一制银行的缺陷进行批评，并呼吁其废除。1994年，《瑞格—尼尔跨州银行与分支机构有效性法案》获得通过，彻底解除了跨州开设分支机构的限制。尽管如此，由于历史因素，目前美国仍有许多单一制银行在运营。

美国的银行体系通过"双轨注册"制度被划分为国民银行和州银行两大类，这一制度体现了美国对银行监管的差异化策略和金融市场结构的多样性。国民银行必须强制加入联邦储备体系,这一要求确保了国民银行在金融体系中的重要地位。国民银行通常规模庞大、资金雄厚,受到较为严格的监管,在银行业中扮演着核心角色,为广泛的客户提供服务。与国民银行相比,州银行享有更多的灵活性,可以选择是否加入联邦储备体系。这种自主性使州银行能够根据自身的业务需求和市场定位作出决策。尽管州银行的规模和实力通常不如国民银行,但它们在地方金融市场中发挥着重要作用。通过区分国民银行和州银行,美国能够实施更为精细化的监管策略,确保金融体系的稳定和安全。这种区分也反映了金融市场的多样性,允许不同类型的银行根据其特定需求和客户群体发展。

2. 分行制银行

分行制银行是一种广泛采用的商业银行模式,其特点在于银行通过设立多个分支机构扩展其服务网络。这种模式允许银行全面开展业务,不受特定区域的限制,从而更好地服务于广泛的客户群体。在分行制银行模式下,除了本地营业机构,银行还设立了外地分支机构。这种布局使银行能够覆盖更广泛的地理区域,提供更加便捷的金融服务。银行总部通常设在经济发达的大都市,这些地区因其经济规模大、金融资源丰富、市场广阔等优势,成为银行总部的理想选择。总部的地理位置对银行的品牌形象和业务发展具有重要影响。在总行制模式下,总行是银行系统的核心,负责制订经营战略、设定规章制度、提供产品服务、构建运营体系等。分支行由总行直接管理,确保整个银行系统的统一性和协调性。在总管理处制模式下,分支行由总管理处进行管理指导,但它们不直接参与具体的业务运营。分支行作为对外营业的实体,直接向客户提供服务,如信贷、存款和结算等。

分行制在全球范围内被大多数国家的银行所采用。实行分行制的优点主要体现在:①分行制能够帮助银行更好地吸收存款,并促进资本的扩大和经营规模的拓展,从而显著提高其运营效率。②分行制可以使银行充分利用先进的管理和设施设备,更快、更高效地进行操作,不断提升服务质量,加速资金周转,为客户提供更加优质的金融服务。③分行制能促进资金的调剂和信用的转移,有效分散金融风险,增强银行的风险抵抗力。④相较于单一制银行,分行制总行的数量较少,便于国家进行统一控制和管理,其业务经营较少受到地方政府的直接干预。⑤分行制银行拥有广泛的资金来源,这进一步增强了其竞争力。

分行制银行体系虽然具有显著的优势，但也存在一些不可忽视的缺陷。首先，这种银行体系可能促进金融市场的垄断趋势。大型银行通过广泛设立分支机构，容易在市场中占据主导地位，这可能会限制市场竞争。其次，随着银行规模的扩大和内部结构的复杂化，管理的难度也随之增加。这不仅对银行的管理水平提出了更高的要求，也对风险防控能力构成了挑战。然而，从宏观角度来看，分行制银行能够更好地适应现代经济发展的需求。通过分支机构的设立，银行能够实现资金、资源和信息的有效整合与共享，为经济发展提供更加便捷和高效的金融服务。因此，尽管面临挑战，分行制银行因其在促进经济发展中的关键作用，仍然受到各国政府和银行业的广泛青睐，并成为当代商业银行的主流组织形式。

3. 持股公司制银行

持股公司制银行，也称为集团制银行，是一种通过设立持股公司核心收购或控制多家独立银行的组织形式。这种模式在金融领域中是一种常见的银行组织结构。持股公司通过持有股份，对旗下银行实施控制。尽管这些银行在法律上保持独立，但实际上它们的业务活动和决策权都受到持股公司的指导和影响。持股公司通常将其股份转让给子公司或母公司，并通过这些子公司持有其他银行的股份。持股公司通过这种方式实现对银行的有效控制，关键在于持有每家银行 25% 以上的投票权，这一比例是确保控制权的关键指标。

持股公司的类型包括非银行性持股公司与银行性持股公司两类。非银行性持股公司由大型企业集团控制，可能涉及多个行业，银行业务只是其中的一部分。银行性持股公司由大型银行直接组建，统一负责管理和战略部署其附属银行，形成一个统一的金融集团。通过银行性持股公司，银行能够实现资源的集中管理和优化配置。例如，花旗集团作为一家典型的银行性持股公司，不仅拥有自己的银行，还控股了超过 300 家银行，包括花旗国际、花旗美洲和花旗亚洲等多个子银行。这种庞大的金融网络赋予了花旗集团巨大的市场影响力。

持股公司制银行模式通过集团化管理，提高了银行的运营效率和市场竞争力，使银行能够在全球范围内提供更加统一和高效的金融服务，同时也加强了风险管理和资本运作的能力。这种模式的诞生和发展，旨在解决单一制银行在资金实力和市场竞争力方面的局限性。持股公司制银行通过股票集资的方式，有效扩大了银行的资本总额。不仅增强了银行的资金实力,也提高了其在市场中的竞争力。通过增加资本总额,持股公司制银行能够更好地抵御市场风险,优化其经营策略,这有助于银行在面对经济波动时保持稳定,从而提升其市场地位。持股公司制银行模式从总体上改善了单一制银行下存在的问题,如资金分散、风险集中等;同时,提高了银行的运营效率和服务质量。

持股公司制银行的一些不足。首先,银行业集中度的提高。持股公司制银行可能导致银行业的集中度增加,从而加剧市场的垄断现象,这种集中度的提高可能会限制金融市场的竞争,不利于金融体系的健康发展。其次,经营自主性的抑制。持股公司制银行的集团化管理可能会限制旗下银行的经营自主性,这种限制可能会抑制银行进行创新和灵活调整经营策略,影响其对市场变化的响应能力。

4. 连锁银行制

连锁银行制,也称为联合制,代表了一种特殊的银行组织模式。此模式通过收购多家银行的控股股份实现对这些银行的控制权。尽管这些成员银行在法律上保持独立性,但它们的业务决策和政策实际上受到某个核心个人或集团的显著影响。在连锁银行制的架构下,核心银行或集团通过股权控制对成员银行施加影响,同时允许这些银行在一定程度上保持独立运营。这种模式不仅保持了成员银行的独立性,而且通过集团内部的协同作用,实现了资源和战略的优化配置。

连锁银行制因其适应当地经济发展需求在美国中西部地区广受欢迎,其为这些地区提供了更为灵活和多样化的金融服务,满足了不同客户群体的特定需求。在美国的连锁银行制中,通常会以某一州或地区的大型银行作为核心,由其主导建立一个紧密结合的集团联合体。这个联合体中包含了若干家成员银行,它们共同组成董事会,并以此为基础进行管理决策。与持股公司制银行相比,连锁银行制更多地依赖直接持有多家银行的股份,而非通过股权公司的形式,这种直接持股的方式使集团能够对成员银行进行有效的管理和决策。

二、商业银行的组织结构

商业银行的组织结构是指为了高效履行各项职能、提升经济效益,单个银行所采取的内部组织设置方式。以股份制银行为例,其内部组织结构通常由三个核心部分构成：决策机构，负责战略规划和重大决策；执行机构，负责具体业务的实施和日常运营；监督机构，负责监督整个银行运营的合规性和风险防控。

（一）决策机构

商业银行的决策机构主要由股东大会、董事会及其下设的各种委员会组成。

1. 股东大会

股东大会是商业银行的最高权力机构，在银行的治理中扮演着至关重要的角色。股东大会负责审议和决策银行的重大事务。每年定期召开的股东大会是股东参与银行经营管理、表达意见和行使权利的重要平台。在这些会议上，股东们可以听取管理层关于银行业务的报告，并就经营状况等问题向管理层提出质询。股东大会通过投票选举出董事会成员，这些成员负责领导公司的日常运营活动。这一过程体现了股东对银行经营策略和财务状况的直接影响。股票不仅是股东所有权的象征，也是他们在股东大会上行使表决权的工具。

股东权利的差异主要源于其所持有的股票类型。购买优先股票的股东通常享有固定的股息回报，但在没有特别授权的情况下，他们不参与管理决策。持有普通股票的股东拥有更多的发言权和决策权；在银行增资扩股时，普通股股东享有优先认购权，同时在红利分配中也享有一定的份额。

尽管商业银行的股票相对分散，但这种分散的股权结构促进了银行的民主管理。大股东不能随意操纵公司决策，中小股东也能够通过手中的股份对公司施加影响，这种结构有利于维护中小股东的利益，并确保民主管理和监督机制的有效运行。

2. 董事会及其下设的各种委员会

商业银行的董事会构成了银行治理结构的核心决策机构，担负着至关重要的职责。董事会成员通过股东大会的选举产生，代表所有股东的利益，并向股东大会报告。这一选举过程确保了董事会成员的合法性和代表性。董事长一般由董事会内部推选，通常由具有深厚资历、卓越能力、出色预测力和交际技巧的成员担任。董事长的领导对董事会的决策和银行的整体运营至关重要。

为确保董事会能够进行有效决策与业务监督，银行通常会设立多个专业委员会或附属机构，各司其职，确保银行运营的高效性。执行委员会作为董事会的关键部门，主要负责议题分析、会议报告提交和策略方案制订，发挥着桥梁和纽带的作用。贷款委员会专注于确定银行的贷款规模、审查贷款及贷款利率，确保贷款业务的稳健和高效，在银行风险管理和资产质量管理中扮演着关键角色。稽核委员会作为审计部门的重要组成部分，负责定期或不定期地进行工作评估，发现问题并提出改进策略，在优化银行的运营效率和风险管理中发挥着至关重要的作用。

（二）执行机构

商业银行的执行机构由行长（总经理）、副行长（副经理）及各业务职能部门、分支机构组成。

1. 行长（总经理）

行长（总经理）是银行日常运营的关键领导者，其候选人应满足一系列严格的资格条件，并承担重要的职责。行长（总经理）候选人必须具备扎实的银行经营管理知识，并对银行高级管理有深刻的理解，应展现出卓越的组织领导能力，拥有丰富的高级管理经验，并对自己的职责和使命保持忠诚。行长（总经理）应将银行的利益放在首位，注重效益，能够洞察客户需求和市场动态，据此作出明智的决策。面对银行业务的挑战和压力，行长（总经理）需要具备创新思维，敢于尝试新的业务模式，探索新业务领域，为银行寻找新的增长机会。良好的人际关系能力对激发团队成员的积极性和创造力至关重要，有助于构建一个高效和谐的工作环境，行长（总经理）的主要职责之一是执行董事会的各项决策，确保这些决策能够顺利转化为实际行动，负责组织协调银行的日常业务，确保银行的运营高效、有序。在董事长制商业银行中，总经理（行长）是董事长的重要助手，协助董事长执行决策，共同推动银行的发展。

行长（总经理）的选拔不仅要考虑其专业能力，还要全面评估其综合素质和个人品质。他们的角色对银行的成功运营至关重要，需要具备多方面的能力和特质。

2. 副行长（副经理）及各业务职能部门

商业银行在行长（总经理）的带领下，构建了一个复杂而高效的内部组织架构。

这一架构涵盖了多位副行长以及各业务职能部门，确保银行业务的顺利进行。中型商业银行中，内部组织架构通常包括贷款、信托与投资、营业、会计、人事、公共关系和研究开发等多个部门，这些部门构成了银行运营的核心。贷款业务部门由副行长直接管理，下设两位副总经理，他们直接向副行长汇报工作，确保贷款业务的高效执行。信托与投资业务部门由副总经理领导，该副总经理通常也是公司的副总经理，负责信托投资业务的开展和管理。营业业务部门由另一名副总经理负责，与其他两名副总经理共同管理日常运营，保证营业活动的正常进行。人事部门负责员工的招聘、培训及人事管理，是银行人力资源管理的核心。公共关系部门负责对外联系，特别是与政府部门、同业机构及新闻媒体的沟通，是银行形象塑造和外部关系维护的关键。具体来说，商业银行的部门分类包括业务部门与职能部门，业务部门如贷款、信托与投资、营业、会计等，直接参与银行的核心业务活动。职能部门如人事、公共关系等，为业务部门提供内部管理支持。

银行的部门又可以分为三类：前台、中台和后台。前台部门负责业务拓展和产品推广，如信贷、存款和银行卡业务，是银行与客户直接接触的界面。中台部门关注风险管理、财务规划和产品开发，如财务管理、投资研究和法律合规，是银行内部决策和控制的中心。后台部门支持业务系统的稳定运行，包括信息技术支持、客服中心和后勤保障，确保银行运营的顺利进行。

3.分支机构

分支机构直接负责业务的基层经营。在这些分支机构中，分支行行长担任着至关重要的领导角色，负责引领团队实现业务目标。为了适应不同地区和时期的业务需求及经营目标，各商业银行的分支机构均会设立相应职能部门和业务部门。这些部门协同工作，确保各项经营指标和任务的顺利完成，从而支持银行整体战略的实施。通过这种组织结构，商业银行能够有效响应市场变化，满足客户需求，同时优化资源配置，提高运营效率。

（三）监督机构

通常，商业银行的监督机构由股东大会推选产生的监事会及总稽核组成。

1. 监事会

在商业银行的治理架构中，监事会起着核心的监督作用。监事会由股东大会选举产生的成员组成，包括董事长和监事。他们共同肩负起对银行经营管理活动的全面监督职责，确保银行运作的透明度和合规性。监事会的监督职能具有高度的权威性，其监督的力度和独立性甚至超过了董事会下设的稽核机构。这种监督确保了银行的经营活动符合法律法规和内部管理制度。监事会不仅检查银行的日常业务操作，还深入审查董事会制订的经营方针、决策及相关制度的执行情况。这种深入的审查有助于及时发现问题和异常现象。一旦发现问题，监事会拥有要求董事会采取措施予以纠正的权力。这种权力是监事会监督职能的重要组成部分，确保了银行经营管理的透明度和公正性。监事会的职责体现了其在银行经营管理中不可替代的作用。它不仅保障了银行能够有效地履行其经营和服务职能，还保护了股东和其他利益相关者的权益。

2. 总稽核

在商业银行的日常运营中，总稽核的角色至关重要。总稽核不仅负责核对银行的日常营业账务项目，确保账目的准确性和完整性，还负责检查各项业务操作方法是否符合金融监管规定及董事会的方针纪律，维护银行的合规性。这一过程能够有效防止银行在会计、信贷等关键领域中出现账目篡改、管理失误或资源浪费等问题。作为董事会的代表，总稽核肩负监督职责，确保董事会制订的方针和纪律得到贯彻执行。总稽核会定期向董事会提交工作报告，并及时汇报发现的问题，对其中的薄弱环节提出建设性的改进建议。

总体而言，不同国家的银行体制与经营环境的差异导致商业银行的内部组织结构各异。典型的股份制商业银行内部组织结构如图 1-1 所示。

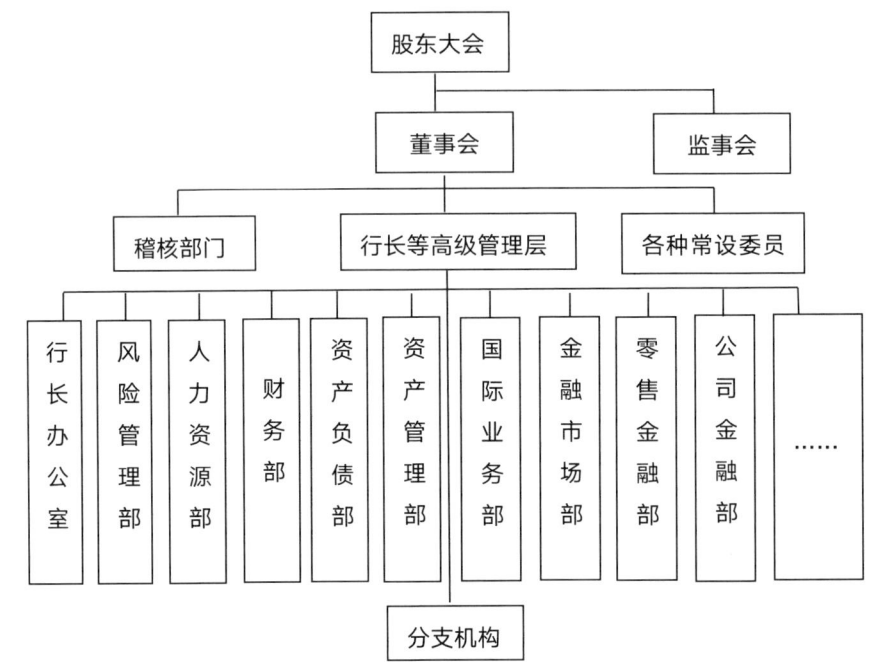

图1-1 商业银行内部组织结构

案例分析

新英格兰银行倒闭纪事

波士顿的新英格兰银行，作为美国银行持股公司排名第33的金融机构，其资产规模超过200亿美元。在20世纪80年代，该银行曾是波士顿地区房地产贷款领域的佼佼者，超过30%的贷款投向了商业性房地产。然而，随着20世纪80年代后期新英格兰地区房地产市场的崩盘，商业房地产价值大幅下跌约25%，导致该银行大量贷款成为坏账。

1991年1月4日，新英格兰银行宣布预计四季度亏损额高达4.5亿美元，这一数字超过了其2.55亿美元的资本金，预示着银行的倒闭风险。在接下来的48小时内，存款人纷纷涌入银行，提取了超过10亿美元的资金，其中大部分是通过自动取款机完成的。

面对银行挤兑的危机，联邦存款保险公司迅速采取了行动，基于"大银行难以倒闭"的原则，于1月6日星期天晚上介入，成功制止了挤兑活动，并承诺全额担保新英格兰银行的所有存款，包括那些超过保险限额的部分。为了确保储户的利益不受损害，联邦存款保险公司急需寻找一个买家来接管该银行。

在等待买家期间，为了维持银行的正常运营，联邦存款保险公司创建了"过渡银行"。在这种安排下，联邦存款保险公司成立了一个新公司来负责银行的日常运营，并立即注入了7.5亿美元的资金。此后，联邦存款保险公司和银行的潜在买家不断向银行注入新的资本，直至买家完全接管银行并购买了联邦存款保险公司持有的所有份额。

这一系列交易活动最终耗费了联邦存款保险公司高达23亿美元的资金，成功挽救了新英格兰银行。这是联邦存款保险公司历史上第三次如此昂贵的救助行动。在这一过程中，储户的利益得到了充分保障，未受到任何损失。

分析该案例所蕴含的思政元素：

新英格兰银行倒闭事件当时轰动世界，对金融行业和监管部门产生了广泛影响，危机出现的原因错综复杂，但是最重要的原因是没有有效控制贷款风险，没有做到分散化投资，将大量资金投入房地产市场，房价下跌导致风险爆发；同时，监管机构的失误也是导致此案发生的重要原因之一，监管机构没有对该银行进行足够的监管和充分的调查。这个案例不仅反映出银行风险控制机制的缺陷，还反映出监管机构的监督管理职责的缺失。

通过该案例，引导学生明白商业银行经营的首要原则就是安全性原则，商业银行经营与一般工商企业经营不同，属于负债经营，其自有资本所占比重很小，主要依靠客户存款或吸收其他来源的资金进行信贷和投资业务，如果不重视存款安全，不重视自身经营业绩，任何影响银行信誉的事件都会危及银行的安全。金融市场的风险具有传染性，即使是一个谣言也会导致银行挤兑，让银行分分钟倒闭。因此，必须牢筑安全意识，避免或减少各种风险造成的损害。

启发学生对存款保险制度重要性的深入思考，强调金融安全的重要性和树立风险防范意识的必要性。通过教育和普及，使学生能够更好地理解金融体系的稳健性，以及个人在其中扮演的角色。

因此，该案例所蕴含的思政元素是"风险意识""合规意识""维护客户利益的服务意识"。

本章小结

现代商业银行的兴起主要有两种途径。第一种是传统高利贷银行转型。第二种是基于资本主义原则通过股份制形式建立银行，专门从事金融业务。

商业银行是一种综合性金融机构，具备信用创造功能，以经营存款和贷款为主要业务，并以追求利润为主要经营目标。它具有充当信用中介、充当支付中介、信用创造、金融服务的职能。

商业银行的经营应遵循安全性、流动性和盈利性三大原则，这些原则共同确保了银行业务的稳健运行和可持续发展。

商业银行的组织形式多样，分为单一制银行、分行制银行、持股公司制银行、连锁银行制四种类型。

商业银行的组织结构通常由决策机构、执行机构和监督机构组成。决策机构，作为银行的"大脑"，主要由股东大会、董事会及其下设的各类委员会组成。股东大会作为最高权力机构，拥有对银行重大事务的最终决策权。董事会是股东大会选举产生的核心决策机构，负责银行的日常管理和战略决策。执行机构由行长（总经理）和副行长（副经理）领导，下设多个业务职能部门和分支机构，确保银行业务的高效运作。监督机构由监事会与总稽核组成。

第一章 练习题

一、选择题与判断题

1. 现代商业银行具有的特点不包括（　　）。[单选题]
   A. 规模不大
   B. 利息水平适当
   C. 信用功能扩大
   D. 具有信用创造功能

2. 商业银行是以（　　）为经营对象的信用中介机构。[单选题]
   A. 股票
   B. 实物商品
   C. 货币
   D. 利率

3. 下列关于商业银行信用中介职能的表述，正确的是（　　）。[多选题]
   A. 能为客户办理货币结算
   B. 能克服企业之间直接借贷的局限性
   C. 能对资本进行再分配
   D. 是银行最基本的职能
   E. 通过吸收存款、发放贷款充当中介人

4. 商业银行的职能包括（　　）。[多选题]
   A. 支付中介
   B. 信用中介
   C. 信用创造
   D. 金融服务
   E. 调节经济

5. 商业银行经营活动的最终目标是尽可能追求利润最大化。（　　）[判断题]

二、思考题

1. 作为金融专业毕业的你，愿意去商业银行工作吗？为什么？
2. 请查找"海发行"倒闭的背景资料，我们得到什么启示？
3. 请查找炫酷的支付方式——"空付"的背景资料，请分析其优势是什么？弊端是什么？

第二章 商业银行负债业务

导言

自 20 世纪 70 年代以来，商业银行的管理重点经历了显著转变，从传统的资产运作转向了资金来源管理。随着金融市场的日益激烈，商业银行面临着存款流失和市场地位动摇的双重挑战。在这种背景下，确保充足而稳定的资金来源变得至关重要，这直接关系到商业银行的生存和发展。不同的资金来源具有不同的风险和筹资成本。这些因素对银行的经营业绩产生着不同程度的影响。为了更好地管理资金来源，银行通过开发新的存款产品、优化资金结构、提高资金使用效率、加强风险管理等积极调整其经营策略。

学习任务

①了解商业银行负债的构成、特点、作用。②掌握负债的有关理论及负债的经营管理要点，以及现代商业银行存款经营管理的一些原理和方法。③了解并掌握非存款负债的种类、特点，以及存款负债和非存款负债的不同。④了解我国商业银行负债业务管理的经营目标，熟知存款负债及存款负债的创新。⑤掌握存款负债和各种借款负债的经营要点。

第一节　商业银行负债业务概述

一、商业银行负债的含义

商业银行在金融体系中扮演着至关重要的中介角色，其主要职能是通过吸收公众存款并将其贷放给其他机构或企业，以此获取利差。这种业务模式不仅为银行提供了稳定的利息收入，也是现代金融体系中资金流动的关键环节。商业银行通过提供各种存款产品，吸引公众将资金存入银行。这些存款为银行提供了资金来源，是银行开展贷款业务的基础。银行将吸收的存款以贷款的形式发放给需要资金的个人、企业或其他机构。通过这种方式，银行能够获得贷款利息，从而实现盈利。吸收存款和贷出贷款这两项活动相互关联，共同构成了商业银行的经营活动框架。银行通过这种模式，实现了资金的融通和流通。商业银行既是货币资本的借款者，也是贷出者，通过信贷活动，有效地将社会闲散资金转化为经济活动中的活跃资本。由于商业银行的经营模式，其负债水平相对较高，这反映了银行与一般工商企业在经营活动性质上的差异。银行的负债主要来自公众存款，而资产则主要体现在发放的贷款上。

商业银行的负债代表了银行在经营活动中产生的经济责任，这些责任是银行业务运作的关键资金来源。这些负债不仅体现了银行对债权人的全面经济承诺，而且以货币形式呈现，需通过资产或资本的转换来履行偿付义务。银行负债的基本特点包括：①当前正在履行的经济义务。②数量明确可计量，以货币为度量单位。③负债的消失只能在全额偿付后实现，债务转移或延期仅是原有负债的延续。银行负债的概念包含广义和狭义之分：广义上，它涵盖除自有资本外的所有资金来源，包括资本期票和长期债务资本等二级资本；狭义上，主要指非资本性债务，如存款和借款等。本章将重点探讨狭义的银行负债。

商业银行作为金融领域的核心中介，发挥着至关重要的作用。其通过吸收社会闲散资金形成存款基础，并将大部分存款转化为贷款，提供给需求方，从中获得利差收益。在这一过程中，商业银行既是货币资本的借入者也是贷出者，实现了资本的有效融通，其较高的负债水平也反映了其经营活动的特殊性。

二、商业银行负债的作用

（一）商业银行负债是银行经营的基础

商业银行作为金融市场的关键参与者，其经营模式主要围绕负债和资产两大核心业务展开。银行通过吸引公众存款形成资金的"借者集中"，进而通过资产管理业务实现资金的有效运用。

在我国，银行业务遵循《巴塞尔协议Ⅲ》的指导原则，要求总资本必须达到风险加权资产的 8% 以上。这一规定凸显了负债在资金来源中的基础作用，强调了银行必须通过稳定获取负债并转化为资本，以保障其经营的稳健性和风险抵御能力。银行的负债规模和结构不仅决定了其资产规模，也直接影响资产运用的方向和特征。一个合理的负债结构有助于银行更灵活地调配资金，支持多样化的资产业务。

此外，负债业务为银行开展中间业务提供了坚实的基础。中间业务，如支付结算、代理服务等，往往依托于银行的负债业务，促进了存款人与贷款人之间的联系，增强了银行的服务能力。高效的负债业务不仅能够推动银行资产的增长，提升盈利能力，而且是银行构建竞争力、扩大市场份额和拓展中间业务的关键。因此，银行必须不断优化负债结构，提高资金的稳定性和成本效率，实现可持续发展。

（二）商业银行负债是保持银行流动性的手段

负债业务构成了银行资产负债表的基石，它使银行得以汇聚大量资金。这些资金是银行运营的核心，不仅用于发放贷款、吸收存款和资金转移，更是银行持续发展和稳健经营的坚实保障。因此，负债业务对银行来说至关重要，其影响力广泛而深远。

在资产价格保持稳定的前提下，银行的负债成本直接关系到其利润水平。银行不直接参与生产或经营活动，而是通过向企业提供贷款并收取利息来获得收益。尽管银行可以通过贷款业务获得利润，但与企业自身的经营活动相比，银行的盈利能力通常较低。此外，银行资产的盈利能力往往不及企业，这限制了银行资产的整体盈利潜力。

为了实现社会平均利润率，银行需要扩大负债规模，从而提升其整体盈利能力。扩大负债规模不仅可以增强银行的投资能力，提高对国家经济建设的支持，还能增强银行的风险抵御能力。简而言之，负债不仅是推动银行发展的动力，也是确保其长期稳健经营的关键因素。通过优化负债结构和扩大负债规模，银行能够更好地服务于客户，同时提升自身的市场竞争力和盈利能力。

（三）商业银行负债是促进社会经济繁荣的关键要素

商业银行的负债业务是其吸引社会资金、形成资金流的关键环节。这一业务不仅为银行自身提供了稳定的资金来源，而且通过扩大社会生产资金的总量，为经济的持续繁荣提供了动力。企业、个人、机关事业单位、社会团体以及居民的财务活动，都与银行的负债业务息息相关。银行通过吸收存款，满足了企业和个人对资金的需求。这些存款随后被用于贷款和投资活动，进而产生派生存款。派生存款的增加，实际上是社会货币总量的扩张，它不仅促进了市场的繁荣，也为经济增长提供了坚实的支撑。商业银行的负债业务通过有效吸收和运用资金，实现了资金供给与需求之间的平衡。因此，商业银行的负债业务是金融体系中不可或缺的一部分，对促进经济的健康发展具有重要作用。

三、商业银行负债业务的构成

商业银行的负债主要由存款负债和非存款负债两部分组成。

（一）存款负债

存款作为商业银行对存款客户所承担的一种债务，是商业银行的传统业务。存款业务的规模往往占据负债总额的绝大部分，其核心特征在于其灵活性——存款人可以根据自己的需求随时或按照约定时间支取存款。这种灵活性使存款业务通常被视为一种被动型负债，银行在这一过程中往往处于被动接受客户决策的位置。然而，随着金融市场的发展和成熟，商业银行开始采取更为主动的策略来筹措资金。通过发行金融债券、签发银行票据等手段，使存款负债的管理变得更加灵活和主动。这些创新举措不仅优化了银行的负债结构，也提高了其资金筹措的效率。

（二）非存款性负债

非存款性负债，也称为借入负债，是商业银行为了满足资金需求而采取的一种主动筹资方式。通常包括同业借款、中央银行借款以及金融市场融资等多种方式。与存款业务相比，非存款性负债使银行能够根据市场条件、经营策略和资金状况，主动决定是否需要借入资金以及如何进行筹资。银行可以根据自身需求和信贷业务的发展战略，灵活调整借款的规模、数量、种类和期限。虽然这种负债相对稳定，但银行必须支付利息，因此其净利息收入成为衡量银行财务实力的重要指标；同时，这也意味着存在一定的风险。在银行的经营中，非存款性负债扮演着不可或缺的角色，它不仅为银行提供了扩大业务范围和增加资产规模的机会，还成为银行进行风险管理、降低流动性风险和应对货币政策调控影响的有效工具。

我国商业银行负债结构的变化，主要体现在以下方面。

（1）多元化的负债来源。自20世纪90年代以来，我国商业银行开始通过同业拆借市场、货币市场基金、债券回购市场、票据贴现市场等渠道融入资金，标志着负债结构由单一依赖存款负债向多渠道拓展的转变。

（2）多样化的负债期限结构。为了适应金融市场利率市场化的趋势，我国商业银行积极调整资产负债期限结构，通过发行大额存单、同业存单和次级债等工具，提高了负债的灵活性和稳定性。

（3）丰富的负债品种。金融创新的加快使我国商业银行推出了结构性存款、理财产品等新型负债工具，这些产品不仅丰富了负债品种，而且提升了负债管理水平。

第二节　商业银行存款业务经营与管理

从商业银行负债的组成来看，其经历了单纯依靠存款到负债多元化的发展过程。即使是存款，商业银行也在不断开发新的服务种类，以满足客户的需求并稳定商业银行的资金来源。

一、传统存款业务

以西方国家的商业银行为例,存款服务的种类如下。

(一)活期存款

活期存款以其极高的流动性和灵活性,成为商业银行中一种非常受欢迎的存款形式。与定期存款相比,活期存款允许客户在任何时间自由提取或转移资金,这为日常金融活动提供了极大的便利。客户可以通过多种途径取款,包括但不限于开出支票、本票、汇票,以及通过电话银行和自动柜员机(ATM)转账等。这种存款方式在国际金融交易中扮演着至关重要的角色,尤其是在信用卡消费、商业零售和其他经济交易中,因此常被称为"交易账户"。支票提款因其广泛的应用,也被称为"支票存款"。

活期存款对商业银行而言是一种传统且关键的业务,其对客户具有吸引力的原因主要有三个:①活期账户提供的高取款自由度使客户能够轻松地进行日常消费和商业结算。②一些银行为活期存款提供透支保护和各种优惠,进一步提高了其吸引力。③尽管活期存款的利息收益有限,但其提供的灵活性和便利性使其成为许多人管理日常资金的首选。

商业银行在经营管理中需要将活期存款作为重点,因为活期存款不仅是银行的主要资金来源,还发挥着重要的作用。

(1)活期存款通过支票等形式,提供了支付和流通手段,增强了银行的信用创造能力。支票最初仅作为简单的信用凭证,但随着其在支付中的使用,展现出强大的流通性和信用效应。在现代经济中,支票金额常转入活期账户,形成转账支付,其流通转让特性实现了多次支付和流通,体现了商业银行的信用创造能力。

(2)活期存款的派生能力有效提升了银行的盈利水平。尽管活期存款要求银行提供多样化服务,增加了运营成本,但其低利息成本和高流动性为银行提供了资金成本优势。银行能够利用稳定的活期存款余额,投资于长期高回报资产,优化资产负债结构。

(3)活期存款为银行提供了低成本资金,在资金市场中占据重要地位。作为资金周转的基础,活期存款在经济交易中不可或缺。银行利用活期存款优势,扩大信用规模,深化客户关系,并通过服务流程优化和业务创新,扩大服务范围和经营规模。

（二）定期存款

定期存款作为一种预先约定的存款方式，为客户提供了一种稳定而可预测的收益途径。客户在选择定期存款时，可以根据自己的资金规划和投资期限，确定存款的具体期限，并据此获得相应的利息收益。这种存款方式因其期限的多样性而备受青睐，无论是寻求短期资金增值的个人，还是需要长期资金管理的法人机构，都能在定期存款中找到合适的选项。期限的灵活性使定期存款可以满足不同客户的需求，从短期的7天到长期的5年甚至10年，客户可以根据自己的资金使用计划和收益预期作出选择。

相较于活期存款，定期存款通常提供更高的利率，这对寻求更高回报的客户来说是一个重要的吸引点。利息的计算方式虽然会根据存款期限的不同而有所变化，但普遍来说，定期存款的利息收益是相对可观的。这种相对较高的收益，加上资金的安全性，使定期存款成为许多客户进行资金保值增值的首选方式。

1. 定期存款是商业银行稳定的资金来源

定期存款凭借其较长的存期特性，通常不允许客户提前提取，这一规定为银行提供了资金使用的稳定性。银行能够安心地将这些资金部署于中长期贷款业务，不需要过度担忧由此产生的流动性风险。此外，定期存款的利息计算依据存款时确定的固定利率，这种机制使银行能够有效地规避市场利率波动带来的价格风险。固定利率的设定为银行提供了可预测的收益流。

2. 定期存款的资金收益高于活期存款

在对比定期存款与活期存款的收益时，二者之间的差异显而易见。活期存款以其高度的灵活性为客户提供了随时取款的便利，但这也对银行提出了更高的流动性管理要求。为预防支付危机和降低风险，银行必须保持较高比例的存款准备金，这种做法确保了银行能够满足客户的即时取款需求，同时也影响了银行的流动性管理效率，因为它要求银行持有大量资金作为准备金。与此相对，定期存款提供了一种稳定性，因为它们通常不允许提前支取，除非支付一定的罚金，这种预设的期限减少了银行面临的流动性风险，使银行能够更有信心地将这些资金用于贷款或其他长期投资。因此，银行可以降低为定期存款而必须保持的存款准备金率，同时增加可用于贷款的资金额度,这种资金的有效利用提高了银行的资金利用效率,从而使定期存款相对活期存款能够提供更高的收益。

3. 定期存款的营业成本低于活期存款

定期存款的办理过程通常非常简便,客户只需开具一张定期存单作为存款凭证。到期时,客户可以凭借该存单一次性支取本金及累积利息,银行将高效完成所有相关手续。在整个存款周期内,银行主要负责进行利息计算和提供到期提醒服务,不需要额外提供其他服务。这种服务模式显著降低了银行的营业成本,从而减轻了运营压力。

(三)储蓄存款

储蓄存款的定义在不同国家和地区存在显著差异。在美国,这一概念的范畴更为广泛,不仅覆盖传统定期存款,还包括货币市场基金、股票投资、养老金计划和共同基金等多样化的金融产品。这类账户通常被称作"储蓄存款账户",其显著特点是,账户持有人若需进行资金提取,必须至少提前 7 天向银行提交书面取款通知,并且每季度至少进行一次取款申请。这一规定普遍适用于所有账户持有者,无论是个人投资者还是机构客户。然而,在我国,储蓄存款的定义较为特定,专指居民个人在消费后所累积的结余资金存入银行的行为。与此形成鲜明对比的是,政府机关和企事业单位的存款并不被纳入储蓄存款的范畴,而是归类为其他类型的存款,反映了我国金融体系中对不同存款来源的明确区分。此外,值得注意的是,公款私存在我国被视为一种违法行为,这体现了国家对资金管理的严格监管和对金融秩序的维护。

储蓄存款通常可细分为活期储蓄存款和定期储蓄存款,这两种类型的存款通常由银行或其他金融机构向存户发放存折或存单作为凭证。值得注意的是,这些储蓄存款不支持签发支票或进行转账结算,并且也不允许透支。为了切实保障存款人的权益,国家对经营储蓄存款业务的金融机构设定了严格的资格要求,这些机构通常仅限于信誉卓著、管理规范的商业银行和专门的储蓄机构。

二、商业银行创新存款业务

(一) 存款工具创新原则

传统存款业务与存款业务创新

在当前金融市场的激烈竞争中,银行存款作为传统资金来源,其创新变得尤为关键。银行通过创新存款产品来追求最大化利润,但在此过程中,必须严格控制成本,确保新产品的开发成本不超过市场上现有存款业务的平均成本。这样的成本控制策略有助于银行在保持经济效益的同时,满足可持续发展的要求。存款创新的核心在于将客户的需求、资金供给和银行自身的资源禀赋相结合。银行需要设计出既能满足客户多样化的金融服务需求,又能为银行带来稳定收入的存款产品,这不仅有助于提升银行的市场竞争力,还能使其在众多竞争对手中脱颖而出。

1. 规范性原则

在金融产品创新的大潮中,银行细致地权衡了多种因素,包括利率设置、利息计算方法、服务特色、存款期限的多样性、资金的流动性与转让便利性,以及取款的灵活性等,目的是推出一系列既丰富多彩又符合市场需求的存款产品。同时,这些创新产品的设计必须保留存款的本质特征,始终将存款的本质作为创新的基础。

2. 效益性原则

商业银行在存款产品创新的征途上,始终将利润最大化作为其终极追求。在存款业务的开展过程中,成本控制是不可忽视的关键因素。银行在推出新型存款产品时,必须确保其成本不超过现有存款产品的平均成本水平,以保障创新的经济效益并实现可持续的业务发展。

此外,创新的存款产品应当精准对接客户需求与银行供给,实现双方的共赢。这样的产品设计不仅能够满足客户的个性化需求,还能为银行带来稳定的收益,确保银行在激烈的市场竞争中保持领先地位。

3. 创新性原则

在设计存款产品时,银行需要深入洞察市场环境的动态变化,并结合自身的规模、特色定位以及市场竞争状况。通过深入分析现有的金融工具和方法，银行能够推动存款产品的创新。但鉴于银行产品通常不享有专利保护，它们很容易被竞争对手模仿，这可能会削弱创新产品的独特性。因此，银行在追求产品的独特性和创新性时，还必须确保这些创新具有连续性和可持续性。为了在激烈的市场竞争中获得优势，商业银行需要不断探索新的增长机会。存款产品，作为银行提供的一项基础金融服务，为创新提供了广阔的空间。通过对现有存款产品进行创新，银行不仅能够满足客户日益多样化的金融需求，还能增强自身的市场竞争力；不仅能为银行带来更丰厚的收入，还有助于实现银行业务的差异化经营。

4. 社会性原则

银行在引入新的存款工具时，必须谨慎确保这些创新不会对社会宏观经济效益造成负面影响，而是应当带来积极影响。这些新型存款工具应该旨在调和经济发展中不可避免的货币供需矛盾，通过有效的资金分配调整生产与消费的平衡，缓解商品供应与消费者购买力之间的紧张关系。

（二）创新存款工具简介

自20世纪70年代以来，随着经济全球化的不断推进和金融市场竞争的日益激烈，西方金融机构面临着突破传统活期存款利率限制的挑战。为了应对这一挑战，这些金融机构开始采取创新措施，不再仅仅依赖于传统的定期存款模式，推出了一系列创新的存款产品，通过这些产品提供更灵活的计息方式和精心设计的收益结构，成功吸引了广泛的客户群体。这些创新举措不仅满足了客户对资金灵活性和收益性的需求，而且也使金融机构能够在竞争中获得优势。通过这种策略，金融机构不仅提升了自身的市场地位，而且增强了其服务的灵活性和价值。这些创新存款产品成为金融机构吸引和保留客户的重要手段，同时也为金融机构带来了更多收入来源。

1. 活期存款工具创新

1）可转让支付命令账户（Negotiable Order of Withdrawal Account，NOW账户）

可转让支付命令账户是一种创新的金融工具，最初在1970年由马萨诸塞州的互助储蓄银行推出，专为个人和非营利组织设计。这种账户允许客户像使用活期存款一样自由转入和转出资金进行支付，同时还能享受利息收益，因此有时也被称作付息的活期存款或转出支票存款账户。与传统支票账户相比，可转让支付命令账户引入了"支付命令"的概念，这改变了传统支票的使用方式。支付命令不同于普通支票，不能直接用于转账，而是需要银行的确认才能生效。这种机制使客户在使用支票支付时，可以先将一定金额存入可转让支付命令账户，然后从该账户中提取所需金额，以满足支付需求。

可转让支付命令账户相较于传统活期账户，提供了更多便利性和灵活性。客户不需要事先存入大额资金，可以根据账户内的平均余额来获得利息收益。这种设计使多余的利息能够自动累积，客户不需要担心因提款延迟而错失利息收入。此外，可转让支付命令账户的设立通常不需要额外的初始存款，也不需要为个人开设传统的活期账户，这使它成为专为特定客户群体设计的金融产品，确保了服务的专业性。随着时间的推移，可转让支付命令账户因其便利性、灵活性以及能够满足客户对资金收益的需求，逐渐赢得了广泛的认可和欢迎。它不仅为个人和非营利组织提供了一种新的资金管理方式，也为银行业带来了新的业务增长点。

2）超级可转让支付命令账户（Super NOW 账户）

自 1985 年诞生以来，超级可转让支付命令账户凭借其高利率特性在金融市场上迅速脱颖而出。这一创新账户不仅继承了传统可转让支付命令账户的便捷性，更在功能上有所拓展。账户设立之初，就明确规定了 2500 美元的法定最低开户金额和平均余额要求，确保了账户的稳定性和充足的资金流动性。存户在使用该账户时，每月可以不受限制地开出支付命令，充分满足了日常交易中的支付需求。银行为了维持账户的正常运营，会根据实际情况收取一定的手续费。超级可转让支付命令账户的利率设置巧妙，当账户余额低于 2500 美元时，利率按照储蓄存款标准进行日调整并复利计算，月底结算；当余额达到或超过 2500 美元时，则享受市场无管制的高利率，展现出极强的市场竞争力。尽管银行需要为该账户提缴存款准备金，增加了运营成本，但超级可转让支付命令账户因其独特优势而在市场上广受欢迎，尤其受到非营利机构的青睐。

3）货币市场存款账户（Money Market Deposit Account，MMDA）

1982 年，美国货币市场基金为了吸引客户，推出了一种创新的活期存款账户——

货币市场存款账户。这种账户的利率设计突破了当时"Q 条例"（美国联邦储备委员会执行的一项条例，旨在限制银行对存款支付的利息率）的限制，能够根据市场利率的波动灵活调整，每周更新一次。货币市场存款账户采用每日复利计算利息，并在月底自动结算，为客户提供了更高的收益潜力。与传统的储蓄账户相比，货币市场存款账户在账户余额达到或超过 2500 美元时，计息方式与储蓄存款相似；当余额低于这一门槛时，客户依然能够享受到一个具有竞争力的货币市场利率，且没有上限。这一创新举措有效地解决了当时由于"Q 条例"限制导致的活期存款吸引力下降的问题。

此外，货币市场存款账户还为存款者提供了多重保障和便捷服务。存款在 10 美元以上的部分可享受联邦存款保险公司的保险保障，确保了资金的安全性。存款者每月可办理 6 次自动转账或电话转账，方便快捷。然而，使用支票付款的次数受到限制，每月不得超过 3 次，但个人取款则不受此限制。对于存款期限，货币市场存款账户不设最短限制，但银行有权在要求客户提取款项时至少提前 7 天通知。这一灵活性使账户既能满足客户的短期资金需求，又能为客户提供相对稳定的收益。在客户对象上，货币市场存款账户开放给个人、非营利机构以及企业等各类客户。但需要注意的是，对银行而言，个人账户不需要提缴法定存款准备金，而非个人账户则需上缴 3% 的存款准备金。

2. 定期存款工具创新

1）可转让定期存单（Negotiable Certificate of Deposit, CD）

可转让定期存单以其发行和认购的灵活性受到市场欢迎。这种金融工具主要通过批发式和零售式两种模式进行操作。在批发式模式中，存单发行机构会提前公布关键信息，如存单的总额、预定利率等，以便投资者可以根据自身的资金需求和投资策略作出选择。例如，如果一个机构计划发行价值 1 亿美元的定期存单，可能会提前一个月向潜在买家发出通知。投资者可以根据自己的需求决定认购的存单数量，或者在市场条件变化时选择放弃认购。与批发式模式相比，零售式模式更加个性化。在这种模式下，发行机构可以根据个别投资者的需求定制存单的条款，或者与投资者协商确定利率。这种方式为那些寻求更高回报率但又不愿承担过多风险的投资者提供了更大的灵活性。从面额来看，可转让定期存单的面额通常较大，介于 10 万美元至 100 万美元之间，这使其成为吸引大额投资者的理想选择。更重要的是，由于这些存单可以在二级市场上自由转让,不仅为投资者提供了流动性,也为存款者提供了额外的吸引力。

对银行而言,发行可转让定期存单不仅确保了稳定的资金来源,还有助于降低存款准备金的要求,进而提升资金使用效率。大额存单作为银行负债证券化的产物,尤其在西方商业银行中,已成为筹集资金的主要方式之一,特别是通过短期债券的发行。在西方国家,这些存单主要由大型银行直接发售,利率由发行银行根据市场状况自行设定,形式多样,包括固定利率和浮动利率等。大额存单通常具有较短的期限,一般不超过 1 年,而二级市场上流通的存单期限更为短暂,通常不超过 6 个月。为满足特定投资者的需求,一些国家推出了期限 2 年至 5 年的固定利率大额存单。这些长期存单在认购时可能会自动转换为较短期限的存单,以确保二级市场上的流通性。大额存单的一个显著特性是其高度流通性和可转让性。投资者可以在二级市场上自由买卖这些存单,一旦购买便无法从银行赎回。存单到期时,银行将按照约定还本付息,到期后停止计息。从国际经验来看,发行大额存单已成为许多国家推进存款利率市场化的关键策略。这不仅增强了金融市场的活力,也为银行开辟了更多元化的资金来源。近年来,美国也出现了一些新型定期存单,例如,允许存款人在市场利率上升时将资金转入利率较高账户的场上转让。允许存款人在市场利率上升时将资金转入利率较高账户的突然提高定期存单,允许定期存单的利率按事先约定定期增加的递升定期存单,允许存款人取出部分资金且不收费的流动性定期存单。

2)货币市场存单(Money Market Certificate of Deposit,MMCD)

1987 年中期,面对市场利率上升的压力,美国正式批准了货币市场存单业务。这种新型储蓄账户以其竞争力强、灵活性高的特点迅速受到市场的青睐。货币市场存单通常设有 26 周的期限,并要求最低存款额为 1 万美元,同时不允许转让,为投资者提供了一种新的投资选择。货币市场存单的主要特点包括:账户设立时需满足 2500 美元(或更多)的最低存款要求,确保了投资者的初始投入。存款利率不设上限,完全根据市场利率的变动而调整,且能够实时更新,使投资者能够及时把握市场动态。对于存款额达到 10 万美元的账户,联邦存款保险公司向银行提供全面的保险保护,覆盖银行持有的存款及支付给客户的利息,增强了投资者的信心。账户持有者每月可以通过自动转账或电话转账的方式进行最多 6 次的转账操作,其中前 3 次转账可以使用支票支付,为日常资金管理提供了便利。尽管银行通常要求至少提前 7 天通知,但个人取款不受限制,确保了资金的流动性。一旦开设货币市场存单账户，持有者将收到一份详尽的结算单，记录了账户的利息收入、余额变动、提款和可能产生的费用等信息，为投资者提供了透明的账户管理。

此外，货币市场存单对存款者的身份没有特别限制，无论是个人还是机构投资者，均可开设此类账户。个人储户在开设账户时不需要缴纳法定存款准备金，而非个人储户则需按照规定的比例上缴。

3）自动转账服务账户（Automatic Transfer Service Account，ATS账户）

1978年，美国商业银行推出了一项创新服务——自动转账服务账户，标志着电话转账服务的重大进步，并在支付领域引领了一场银行服务的革命。自动转账服务账户的推出，为客户提供了一种更为便捷和高效的服务方式。该账户允许客户在同一家银行内开设两个账户：一个用于储蓄，另一个用于转账。这两个账户虽然类型不同，但通过自动转账服务，它们的余额可以实时同步。储蓄账户可以自动计息，活期账户则不具备这一功能，但客户可以随时访问两个账户中的资金。

在自动转账服务账户推出之前，客户若想从活期账户中转出资金，通常需要使用支票或现金。支票转账需要先将资金存入储蓄账户，然后才能签发支票。由于支票账户不计息，客户只能获得本金和可能的手续费，这限制了客户从活期账户中提取的资金量，有时会导致现金短缺的问题。自动转账服务账户的出现，解决了这一问题。客户可以同时拥有储蓄和活期存款账户，随时动用账户中的资金，而无需等待支票清算。此外，客户还可以开出超过账户当前余额的支票，因为银行会在支票支付时自动从储蓄账户中划转所需资金到活期账户，确保支票的及时支付。

为确保银行与客户利益的双重保障，客户需依据规定缴纳一定比例的存款准备金，这一措施有效提升了账户的安全性。随着时间的推移，自动转账服务账户因其显著的便利性特点，逐渐被众多银行采纳并普及。至今，自动转账服务已成为现代银行服务的重要组成部分，它极大地简化了客户的日常生活和财务管理。

4）协定账户（Agreement Account，AA）

协定账户是自动转账服务账户的进一步创新，体现了银行与客户之间的一种新型合作关系。在这种模式下，客户授予银行更大的资金管理自主权。客户首先设定一个活期存款账户或可转让支付凭证账户的最低余额阈值。当账户余额超出这一阈值时，银行将自动将超出部分的资金转移到客户名下的货币市场互助基金账户中，以便客户能够享受到更高的利息收益。相反，如果活期存款账户或可转让支付凭证账户的余额降至设定的最低阈值以下，银行将立即从货币市场基金账户中自动划拨资金，以补充差额，确保客户的支付和交易活动顺畅无阻。

3. 储蓄存款工具创新

储蓄存款分为活期和定期两种类型。活期存款以其高度的流动性和便利性受到青睐，定期存款则以其相对较高的利率和储蓄激励功能吸引着储户。传统的定期储蓄方式，如整存整取、零存整取、定活两取等，因操作简便、易于理解在国内外得到了广泛应用。随着金融市场的不断演进，创新的储蓄工具层出不穷。例如，利率自然增长储蓄允许储户在存款期间享受利率的潜在增长；边挣边存储蓄鼓励储户在存款的同时继续投资，以期获得更高的回报；预约转存储蓄允许储户提前规划未来的资金需求，实现资金的有序管理。这些创新储蓄工具的出现，不仅丰富了储蓄产品的种类，也提高了储蓄的吸引力。它们通过提供个性化的金融服务，满足了不同储户的多样化需求，使储蓄变得更加灵活和高效。随着金融技术的不断进步，未来的储蓄工具有望更加智能化、个性化，为储户提供更加丰富和便捷的金融服务体验。以下介绍具有代表性的三种。

1）指数存款证

指数存款证，也称为利率指数储蓄证或物价上涨指数存款证，是一种创新的金融工具，旨在抵御通货膨胀对存款购买力的侵蚀。这种存款产品的设计巧妙地将定期储蓄的利率与物价指数相挂钩，从而保障在通货膨胀期间客户的存款价值不会缩水。在这种机制下，虽然名义利率会随着物价指数的波动而相应调整，但客户实际获得的利率却能够保持相对稳定。这意味着，即使在物价上涨的环境中，客户的存款也能保持其原有的购买力，从而实现资产保值。

我国于1988年9月10日首次推出了3年、5年、8年期的人民币长期保值储蓄，这一创新举措在通胀高企的背景下尤为重要。当物价涨幅超过储蓄利率时，国家财政将承担差额补贴，补贴率即为物价上涨指数与储蓄利息率之差。反之，当物价指数低于储蓄利率时，保值储蓄的补贴率则归零。

然而，随着时间的推移和宏观经济环境的变化，这一政策在1996年4月1日之后逐渐退出历史舞台，商业银行不再办理新的保值储蓄业务。尽管如此，指数存款证作为一种创新的存款工具，在特定时期为保护储户利益发挥了积极作用。

2）特种储蓄

特种储蓄是商业银行精心打造的一项创新存款工具，旨在满足客户的多样化与特殊化需求，其种类繁多，包括养老金储蓄、团体储蓄、存贷结合储蓄以及国债定期户头储蓄等。值得一提的是节日储蓄，这是一种专为节日期间的资金储备设计的储蓄方式。客户被鼓励每周存入固定金额，从而在节日来临时能够获得预先积累的资金以及银行提供的纪念品。这种储蓄方式不仅简化了客户的财务管理流程，还增加了节日的庆祝氛围。此外，商业银行还提供了个性化服务，允许客户根据自己的特定需求为自己的储蓄账户添加标签。这种灵活性和个性化的服务使特种储蓄产品备受欢迎。此外，还有住房储蓄、礼仪储蓄等，这些产品的推出，不仅丰富了国内市场的金融产品种类，也为消费者提供了更多选择，以适应他们多变的财务规划需求。

3）结构性存款

结构性存款是金融机构开发的嵌入金融衍生工具的存款，是通过将利率、汇率、股票、指数、信用等衍生产品与传统的存款业务相结合，使存款人在承担一定风险的基础上可能获得更高收益的一种创新存款。该产品一般将资金分为两部分："低风险低收益"部分和普通存款一样，挂靠在银行信贷或固收类低风险产品上，以确保本金安全与基本收益（收益率一般是1.5%～2%）；"高风险高收益"部分投资高风险高收益产品，通过一定条件的设置，确保产品拥有获取超额收益的机会。它适合对收益要求较高并有能力承担一定风险的客户。2002年9月，光大银行在我国首先推出结构性存款业务，但在2017年以前，结构性存款一直以来并未受到市场重视，规模不大。2018年9月，《商业银行理财业务监督管理办法》发布，商业银行之前已发行的结构性理财产品转变为"结构性存款"，成为银行缓解揽储压力、吸引投资者的工具。

三、我国商业银行存款业务种类

（一）个人存款

个人存款业务

个人存款，也称为储蓄存款，是指居民将暂时不使用的货币资金存入银行的一种金融活动。这种存款方式为居民提供了极大的灵活性，允许他们根据自己的需求和偏好，选择随时支取或按照约定的时间支取资金。从银行的角度来看，个人存款本质上构成了银行对存款人的负债关系。《中华人民共和国商业银行法》对储蓄业务的办理作出了明确规定，强调存款的自愿性和取款的自由性。该法律还确保存款人能够获得利息收入，并保障其个人信息得到严格保密。为了进一步规范金融秩序和保护存款人的合法权益，国务院颁布了个人存款账户实名制规定。根据这一规定，个人在金融机构开设存款账户时，必须出示有效的身份证件，并使用真实姓名进行登记。个人存款业务如下。

1. 活期存款

活期存款是一种极具灵活性的存款方式，它摒弃了固定的存款期限限制，赋予了客户极大的自由。客户只需持有存折或银行卡，并输入预设的密码，即可在银行的营业时段内，无论是通过柜面服务还是自助设备，都能轻松地存取现金，满足个人的即时资金需求。这种存款方式起始金额低，通常只需一元即可开户，并以存折或银行卡作为存取凭证，方便客户随时追踪和管理自己的资金。此外，银行的客户银行卡更是具备全国范围内的通存通兑功能，使资金的存取更加便捷，无论身处何地，都能轻松管理自己的活期存款。

1）计息金额

银行在计算存款利息时，以元为起始单位，对于元以下的角和分部分不计入利息计算。利息的计算过程精确至分位，对于分位以下的数值，银行会采用四舍五入的规则进行处理，以确保计算的准确性和简便性。在分段计息的情况下，每一段的利息计算会精确到厘位。所有分段的利息合计后，对于分以下的数值，银行同样会采取四舍五入的规则，以简化计算过程。需要注意的是，活期存款与其他类型的存款在计息方式上有所不同。活期存款在每季度的结息日会将累计的利息计入本金，随后这一总额将作为下一季度计算利息的本金基数，形成复利效应。而其他类型的存款，无论存期长短，通常不计算复利。

2）计息时间

根据《中国人民银行关于人民币存贷款计结息问题的通知》，自2005年9月21日起，中国对活期存款实行按季度结息的制度。每季度的结息日定在末月的20日，利息则在结息日的次日支付给存款人。

3）计息方式

《中国人民银行关于人民币存贷款计结息问题的通知》明确规定，除了活期存款和定期整存整取之外，国内银行对通知存款、协定存款、定活两便、存本取息、零存整取、整存零取等存款产品，在不超过中国人民银行设定的同期限档次存款利率上限的前提下，可以自行制订计结息规则。这一规定赋予了银行更大的自主权，意味着个人储户和贷款客户在选择不同银行办理相同类型的存款或贷款产品时，可能会面临不同的利率条件。因此，储户和贷款户在进行金融决策时，应比较不同银行的利率政策，以获取最优的金融产品。

知识点拨

在利率市场化的背景下，存款定价成为商业银行经营管理中的关键环节。长期以来，商业银行习惯于遵循固定的存款利率模式。即便在允许存款利率下浮的政策环境下，多数银行的定期存款利率仍紧贴中央银行公布的利率上限，仅有少数银行对长期存款利率进行了适度下调。商业银行在自主定价时，需综合考量多个因素，包括但不限于对存款人的吸引力、银行自身的资金承受能力、资金的具体用途、银行的盈利能力，以及资金价格的未来走势。通过这些因素的综合分析，银行可以制订出最符合自身利益的存款价格标准，实现竞争优势。

银行在计息期限的选择上展现出一定的灵活性，旨在满足不同客户的需求和偏好。传统上，银行采用每年360天、每月30天的固定计息方式，这种方式简单易行，便于计算。然而，为了更贴近实际，银行也提供基于实际天数的计息选项。在普通年份，计息将按照公历年的365天进行；在闰年，则按照366天来计算。这种方式更加精确，能够反映一年中实际的天数变化。对于月份的计息，银行同样可以采取与实际天数相符的计算方式，而不是简单地按照每月30天计算。这种方法能够更准确地反映每个月的实际长度，从而为客户提供更公平的利率计算。银行在计息时还会考虑未来可能发生的节假日等因素，确保利率计算与市场实际情况同步。银行多样化的计息方式，适应了不断变化的市场环境，能够更好地满足不同客户的财务规划和资金管理需求。

2. 定期存款

定期存款作为一种个人储蓄方式，允许客户在开户时设定一个明确的存款期限，并可选择一次性或分期存入本金。在存款期限内，客户可以自由选择整笔或分期支取本金及利息。在我国，对于提前支取的定期存款，并没有设立罚款规定，这为客户提供了更大的灵活性。传统上，银行会按照原定的存款利率计算利息，但会扣除因提前支取而减少的天数所对应的利息。随着国际惯例的引入，当前的做法是提前支取的定期存款将按照活期利率计息，并相应地扣除提前支取天数的利息，这一调整更好地反映了市场利率的变动，同时也为客户提供了更加公平的计息方式。根据不同的存取方式，定期存款可分为四种类型。

1）整存整取定期存款

整存整取定期存款为客户提供了一种固定存期的存款服务。客户在开户时存入全额本金，并在存期结束时选择提取全额或部分本金及利息。该存款设有 50 元的最低起存限制，并提供从三个月到五年的多种存期选项。提前支取需进行身份验证；若由他人代取，还需提供代取人的身份证明。利息根据开户时约定的利率计算，确保客户到期时能一次性获得本金及相应利息。此外，该服务还提供到期自动转存或根据客户意愿办理约定转存，增加便利性。

2）零存整取定期存款

零存整取定期存款允许客户每月存入固定金额，到期时一次性提取本金与利息。最低起存金额为 5 元，提供 1 年、3 年和 5 年的存款期限。客户自定每月存款额，并在每月固定日期存入。

3）整存零取定期存款

整存零取定期存款要求客户开户时存入全额本金，并在确定的存款期限内，按固定周期分次提取本金。最低起存金额为 1000 元，存期选项包括 1 年、3 年和 5 年。支取周期可选择每月、每 3 个月或每半年。利息根据开户日的整存零取利率计算，并在存期结束时结清。到期未支取部分将按活期利率计算利息，提前支取需一次性提取全部存款。

4）存本取息定期存款

存本取息定期存款要求客户一次性存入本金，并约定存期和取息周期。到期时，客户一次性提取本金，利息则按约定周期分期提取。最低起存金额为 5000 元，存期选项包括 1 年、3 年和 5 年。取息日由客户开户时确定，可选择每月或每隔数月取息

1次。取息日前不得提前支取利息。若客户未在取息日取息，可在之后随时取息，但不计复息。

在定期存款业务中，以下五点是需要特别注意的。①定期存款的利率：一般而言，存期越长，储户可以获得的利率越高。但若储户在存款期限届满前提前支取，银行将不再按照原定的定期利率计息，而是按照当日的活期存款利率支付利息。②到期支取利息：当定期存款到期时，银行会根据与客户事先约定的存款期限和利率，准确计算并支付相应的利息，这是储户在享受定期存款服务时的一项重要权益。③逾期支取利息：如果储户在定期存款到期后仍未支取，并且没有选择自动转存服务，那么超过原定存期的部分，银行将按照支取当日公布的活期存款利率来计算利息。值得注意的是，这笔利息将会全额计入本金，继续参与后续的利息计算。④提前支取计息：当储户选择提前支取定期存款时，银行将根据活期存款的利率而非原定的定期利率来计算应付利息，这种做法可能导致储户因提前取款而损失一部分应得的利息收益。⑤利率调整：在存款期间，即使银行对存款利率进行了调整，已开立的存单仍将按照开户当日公布的相应定期存款利率来计算利息，这一规定确保了储户在存款期间的利息收益不会受到市场利率波动的影响。

3. 其他种类的个人储蓄存款

除常见的活期存款和定期存款外，还有下列三种存款。

1）定活两便存款

定活两便存款凭借其灵活多变的存期设计，受到了广大客户的青睐。在开户时，客户不需要纠结于设定固定的存款期限，只需一次性存入所需本金，之后便可自由安排资金，随时进行支取。银行会根据客户实际存款的时长，按照相应规定精准计算利息，确保客户的资金得到充分利用。值得一提的是，定活两便存款的利息收益相比传统活期存款更具优势，满足了资金流动性的同时，也提高收益。

2）个人通知存款

个人通知存款提供了一种无固定期限的存款方式，为存款人带来了更大的灵活性和便利性。客户在需要资金时，只需提前向银行发出提款通知，明确提款日期和金额，即可顺利提取资金。这种存款方式的最低起存金额通常为人民币5万元，确保了存款人的资金流动性和操作自由度。

银行在开户时为客户提供了预设提款日期或转存计划的便利,个人通知存款支持一次性存入,并允许客户选择一次性或分次提取。为维持账户的最低起存标准,客户在分次提取后需保证账户余额不低于规定金额。若余额不足,银行将自动将剩余资金转为活期存款,以保持资金的流动性。

个人通知存款根据客户需求分为两种:一天通知存款和七天通知存款。一天通知存款要求客户至少提前一天通知银行,并保证存款存放至少两天;七天通知存款则要求提前七天通知,并至少存放七天。这两种服务可以满足不同客户的个性化需求,提供定制化和灵活的金融解决方案。

3)教育储蓄存款

教育储蓄存款是一项专门设计的储蓄计划,目的是鼓励城乡居民为子女的非义务教育阶段积累资金。这一计划主要面向在校小学四年级及以上的学生,为他们的教育未来提供财务支持。该储蓄计划根据存期的长短,提供1年、3年和6年三种不同的期限选项,起存金额为50元。为了确保资金的合理使用,每个账户的本金累计最高限额被设定为2万元。

当子女开始接受非义务教育时,家长可以凭借学校出具的身份证明文件,一次性提取本金及所产生的利息,确保资金能够专门用于子女的教育需求。此外,教育储蓄存款在过去曾享有免征利息所得税的优惠政策,这为家庭提供了额外的财务激励。

知识点拨

教育储蓄,因为国家给予利率及免征利息税的政策优惠,能为一些家境困难子弟接受高等教育提供帮助。然而,这项惠民政策自1999年9月1日推出以来,由于制度本身存在着缺陷,银行的此项业务也日渐萎缩。原因是什么呢?首先,最高额度限定不能满足客户现实的需要。教育储蓄是一种特殊的零存整取的定期储蓄存款,每一账户本金合计最高限额为2万元,从推出之初到如今,学校学费上涨,2万元的限额"门槛"难以满足现实的需要。其次,限制条款多且手续烦琐。例如办理开户时,需要持储户本人(学生)户口簿或者居民身份证,以储户本人(学生)的姓名开立账户。教育储蓄到期后,储户还要提供接受非义务教育的证明原件,才能享受优惠利率。倘若学生升学不成功,就没有非义务教育的学生证明,到期取款时也将面临一些问题。

4）保证金存款

保证金存款，尤其是个人购汇保证金存款，是商业银行为满足境内居民自费出国留学等特定需求而设计的金融服务。该服务的核心在于银行会向个人收取一定比例的人民币作为保证金，以确保他们在申请目标国家的入境签证时，能够满足预缴外汇保证金的要求。这种做法不仅有助于个人顺利获得签证，而且也是银行对客户负责任的体现，确保了留学或其他出境目的的顺利实现。

4. 个人存款利息的计算

根据《中国人民银行关于人民币存贷款计结息问题的通知》，银行为客户提供了两种计息方式：积数计息和逐笔计息。选择权完全掌握在各银行手中，依据其自身的政策和规定来确定采用哪种计息方法。对储户来说，他们需要根据自己的储蓄需求和偏好，选择提供相应计息服务的银行进行存款。然而，储户通常无法直接选择计息方式，而是由所选银行的现有政策决定。

存款利息的计算

人民币存款计息的通用公式为：

$$利息 = 本金 \times 实际天数 \times 日利率$$

人民币存款利率的换算公式为：

$$日利率（‰）= 年利率（\%）\div 360$$

$$月利率（‰）= 年利率（\%）\div 12$$

1）积数计息法

活期存款的利息计算普遍采用积数计息法。这种方法依据账户每个工作日的实际余额进行逐日累加，形成计息积数。随后，将这个积数与日利率相乘，得出应计的利息总额。目前，几乎所有银行都采用这一标准化的计息方式来计算活期存款的利息。计息公式为：

$$利息 = 累计计息积数 \times 日利率$$

其中，累计计息积数 = 每日余额合计数。

【例题】小王同学202×年3月1日到银行开立个人银行卡，至6月3日清户，期间账户资金变动情况，见表2-1。假设，银行活期存款利率为0.35%，按照积数计息法计算小王活期存款利息是多少呢？

表 2-1 小王同学活期账户资金变动情况

日期	存入金额（元）	支取金额（元）	余额（元）	天数	积数（元）
202×年3月1日	200	/	200	3	600
202×年3月4日	/	50	150	31	4650
202×年4月5日	/	100	50	1	50
202×年4月6日	100	/	150	58	8700
202×年6月3日	/	150	0	/	计息积数和 14000

【解析】按照积数计息法，计息公式：利息 = 累计计息积数 × 日利率。
注意：计算存款天数按照算头不算尾，算尾不算头的原则；年利率转化为日利率。则，小王同学获得的利息 =14000×0.35%/360=0.14 元。

2）逐笔计息法

在整存整取定期存款的利息计算上，各家银行普遍采用逐笔计息法，即按照预先设定的计息公式，对每笔存款进行独立的利息计算。计息期为整年（月）的，计息公式为：

利息 = 本金 × 年（月）数 × 年（月）利率

计息期有整年（月）又有零头天数的，计息公式为：

利息 = 本金 × 年（月）数 × 年（月）利率 + 本金 × 零头天数 × 日利率

【例题】钱先生 20×1 年 11 月 8 日存入银行 10000 元，定期整存整取半年，假定年利率为 1.30%，到期日为 20×2 年 5 月 8 日，钱先生实际支取日为 20×2 年 5 月 28 日。假定 20×2 年 5 月 28 日，活期储蓄存款年利率为 0.35%，则他拿到的利息是多少元？

【解析】钱先生存在逾期支取的定期存款，即超过原定存期。按照规定，除约定自动转存外，逾期支取的存款按支取日挂牌公告的活期存款利率计付利息，并全部计入本金。计息期有整年（月），又有零头天数的，计息公式为：

利息＝本金×年（月）数×年（月）利率＋本金×零头天数×日利率

可得，利息 = 10000×1.30%×0.5+10000×20×0.35%/360 = 66.94(元)。

其中，0.5表示半年，20表示零头天数，0.35%/360表示年利率转化为日利率。

5. 相关储蓄业务办理的注意事项

储蓄业务客户群体大，其主要风险操作风险较为明显，需要切实防范。商业银行开办储蓄存款业务，要遵守商业银行法，储蓄管理条例和个人存款账户实名制规定等相关法律法规，要求建立健全覆盖储蓄业务的内控制度，包括业务管理办法、业务操作规程、财务核算办法、储蓄存款业务授权制度和岗位责任制度。

（二）单位存款

单位存款，也称为对公存款，机关、团体、部队、企业、事业单位、其他组织及个体工商户等将自有资金存入银行，以满足其日常运营或特定项目的资金需求。根据资金支取的灵活性和约定时间的不同，单位存款主要分为以下六大类。

单位存款业务

1. 单位活期存款

单位活期存款是一种为单位类客户设计的账户类型，旨在满足其日常资金结算的需求。这种存款在商业银行中开设，为客户提供了极大的灵活性。单位客户可以根据自己的经营活动，随时进行资金的转账、存取等操作，确保资金流动性的需要得到满足。这种账户通常被称为单位结算账户，并且根据不同的业务需求和使用场景，进一步细分为以下类型。

1）基本存款账户

基本存款账户，也称为"基本户"，是储户为了便于日常的转账、支付和现金支付等业务而设立的一种结算账户。这种账户是储户与银行之间关系的核心，银行作为托管方，承担着为储户提供主要金融服务的职责。它不仅是银行业务的重要组成部分，也是企业、机构等组织日常运营中不可或缺的财务工具。企业及机构有权在商业银行开立基本账户，以高效管理日常资金流动。根据金融法规，同一开户人在同一银行仅可开立一个基本账户，此举旨在规范账户管理，提升资金流动的透明度与安全。这不仅简化了银行管理，也强化了风险控制，使企业能专注于核心业务。

2）一般存款账户

一般存款账户，也称为"一般户"，是存款人为了方便借款或进行特定结算活动，在非其基本存款账户的银行所开设的结算账户。这种账户允许存款人轻松缴存现金，但通常不提供现金支取服务，确保了资金的专项使用。

3）专用存款账户

专用存款账户是为特定用途设立的银行账户，它为存款人提供专项资金管理和使用服务。存款人可基于一系列明确的需求开设此类账户，涵盖基本建设项目、设备更新、技术改造、财政预算外资金、农产品收购、证券和期货市场交易结算、期货保证金、信托基金、同业存放、政策性房地产、银行卡备用金、住房维修基金、社会保障基金、收入汇缴与支出，以及党团工会经费等多种资金需求。这些账户的设置确保了资金的专项使用，满足了监管要求，保障了资金的安全与合规性。

4）临时存款账户

设立临时存款账户，旨在满足存款人的即时资金需求，提供在规定期限内的结算服务。适用于成立临时机构、开展异地经营或公司注册验资等场景。为保障账户的合规性和临时性，其使用期限严格限制在2年以内。

2. 单位定期存款

单位定期存款协议允许单位客户基于预定的利率和期限，与银行达成金融合作。客户可依资金流动性和收益预期，选择从3个月到1年的不同存款期限。银行承诺按存入时的利率支付利息，即使市场利率变动，也不影响利息计算，确保客户获得稳定可预期的收益。

此外，单位定期存款还具有高度的灵活性，允许客户在必要时提前支取或部分提前支取，以应对可能出现的临时资金需求。这种灵活性是单位定期存款的一大优势，使单位能够在保持资金安全性的同时，也不失灵活性。存入方式也相当多样化，包括但不限于现金存入、转账存入以及同城提出代付等方式，为客户提供了便捷的操作体验。对于人民币单位定期存款，起存金额为 1 万元。若以外币存入，起存金额则根据币种有所不同。定期存款的支取方式包括三种主要类型。

一是到期全额支取。存款到期时，本金和利息将按照约定的利率一次性支付给储户。

二是全额提前支取。若储户在存款期限届满前需要提前提取全部存款，银行将根据提取当日的活期存款利率计算并支付利息。

三是部分提前支取。储户若提取部分存款，且剩余金额不低于最低起存限额，提取的部分将按当日活期利率计息，而剩余存款继续按原定利率和期限计息。若剩余金额低于最低起存限额，银行将对整个存款按当日活期利率计息，并进行清户处理。

3. 单位通知存款

单位通知存款是专为单位客户设计的存款方式，提供无固定存期的高度灵活性。单位客户可根据资金需求，通过与银行的沟通协商，提前通知银行提取资金的具体日期和金额，实现资金流动性的高效管理。该存款方式分为两种类型，以满足不同需求。①通知一日存款：客户需至少提前一天通知银行，适合对短期资金周转有需求的客户。②通知七天存款：客户需提前七天通知银行，适合进行长期财务规划的客户。

4. 单位协定存款

单位协定存款是一项为单位客户量身定制的存款服务，旨在满足其特定的金融需求。通过与商业银行签订的协议，客户可设定合同期限，并约定结算账户中应保持的基本存款额度。超出基本额度的资金部分，银行将依据中国人民银行规定的上浮利率计算利息，从而确保客户获得更高的收益。同时，基本存款额度内的资金仍按活期存款利率计息，保障了客户资金的安全性和流动性。

5. 保证金存款

保证金存款是商业银行为确保客户在使用结算功能或资金融通服务后，能够及时履行义务而设立的一种特殊存款。银行与客户签订协议，将约定金额的资金存入特定账户，作为履行合同义务的财务保障。若客户未能履行合同，银行有权从该账户中直接扣除相应金额，以补偿潜在的风险和损失。

6. 同业存款

同业存款，也称为同业存放，是金融机构间的一种存款方式。主要参与者包括证券公司、保险公司和基金公司等，它们出于支付清算和业务合作的目的，选择将资金存放于商业银行的专设账户，以保障资金的安全性和流动性。与同业存款相对应的概念是存放同业，代表了商业银行的一种关键资产业务。商业银行在拥有部分闲置资金或希望与其他银行深化合作关系时，会选择将这些资金存入其他商业银行，形成存放同业。

7. 相关单位存款业务办理的注意事项

开办单位存款业务，要符合结算账户管理办法及单位存款管理办法的相关监管要求。建立健全覆盖对公存款业务的内部控制制度，包括业务管理办法、业务操作规程、财务核算办法、对公存款业务授权制度和岗位责任制度。其主要风险是所承受的操作风险和流动性风险较为集中。

目前，存款业务也是商业银行之间竞争的重点。为规范市场行为，监管部门多次强调严禁商业银行利用不正当手段吸收存款，通过以手续费、代办费、有奖储蓄介绍费等名义吸存。2018年1月，《关于进一步深化整治银行业市场乱象的通知》中明确规定，严禁虚存虚贷，严禁违规通过第三方中介、返利、延迟支付、以贷吸存等方式吸存；不得违规通过理财产品、同业业务倒存、虚增存款规模。

（三）外币存款业务

外币存款业务与人民币存款业务在币种和特定管理方式上固然有所区别，但它们之间也拥有诸多显著的共同点。二者都是基于存款人将资金存入银行这一基本的信用行为。无论是外币还是人民币存款，都可以根据存款期限划分为活期存款和定期存款，以满足不同客户的需求。同时，二者也都可依据客户类型划分为个人存款和单位存款。值得注意的是，随着银行业务的不断发展与创新，许多银行已经推出了"本外币一本通"尽管外币存款与人民币存款在货币种类和特定管理策略上有所区别，它们在本质上却共享着诸多核心特征。二者均根植于存款人将资金存入金融机构的基本信贷活动。此外，无论是外币还是人民币存款，均可根据存款期限划分为活期和定期两种类型，以适应不同客户群体的需求。同时，它们也可以根据存款者的身份，被划分为个人存款和企业存款。

特别值得关注的是，随着银行业务的持续演进和创新，许多银行机构已经推出了"本外币一本通"等集成性存款解决方案。这些解决方案不仅优化了存取款流程，提高了服务便捷性，也为存款人提供了更加灵活和多样化的资金管理选项。

知识点拨

银行在外汇交易中所标注的价格均基于其自身的立场。

现汇买入价，也称为汇买价，是指银行愿意以何种价格从客户手中购买外汇。这里的"现汇"通常指的是可自由兑换的汇票、支票或电子形式的资金。

现钞买入价，也称为钞买价，是银行愿意以何种价格购买客户持有的外币现金。由于现钞的管理和操作成本较高，以及存在假钞风险，现钞买入价通常低于现汇买入价。

现汇卖出价，也称为汇卖价，是银行向客户提供外汇的价格。客户在需要购买外汇，无论是为了电子转账还是支付汇票、支票时，都将按照此价格进行交易。

现钞卖出价，也称为钞卖价，是银行向客户出售外币现钞的价格。如果客户需要以现金形式持有外汇，银行将按照此价格出售。

中间价，也称为基准价，是由中国人民银行授权外汇交易中心公布的，代表当日外汇市场的基准价格。这个价格通常作为其他外汇交易价格的参考。

在个人外汇买卖业务中，通常遵循"钞变钞、汇变汇"的原则，即外币现钞不会直接转换为现汇。如果需要进行转换，客户需要支付一定的手续费，以反映现钞和现汇在管理和操作上的差异。

此外，一些银行在出售外汇时并未区分现钞和现汇的卖出价。这是因为无论客户以何种形式持有外汇，银行通常都提供电子转账形式的资金。如果客户需要将外汇以现钞形式取出，只需支付一定的汇兑手续费。因此，这些银行通常只有一个统一的卖出价，以简化交易流程。

1. 外汇储蓄存款

自 2007 年 2 月 1 日起，中国人民银行正式实施的《个人外汇管理办法》（以下简称《办法》）对个人外汇账户的管理进行了明确的划分和规定。根据主体类别，个人外汇账户分为境内个人外汇账户和境外个人外汇账户；根据账户性质，分为外汇结算账户、资本项目账户以及外汇储蓄账户。外汇结算账户主要服务于转账汇款等资金清算支付需求，外汇储蓄账户则通常不允许直接转账，但针对本人或其直系亲属间、同主体类别的储蓄账户资金划转等特定情况除外。

《办法》的出台，标志着个人外汇管理政策的重要调整与改进，其中最为显著的是取消了现钞和现汇账户的区分。个人非经营性外汇收付现统一通过外汇储蓄账户进行管理，这一变化极大地简化了个人外汇交易的流程。尽管现钞和现汇管理的界限被取消，但鉴于二者在成本费用上的差异，各银行在日常操作中仍会进行区分处理，并执行不同的汇率进行独立核算。

2. 单位外汇存款

1）单位经常项目外汇账户

根据规定，境内机构原则上只允许设立一个专门用于经常项目的外汇账户。此举旨在加强资金流动的合规监管，确保交易的透明度。同时，为了简化账户管理与核算流程，所有经常项目外汇账户的限额均以美元为统一的核定单位。

2）单位资本项目外汇账户

单位资本项目外汇账户是为资本项目下的外汇资金管理设立的专门账户，包括贷款专户（用于外债及转贷款资金的管理）、还贷专户（确保债务的及时偿还）、发行外币股票专户（管理发行外币股票所募集的资金），以及 B 股交易专户（保障 B 股交易的资金合规性）。账户的设立是为了满足特定资本项目的资金流动需求，确保外汇资金的合规使用和管理。

3. 外币存款业务相关风险管理要点

外币存款业务风险管理要求，除同人民币存款管理要求基本一致外，在日常经营中，还需管控以下风险点。

1）假钞风险

由于商业银行员工对外币假钞的识别能力有限，容易收进国外流入的假钞或已停止流通的废币。

2）政策性风险

主要包括资本项下外币储蓄、提钞、兑换人民币时未经国家外汇管理部门批准。

商业银行要加强外汇存款业务合规性、内部控制完备性和核算真实性风险的把控。

第三节 商业银行非存款业务经营与管理

尽管存款是商业银行的核心资金来源，具有至关重要的地位，但其面临的被动性以及金融市场竞争的日益加剧，特别是其他金融机构对资金的激烈争夺，为商业银行的资金筹集带来了巨大挑战。为了应对这些挑战，商业银行正在积极探索存款以外的融资渠道，以期突破资金筹集的瓶颈，维持资产的持续增长，并确保流动性的稳定性。这引导了商业银行大力开展非存款负债业务，即通过借入负债的方式筹集资金。商业银行可以通过金融市场操作或直接与中央银行建立联系，借入资金以支持其业务发展。根据资金使用期限的不同，借入负债可以进一步分为短期借款和长期借款，以满足不同期限的资金需求。

一、商业银行短期借款的经营管理

（一）短期借款的种类

短期其他存款业务

商业银行的短期借款主要包括同业借款、向中央银行借款、回购协议、欧洲货币市场借款等。

1. 同业借款

同业借款指商业银行之间或商业银行与其他金融机构之间进行的短期资金融通

活动。具体形式包括同业拆借、转贴现和转抵押等。

1）同业拆借

同业拆借是商业银行之间进行的一种短期借贷活动，其主要目的是为银行提供临时性的资金头寸调剂。这种借贷方式不需要提供抵押或担保，仅需要双方签订书面协议即可实现，从而极大地简化了融资过程并增强了资金运用的灵活性。特别值得一提的是，同业拆借不涉及法定存款准备金的缴纳，这进一步提升了资金的利用效率。

同业拆借的期限通常较短，主要集中在隔夜或 7 天之内，大多数交易的期限不会超过 1 个月。尽管如此，偶尔也会出现期限接近或达到 1 年的交易。同业拆借的利率并非固定不变，而是根据市场资金的供需状况以及相关因素由借贷双方协商确定。这种灵活的利率机制能够直接反映银行获取资金的实际成本，因此，同业拆借利率常被视为金融市场的基准利率，对市场变化具有高度的敏感性。

在国际金融市场中，伦敦银行同业拆借利率因其在全球金融体系中的重要地位，成为金融机构进行同业拆借时的重要参考指标。对我国而言，上海银行间同业拆放利率扮演着类似的关键角色。作为短期金融产品的定价基准，为金融市场提供了一个稳定且公平的参考点，对维护金融市场的稳定和促进其健康发展具有至关重要的作用。

知识点拨

伦敦银行同业拆借利率（London Interbank Offered Rate，LIBOR）是国际大型银行间在进行短期无担保借贷时协商确定的利率。这一利率主要反映在伦敦银行同业市场上商业银行为非美国银行提供的美元资金的成本。LIBOR 作为全球金融市场广泛认可的基准利率，被普遍应用于商业贷款、抵押贷款以及各类债务工具的利率设定。在浮动利率长期贷款中，LIBOR 常作为利率调整的基础。此外，LIBOR 也是众多金融合同和衍生产品定价的关键参考利率。

上海银行间同业拆放利率（Shanghai Interbank Offered Rate，Shibor）是中国金融市场的核心利率指标之一。这一指标汇集了众多信用等级高的商业银行根据其人民币同业拆借利率自主报价，并计算出算术平均值。Shibor 以其单利计算方式、无担保的交易特性和批发性本质，为金融市场提供了重要的利率参考基准。Shibor 的利率品种丰富多样，覆盖了从隔夜到 1 年期的多个期限，具体包括隔夜、1 周、2 周、1 个月、3 个月、6 个月、9 个月以及 1 年等，满足了市场对不同期限资金需求的广泛覆盖。报价银行团由 18 家顶尖商业银行组成，这些银行不仅在公开市场和外汇市场扮演着一级交易商和资深做市商的角色，而且在中国货币市场上的人民币交易中表现活跃，信息披露全面且透明。

为了确保 Shibor 的稳定运行和健康发展，中国人民银行特别成立了 Shibor 工作小组。该小组依据《上海银行间同业拆放利率（Shibor）实施准则》，负责筛选和调整报价银行团成员，并实施对 Shibor 运行的严格监督与管理。这一系列措施旨在确保 Shibor 的市场参考价值的准确性和权威性，从而为金融市场的稳定和健康发展提供坚实的支撑。

2）转贴现

转贴现是商业银行在面临临时性支付准备金不足时，所采取的一种高效且灵活的资金融通策略。具体来说，当银行持有的已承兑但尚未到期的商业票据无法立即兑现时，它可以选择将这些票据在二级市场上转售给其他商业银行，从而迅速获得所需的资金流动性。在这一过程中，转贴现率可以根据双方银行的协商达成，或参照当前市场的贴现率水平，甚至以再贴现率为参考依据，以确保交易双方的利益得到公平合理的体现。

3）转抵押

转抵押是商业银行在面临准备金不足时采取的一种融资手段。具体操作为商业银行在贷款发放后，若出现准备金短缺，可以将从借款客户那里获得的抵押品，再次用作抵押，向其他金融机构申请抵押贷款。

2. 向中央银行借款

商业银行在面临资金头寸短缺的紧急情况下，通常会考虑向中央银行申请借款，作为其资金筹措的最后手段。这一策略背后的逻辑是，当商业银行用尽了所有其他融资渠道，资金需求仍未得到满足时，便会转向中央银行寻求最终支持。中央银行因此被誉为"最后贷款人"，承担着提供流动性支持的重要角色。商业银行向中央银行借款的常见方式包括再贴现和再贷款两种，这两种方式都是确保银行体系稳定和缓解资金紧张的重要工具。

1）再贴现

再贴现是商业银行在资金紧张或需要资金周转时，将其持有的未到期商业票据提交给中央银行，并申请再次贴现以获得即时现金流的一种操作。在票据市场成熟的国家，再贴现成为商业银行获取中央银行资金支持的重要途径。再贴现在金融市场资金融通中占据核心地位，是中央银行执行货币政策的关键工具。它对调节社会信用规模、控制经济周期具有显著影响，能够促进经济的平稳增长或适当收缩。当中央银行意图实施货币政策紧缩，防止经济过热时，会提高再贴现率，从而增加商业银行从中央银行融资的成本，抑制信贷扩张，减少货币供应。此外，再贴现率对市场利率具有显著的引导作用。作为中央银行货币政策的一部分，再贴现率的调整能够迅速影响市场利率，有效传递中央银行的政策意图。通过调整再贴现率，中央银行可以影响公众的投资和消费决策，推动货币政策目标的实现。

2）再贷款

再贷款是商业银行在面临季节性或临时性资金短缺时，一种直接而有效的融资手段。其显著特点在于其能够提供临时性的融通和短期的周转，从而赋予银行在资金管理上的灵活性。在我国，中央银行针对不同商业银行的资金需求，细化再贷款政策，包括年度性再贷款、季节性再贷款和日拆性再贷款，以满足银行在不同时间节点的资金需求。

目前，我国商业银行在面临资金缺口时，普遍倾向采用再贷款这一直接且高效的融资方式。然而，随着国内票据贴现市场的持续繁荣，再贴现凭借其卓越的灵活性和高效性，正逐步展现出成为商业银行与中央银行之间主要资金融通渠道的巨大潜力。

3. 回购协议

回购协议是一种金融交易，其中金融资产持有者将其资产出售以获取资金，但同时承诺在未来某一特定日期以预先商定的价格重新购回该资产。在回购协议的操作中，主要有两种模式：第一种是"卖方回购"，即卖方以固定价格出售金融资产，并在约定的未来时间点以相同的价格（包括本金和预先协商的利息）回购；第二种是"买方回购"，其中买方以高于原始售价的价格回购资产，差额部分作为合同中预先约定的收益。

回购协议以其多方面的优势成为金融机构间流行的短期融资方式。首先，商业银行通过回购协议借款时，不需要缴纳存款准备金，这不仅提升了资金使用效率，还实质性降低了借款成本，增加了银行运营的灵活性。其次，回购协议通常以政府债券等高信用等级的金融资产作为担保，使资金需求方能够以较低的利率获得资金。这一利率通常略低于同业拆借利率，增强了回购协议的市场竞争力。最后，回购协议在期限上的灵活性是其显著优势。协议可以根据双方的协商结果自动展期，为参与方提供了更广泛的合作机会和便利，满足了市场参与者对资金流动性的多样化需求。

4. 欧洲货币市场借款

欧洲货币市场起源于20世纪50年代，是欧洲美元与其他欧洲货币借贷活动的场所，其最显著的特征是其无与伦比的开放性和国际性，使其超越了单一国家的政府管制和税收约束，为借贷双方提供了前所未有的灵活性和自由度。在资金吸纳方面，欧洲货币市场不受传统利率管制的限制，因而能够吸引众多存款人。得益于这一特性，该市场的存款利率通常颇具吸引力，为存款人带来了可观回报。同时，对借款人而言，欧洲货币市场的贷款利率也相对具有竞争力，为他们提供了更为经济的融资选择。此外，欧洲货币市场的利率形成机制同样独具特色。这一机制主要基于交易双方根据伦敦银行同业拆借利率进行协商确定，这种市场化的定价方式能够真实反映资金的供求关系，为市场参与者提供了一个更加透明和公正的交易环境。对商业银行而言，这种机制不仅提供了利用利率差异筹集和使用资金的机会，还在满足流动性需求的同时，实现了利润最大化。

（二）短期借款的特点

1. 对流动性需求的精准把控

商业银行在管理流动性时，面临活期存款余额的频繁波动和定期存款提前支取的不确定性。这些因素使预测特定时点的存款金额以满足流动性需求变得复杂。与此相对，短期借款以其明确的时间表和金额，为银行提供了一种更为直接和可控的流动性管理工具，这种明确性极大地增强了银行在资金流动性管理上的准确性和预见性。

2. 流动性需求的集中性问题

与存款相比，短期借款的借款对象更为集中，且每笔借款的金额通常远大于每笔存款。这种集中性意味着短期借款在时间和金额上的流动性需求更为显著。如果银行无法按时偿还这些借款，其信誉可能遭受不可逆转的损害，甚至可能威胁到银行的持续经营。因此，短期借款的流动性风险相较存款而言更为显著。

3. 利率风险比较明显

在稳定的金融市场中，短期借款利率通常高于同期存款利率。关键的是，短期借款利率易受市场资金供求变化的影响，具有较高的波动性和敏感性。一旦市场资金紧张，短期借款利率可能迅速上升，增加银行的负债成本。因此，深入分析并有效管理短期借款成本对银行的负债管理极为关键。

4. 短期资金需求的满足

短期借款，因其较短的借款期限，主要被用作银行内部资金流动性的调节工具。在遭遇临时性资金短缺或周转压力时，短期借款发挥着至关重要的作用。在某些情况下，这些借款可能被用于较长时间的资金占用，商业银行应避免长期依赖短期借款满足其盈利性资产的资金需求。短期借款的核心目标是保障银行的流动性需求，确保银行能够维持日常运营的顺畅和财务状况的健康。

（三）短期借款的管理

短期借款的管理应该从其特点出发，注意以下三个方面。

1. 选择资金宽裕的时机

商业银行在决定短期借款的时机时，必须深入分析市场资金的供需状况以及中央银行的货币政策趋势。为了最大化降低资金成本，银行应把握市场资金宽裕的时机进行借款。这种策略有助于银行在资金成本较低时获得资金，进而优化其财务结构，增强资金使用的效率和效益。

2. 确定适度的借款规模

短期借款对商业银行来说是实现流动性和盈利性目标的关键工具，但并非借款规模越大越有利。在特定情况下，借款成本可能超出吸收存款的成本，进而影响银行的盈利能力。银行应通过深入的市场分析、细致的成本效益评估和严格的风险管理，科学地确定合理的短期借款规模。这确保了银行在满足流动性需求的同时，能够有效控制成本，保障资本的安全性及盈利的可持续性。

3. 构建合理的借款结构

商业银行在运营过程中，有多种短期借款渠道可供选择。合理地安排这些不同渠道的借款比例，对构建银行的负债结构至关重要。为了优化成本结构，银行应优先考虑利用成本较低的借款渠道，并尽量减少高成本借款的比例。然而，在某些情况下，如资产的预期收益较高且难以获得低成本借款时，银行可以适当增加高成本资金的借款比例，但必须确保盈利性始终是首要考虑因素。此外，银行还应密切关注国内外资金市场的借款成本差异，并根据这些差异调整其借款策略。如果国际市场的借款成本较低，银行可以考虑增加国际借款的比例；反之，则应减少。更为重要的是，银行需要根据中央银行的再贴现率变化，灵活调整其借款策略，以确保负债结构的优化和成本的有效控制。

二、商业银行长期借款的经营管理

商业银行的长期借款通常采用金融债券的形式。自20世纪70年代以来，随着全球范围内商业银行业务的综合化和多样化发展，以及金融业务证券化的趋势加速，金融债券已成为金融市场不可或缺的一部分。这一演变不仅标志着商业银行负债结构向多元化方向发展的必然趋势，也深刻体现了商业银行在资产负债管理上的诸多创新特点。

长期其他存款业务

（一）金融债券筹资的特点和意义

商业银行在筹集资金时，既可以通过吸收存款，也可以选择发行金融债券，这两条途径各有其特点和优势。吸收存款是银行传统的资金来源，具有稳定性和零售性的特点；发行金融债券则是一种更为市场化的筹资方式，能够为银行提供大规模的、成本可控的长期资金。

1. 筹资目的的多样性

商业银行通过吸收存款拓宽其资金基础，这种方式面向广泛的客户群体，目的多样而不特定。相对而言，当银行发行金融债券时，往往是为了增加长期稳定的资金来源，以适应特定的业务需求或投资领域。

2. 筹资机制的主动性

吸收存款是商业银行的常规业务，其规模没有固定上限，但受制于客户的存款意愿和市场需求，银行在此过程中往往较为被动。金融债券的发行则具有明确的阶段性和额度限制，银行在此环节拥有更大的主动性和控制权。银行可以根据自身的资金需求和市场环境，自主决定发行计划、额度和利率等关键要素，从而更有效地管理其负债结构。

3. 资金稳定性的考量

尽管定期存款有明确的存期，但允许提前支取，这要求银行必须保持一定的现金流动性。同时，银行还需按规定缴纳存款准备金，这些因素限制了定期存款的稳定性。相比之下，金融债券设有固定的偿还期限，不允许提前偿付，从而降低了资金提前流出的风险。此外，金融债券持有者不需要缴纳法定存款准备金，使银行能够更充分地利用筹集到的资金。

4. 筹资效率的比较

为了吸引投资者，金融债券的利率通常高于同期存款利率。因此，在多数情况下，通过发行金融债券筹资的效率明显高于吸收存款，为银行提供了一种更为直接和高效的资金筹集方式。

5. 资金流动性的优势

存款由于其个人账户性质，不具备直接转让流通的功能。金融债券通常采用不记名方式，并在活跃的二级市场上自由买卖，展现出更高的流动性。这不仅为银行提供了多元化的筹资渠道，还增强了其负债结构的稳定性，使银行能够更加灵活、高效地管理资金。

银行发行债券也存在一定局限性。①发行限制。金融债券的发行受到监管机构对数量、利率和期限等方面的严格限制，可能会降低银行在筹资过程中的自主性。②额外成本。除了可能的高利率，银行还需承担发行费用等额外成本，增加了银行的筹资负担。③市场成熟度。在金融市场不够成熟的发展中国家，金融债券的种类和发行量相对较少，限制了其流动性，影响了银行筹资的灵活性和效率。

（二）金融债券的分类

金融债券分为资本性金融债券、一般性金融债券和国际金融债券。

1. 资本性金融债券

资本性金融债券是一种专为商业银行设计的创新金融工具，旨在补充其核心资本。这类债券在金融产品谱系中占据着独特的位置，它们在资本结构中位于银行存款和股权资本之间。资本性金融债券的持有者在收益分配和资产清算时享有较高的优先级，仅次于银行的储户和其他债权人，但优先于普通股和优先股股东。这种设计不仅为银行提供了一种灵活的资本补充途径，而且增强了银行的资本充足率，提升了其风险抵御能力。

2. 一般性金融债券

一般性金融债券，作为银行为满足其长期贷款与投资需求设计的债务工具，构成了银行金融债券发行的核心部分。根据不同的分类维度，一般性金融债券可细化为三大类别。

一是按照债券是否有担保可分为担保债券和信用债券。担保债券，以其特有的担保措施为后盾，这些担保可以源于第三方的坚实保证，或是以发行者自身资产为抵押的抵押担保。相比之下，信用债券则纯粹依赖于发行者的信用状况来支撑，不需要何额外的担保。值得一提的是，大型商业银行往往凭借其高级别的信用评级和坚实的信誉基础，倾向于选择发行信用债券。在我国，国有控股商业银行发行的债券均属于信用债券的范畴。这些债券以银行自身的信誉为坚实支撑，赢得了市场的广泛信赖和认可。然而，随着我国金融市场的不断发展和完善，合作社和民间性的中小银行也逐渐崭露头角。对这些银行而言，由于其信用评级可能相对较低，因此在发行债券时，担保债券将成为一个重要的选择。

二是按利率是否浮动可分为固定债券和浮动利率债券。固定利率债券是一种在债券存续期内利率保持恒定不变的债务工具。持有者在债券到期时将收回本金，并在此期间定期获得固定的利息支付。相对而言，浮动利率债券则具有利率可变的特性，其利率会根据事先约定的时间间隔和选定的市场利率基准进行调整。

目前，我国商业银行发行的债券主要以固定利率债券为主，这种债券为投资者提供了稳定的收益预期。然而，随着我国市场利率体系的逐步建立与完善，浮动利率债券的发行将变得日益重要。浮动利率债券能够更好地反映市场利率的变动，为投资者提供更为灵活的收益选择，同时也为发行方提供了更为灵活的融资成本调整机制。因此，未来我国金融市场上的浮动利率债券发行将成为一个不可避免的趋势。

三是按债券付息方式可分为付息债券和一次性还本付息债券。一次性还本付息债券是金融市场上一种典型的债务工具，其显著特点在于其期限通常设定在5年以内，利率保持固定，且发行银行将在债券到期时一次性支付本金和累积的利息。迄今为止，我国银行主要发行的正是这种类型的债券。

在国际金融市场上，普通金融债券的形式更为多样化。其中，付息债券是一种流行的债券类型，其特点是在债券期限内每隔一定的时间（如半年或一年）支付一次利息。这种债券的券面上通常会附有每次付息的息票，银行每支付一次利息就会剪下一张息票，因此也称为剪息票债券。

相较于一次性还本付息债券，付息债券的优势在于其能够显著减轻银行在债务到期时一次性支付全部利息的财务压力。这种分散付息的方式使银行的现金流管理更加灵活，有利于维护银行的财务健康。此外，由于付息债券的期限相对较长，因此成为银行筹措长期资金的重要工具。

3. 国际金融债券

国际金融债券，作为在国际金融市场上发行的一种特殊债务工具，其显著特点在于其面额以外币表示。这类债券不仅涵盖了前述的各类债券品种，而且其涵盖范围更为广泛。以下从市场和货币的角度出发，介绍三种通行于国际金融市场的国际债券。

一是外国金融债券，指的是债券发行银行通过目标国家（即外国金融市场所在国）的银行或金融机构作为发行平台，所发行的以该国家货币为面值基准的金融债券。尽管债券的发行银行源自一个国家，但债券的面值货币和发行市场则归属于另一个国家。举例说明，如果我国的银行选择在英国伦敦市场，借助英国的银行或金融机构来发行英镑债券，那么这类债券便会被归类为外国金融债券。

二是欧洲金融债券，是一种跨越国界的金融融资工具，由债券发行银行通过其他银行或金融机构在债券面值货币以外的国家发行并推广。其显著特点在于债券的发行归属于某一特定国家，而实际的发行和交易则在一个与其不同的国家金融市场上进行，并且债券的面值货币与这两个国家均不相同。以我国银行为例，如果在纽约市场发行英镑债券，或者在伦敦市场发行日元债券，那么这些债券就被归类为欧洲金融债券。前者被称为欧洲英镑金融债券，后者则称为欧洲日元金融债券。

三是环球金融债券，是发行银行为筹集资金而采取的一种策略性债券发行方式，其特点在于银行同时在多个不同国家发行债券，这些债券可能以一种或多种货币进行标价。实际上，环球金融债券可以视为发行银行在不同国家市场上同时发行的多笔外国金融债券的集合。

（三）金融债券的管理要点

1. 精确控制债券发行成本

为确保资金使用效率并避免资金闲置，商业银行应确保债券发行与资金使用项目的同步性。在发行前，应对项目进行细致的可行性研究，对比预期收益与成本，确保经济效益能够覆盖债券成本，从而避免"高投入低收益"的局面。在我国，为了吸引投资者，金融债券的发行通常遵循"高进高出"的原则，即提供比同期存款利率更高的利率。相应地，这些债券支持的专项贷款利率也通常高于普通贷款利率。

2. 关注利率变动与货币选择

在预期利率上升的情况下，选择固定利率债券可以锁定当前的资本成本，规避未来利率上升带来的成本风险。在利率预期下降时，浮动利率债券则提供了利用市场利率变化以优化资金成本的灵活性。银行还可以考虑缩短固定利率债券的期限，以便更快地适应利率下降的趋势。此外，引入提前偿付条款，使发行人能够在一定条件下提前偿还债券，以更低的利率重新融资，从而实现成本优化。

在国际债券发行中，倾向于选择预期贬值的货币以减少汇率风险。然而，市场实际情况表明，预期升值的硬货币债券更受投资者欢迎。为了提高债券的吸引力，发行者可能需要提高债券利率，这将增加融资成本。因此，银行在制订发行策略时，必须综合考虑汇率和利率变动，甚至需要考虑使用硬货币作为票面货币，以确保发行的成功。

3. 精准把握债券发行时机

商业银行在发行债券时，必须准确把握市场资金供求的动态平衡。市场资金供应充足、利率较低时，是发行债券的最佳时机。在我国，由于利率相对稳定，发行时间的选择应考虑货币供应量的充足性。考虑到国内债券主要面向个人投资者，商业银行应充分考虑投资者的资金流动性和消费习惯。例如，选择在季末或6月初发行债券，此时居民消费需求较低，手中资金相对充裕，更可能选择投资债券。同时，利用每年7月国债还本付息或年末分配的时机，可以提高金融债券的销售效率。

4. 深入研究投资者心理

金融债券作为一种投资产品，其成功发行的关键在于满足投资者的核心需求。商业银行需要深入研究投资者对收益性、安全性、流动性和便捷性的期望，并据此设计和创新债券产品，以激发市场购买力。

案例分析

南京爱立信"倒戈"投奔花旗银行

2002年3月底,按照当地媒体的说法,南京爱立信公司突然提前向南京工商银行、交通银行还贷19.9亿元人民币,转而向花旗银行上海分行贷回同样数额的巨款。这一消息引起了业界的广泛关注,不少人担忧可能会引发连锁效应。为此,有关记者专程赶赴对爱立信、人民银行分行等相关单位进行了采访。

引起关注的报道发表于某报,题为《爱立信倒戈投奔"洋"银行,南京金融业经历"脑震荡"》。该文指出,南京爱立信公司凑足巨资提前还完了工商银行、交通银行19.9亿元人民币贷款,转而向花旗银行上海分行贷回同样数额的巨款。对此,南京爱立信公司宣传企划负责人回复称,第一,南京爱立信公司与花旗银行上海分行迄今无任何业务往来;第二,所谓19.9亿元人民币贷款一事纯属子虚乌有。他强调,南京爱立信在金融方面的最大合作伙伴是中国银行。至于提前还清贷款的原因,他认为是公司的经营战略,还透露近期爱立信公司将对此发表正式声明。

针对媒体报道中提及的研究报告,中资银行方面予以否认。该银行负责人透露,此前爱立信公司就存贷款问题与银行进行交涉,提出签订"无追索权保理业务协议",即银行贷款给企业,企业的应收款由银行取回,将收款的经营风险由企业转移到银行。但由于国内保险公司无法为银行买断的应收账款提供债权保险,使中资银行无法满足这一要求。因此,爱立信重新选择金融合作伙伴,后者能够提供由保险公司参与的收款业务保险服务。

南京爱立信公司在《关于南京爱立信通讯有限公司贷款减少的说明》中解释了减少贷款的主要原因,强调这并非银行业竞争的结果,而是公司实施了更为严格的财务管理策略。公司已将资产负债率从约85%降至约70%,有效减少了对外部资金的需求。此外,为了降低应收账款和提高现金流,公司与汇丰银行上海分行、渣打银行上海分行签订了无追索权保理业务协议,减少了对中资银行的贷款需求，同时在其他金融服务领域继续保持与中资银行的合作。

人民银行南京分行办公室副主任孙玲珍在接受记者采访时指出，媒体报道存在不准确之处，并认为在市场经济条件下，客户根据自身需求选择金融服务是正常现象。

分析该案例所蕴含的思政元素：

爱立信公司之所以选择转向外资银行，主要是中资银行当时无法提供无追索权的保理业务，而这项服务在当时只有外资银行能够提供。这一事件发生在中国加入世界贸易组织（WTO）的第二年（2002年），反映了当时我国商业银行在经营上的若干薄弱环节，包括业务范围的局限性、业务种类的不足以及缺乏相应的政策支持等。

该案例给予我们的启示包括：商业银行需要不断创新服务，以满足客户多样化的金融需求。政府和监管机构应提供必要的政策支持，帮助银行拓展业务范围。面对全球化的竞争，国内银行需加强自身的国际竞争力。银行应加强风险管理，确保能够提供与国际标准相符的金融服务。

作为金融专业的学生，在学习和职业发展中，应积极吸收和借鉴外资银行的先进管理经验、创新金融产品、有效的营销策略以及卓越的客户服务，推动商业银行的技术革新和金融创新。应强化责任意识和使命感，在金融市场逐步开放的大背景下，努力提升国家金融行业的竞争力。通过不断学习和实践，使我国的金融行业更加深入地融入全球市场，加速金融市场的国际化进程，实现国内外金融机构间的互利互惠和合作共赢，共同推动全球金融市场的繁荣发展。

因此，该案例所蕴含的思政元素是"担当意识""人类命运共同体理念""家国情怀""责任意识""使命意识"。

本章小结

商业银行与其他工商企业的显著区别在于其独特的负债经营模式。这种模式的核心在于依赖负债业务来吸收资金，这也是商业银行运作的基础。简而言之，负债业务是商业银行吸引和汇聚资金的重要途径。商业银行的负债结构主要包括存款负债和非存款负债两大部分。其中，存款负债占据了举足轻重的地位，构成了商业银行负债业务的核心。在存款负债之外，其他负债可以进一步细分为短期负债和长期负债，这些负债类型共同构成了商业银行全面而灵活的资金来源。商业银行是现代社会经济体系中联系资金盈余方和资金短缺方的中介，负债业务通过吸收盈余资金为其向资金短缺方发放贷款奠定基础。负债业务也因此与资产业务一起构成商业银行的信用业务，成为商业银行的特征。

第二章 练习题

一、选择题与判断题

1. 下列关于计算活期存款利息的表述，正确的是（　　）。[单选题]
   A. 本金计息起点是分
   B. 按季度结息
   C. 一年一定按 365 天计算
   D. 需要执行人民银行规定的同期限档次存款利率

2. 下列关于商业银行整存整取定期存款的表述正确的是（　　）。[单选题]
   A. 期限越长，利率越低
   B. 期限越长，利率越高
   C. 利率高低与期限长短无关
   D. 相同期限，本金越多，利率越低

3. 定期存款在存期内，若遇到利率调整，则该存款利息（　　）。[单选题]
   A. 按照到期日挂牌公告的利率计算
   B. 按照存单开户日挂牌公告的利率计算
   C. 按照调整日挂牌公告的利率计算
   D. 按照分段计息法根据存款实际天数，使用开户日和利率调整日的挂牌利率分别计算利息

4. 商业银行办理企业基本存款账户时对存款客户的规定包括（　　）。[多选题]
   A. 可以在此账户办理日常结算
   B. 企业可以在多家银行开立多个基本账户
   C. 可以由存款客户自主选择开户银行
   D. 可以在此账户办理现金收付
   E. 同一存款客户只能在商业银行开立一个基本存款账户

5. 银行间同业借款业务主要包括（　　）。[多选题]
   A. 同业拆借
   B. 再贴现
   C. 转贴现
   D. 证券回购协议

6. 金融债券发行的管理要点是（   ）。[多选题]
A. 遵守金融管理规定
B. 合理计划
C. 寻找最佳发行时机
D. 注重防范利率，汇率风险

7. 从央行取得借款主要有两种方式：一是再贴现，二是再贷款。（   ）[判断题]

8. 负债业务是商业银行资金运用的业务。（   ）[判断题]

二、思考题
1. 什么原因导致西方商业银行对存款业务进行创新？
2. 某企业客户已开立基本存款账户，因借款需要在某商业银行新开立账户，该账户不必支取现金，该商业银行为该客户开立什么类型的账户？
3. 中国人更愿意储蓄还是更愿意消费？原因是什么？

第三章　商业银行贷款业务

导言

贷款是商业银行资产组合中的核心，在促进社会资本流通中扮演着至关重要的角色。对企业而言，无论是日常运营还是扩展发展，都离不开充足的资金支持。在众多融资渠道中，银行贷款以其稳定性和可预测性，成为企业最主要的外部资金来源。此外，商业银行的信贷服务也深刻影响着个人生活的方方面面，例如，住房按揭贷款、日常消费信贷、高等教育助学贷款等。

学习任务

①熟悉商业银行提供的各类贷款，包括公司贷款、个人贷款等。②理解贷款政策制定依据，以及从申请到放款的贷款流程。③学习评估企业信用的方法，为公司贷款决策提供依据。④掌握评估个人信用的技巧，确保个人贷款业务的稳健性。⑤掌握贷款风险控制和损失处理策略，保障银行资产安全。

第一节 商业银行贷款业务概述

一、贷款种类

贷款是商业银行核心资产的重要组成部分，也是其资金运用的主要途径。银行遵循一系列明确的贷款原则和政策，确保借款人在承诺按期还本付息的基础上，获得所需的货币资金支持。这种贷款行为对银行的资产配置和盈利模式具有决定性作用。为了更好地适应经营管理需求，银行采用多种标准对贷款进行分类，如贷款期限、用途、风险等级等。这些细致的分类方法不仅有助于银行进行精准的风险评估和管理，也对资金的有效调配和业务的稳健运营发挥着至关重要的作用。

（一）按贷款的期限分类

商业银行贷款按期限可分为活期贷款、定期贷款和透支三类。

1. 活期贷款

活期贷款是一种极具灵活性的贷款形式，它没有固定的还款期限，允许借款人在任何时候偿还贷款。这种贷款方式为银行和客户提供了极大的便利。银行可以根据自身资本状况和市场资金需求，随时向借款人发出还款通知，保持资金的流动性和灵活性。

2. 定期贷款

定期贷款是一种具有明确还款期限的贷款形式，其期限的长短直接关系到贷款的分类和用途。根据还款时间的长短，定期贷款可以进一步细分为以下三种类型。①短期贷款，通常不超过一年，旨在快速解决企业流动资金需求。商业银行的短期贷款服务包括周转贷款、临时贷款及票据贴现等。②中期贷款，覆盖一年以上至五年的期限，支持企业中期的资金需求，如技术改造和流动资金投资。③长期贷款，针对五年以上的长期投资，如固定资产和科技研发，同时也满足中长期流动资金和消费需求。定期贷款为企业提供了稳定的资金来源，有助于企业进行长期规划。银行在管理这类贷款时，应注重期限匹配、风险评估，并在必要时提供灵活的调整方案。

3. 透支

透支是银行提供的一种特殊贷款形式，允许活期存款账户持有者在满足合同条款的条件下，借用超过账户现有余额的资金。这种贷款形式实质上属于银行信贷业务一部分。客户在使用透支服务时的行为往往具有周期性特点：在银行资金紧张时期，可能会有较多客户同时选择透支；相反，在银行资金较为充裕时，客户则更倾向于归还透支款项。以贷款期限为依据对贷款进行分类，对银行具有重要的双重意义。首先，流动性与资金周转监控，这种分类方法帮助银行监控贷款的流动性和资金周转状况，确保在长短期贷款之间维持一个合理的比例，以保持资金结构的均衡。其次，信贷资金的合理安排，根据贷款的偿还期限来安排贷款的发放顺序，有助于银行更高效地管理信贷资金，保障信贷业务的安全性和稳定性。

（二）按贷款的保障条件分类

按银行贷款的保障条件，银行贷款可以分为信用贷款、担保贷款和票据贴现。

1. 信用贷款

信用贷款，作为一种基于客户信誉的贷款形式，其特点在于不需要提供任何抵押物或第三方担保。然而，正因为其无担保性质，理论上而言，这类贷款的风险相对较高。因此，为了弥补潜在的风险，银行通常会设定较高的利息水平。此外，信用贷款通常仅面向与银行有长期合作关系的大型企业或具备卓越资信记录的借款人开放，以确保贷款资金的安全性和稳健性。

2. 担保贷款

担保贷款是一种在贷款流程中要求借款人提供特定财产或信用作为还款担保的融资方式。根据担保形式的不同，担保贷款进一步细化为三种类型：抵押贷款、质押贷款和保证贷款。

①抵押贷款是一种将财产作为担保确保贷款安全性的融资方式。在这种贷款形式中，借款人或第三方将其拥有的财产作为担保物，并按照法定程序进行登记，增强贷款的信用度。如果借款人未能按时偿还贷款，银行有权依法对担保物进行追索，保障其债权的实现。②质押贷款是一种将动产或其他权利作为抵押物进行融资的方式。在这一过程中，借款人或第三方将其拥有的动产或权利作为质押物，并通过必要的质押手续，实现融资目的。在借款期间，质押物由银行负责保管，不仅确保了借款的安全性，也为借款人提供了一种灵活的资金获取方式。若借款人在规定期限内未能偿还借款，银行有权依法处置质押物，保障其债权。③保证贷款是一种依赖第三方保证人承诺的担保融资方式。在这种模式下，当借款人面临偿还困难，无法按期偿还债务时，保证人需根据双方预先约定的条件，对债务进行担保。这种安排为贷款提供了额外的还款保障，降低了贷款的信用风险。在我国，抵押贷款、质押贷款和保证贷款均应严格遵循《中华人民共和国民法典》的相关规定，确保贷款活动的合法性和规范性。

3. 票据贴现

票据贴现允许客户将手中的未到期商业票据快速转换为现金或支票。这项服务对急需流动资金的客户来说至关重要，因为它能够立即提供资金，从而缓解他们的资金压力。在进行贴现时，银行会从票据的面值中扣除一定的利息，这部分利息称为贴现息，确保了银行资金使用的合理性和控制性。

当票据到期后，银行作为持票人，有权要求票据上所列的受款人支付全部票款。通常情况下，涉及的票据为信用度高、流动性强的银行承兑汇票，这增加了贴现操作的安全性。银行通过对不同担保条件的分类，能够根据借款人的经济情况和经营绩效，为其制订合适的贷款计划。这种方法不仅提高了放款效率，而且有效地提高了放款的安全性。

银行在进行票据贴现时，会对票据的信用状况和借款人的经济状况进行全面评估，确保贴现操作的安全性。通过这种方式，银行能够为客户提供灵活、简便且成本可控的融资服务，同时确保资金使用的合理性和安全性。

（三）按贷款的用途分类

银行信贷业务的广泛性使其成为经济生产各环节的重要资金来源。传统上，银行贷款按行业划分，覆盖了工业、商业、农业、科技以及消费者等多个部门。除此之外，贷款还根据特定用途被细分为流动资金和固定资金贷款，以满足不同企业的资金需求。

对贷款品种进行细致的分类，其重要性在于能够实现资源的科学配置。银行在资源分配时，通常会优先考虑满足企业的流动资金需求，确保企业日常运营的顺畅。一旦流动资金需求得到满足，银行便会转向支持企业的长期资本需求，如固定资产投资，为企业的持续发展提供支持。这种策略不仅提高了资金使用效率，也促进了企业乃至整个经济体的健康发展。

此外，对信贷业务的细致分类还有助于银行对信贷部门的分布结构进行全面监测，从而辅助决策。通过对不同部门和行业的信贷分布进行精细化管理，银行能够更准确地评估信贷风险，优化信贷结构，有效防范信贷风险，确保信贷业务的稳健运行。这种管理方式使银行能够更好地服务于客户，同时控制风险，实现可持续发展。

（四）按贷款的偿还方式分类

银行贷款按照其偿还方式的不同，可以分为一次性偿还贷款和分期偿还贷款两种方式。

1. 一次性偿还贷款

一次偿还贷款，也称为到期一次性还本付息贷款，要求借款人在贷款期限结束时一次性偿还全部本金。这种贷款方式通常适用于短期、临时或周转资金需求，因为它为借款人提供了在短期内获取较大额度资金的便利。

2. 分期偿还贷款

分期偿还贷款提供了一种灵活且便利的借贷解决方案，允许借款人根据自己的资金流动性需求，选择按月、季度或年度进行还款。这种还款方式特别适合中长期贷款，因为它能够更好地与借款人的现金流匹配。在分期偿还贷款中，银行通常会提供不同的利率计算方法，如平均利率法和利随本减法。平均利率法意味着在整个贷款期间，利率保持不变；利随本减法则意味着随着本金的逐渐偿还，利息也会相应减少。

通过不同的还款方式对贷款进行分类，银行能够更有效地监控贷款的到期和回收情况。这不仅有助于银行更准确地预测资本状况的变化，还能增强其流动性风险管理能力。此外，这种分类还为银行提供了一个强有力的利率评估工具，有助于更精细地管理应收利息，从而提高银行的财务管理效率和盈利能力。

（五）按贷款的质量（或风险程度）分类

按照贷款的质量或潜在风险程度，银行贷款划分为五个类别：正常贷款、关注贷款、次级贷款、可疑贷款与损失贷款。

1. 正常贷款

正常贷款是借款人能够严格履行合同、具备良好信誉和足够还款能力、按时足额偿还本金和利息的贷款类型。这类贷款通常被银行视为安全且可靠的资产。借款人的财务状况良好，没有迹象表明存在还款问题或风险。银行通过定期审查借款人的财务状况，确保贷款的安全性，同时维护稳定的利息收入。

2. 关注贷款

关注贷款是指那些尽管目前仍在正常偿还，但已经出现可能影响未来偿还能力的潜在风险因素的贷款类型。对于这类贷款，银行和贷款机构必须保持高度警觉，加强监控和管理。通过持续监测和及时采取风险管理措施，最大限度地降低贷款违约的风险，保护其资产质量。

3. 次级贷款

次级贷款是一种风险较高的贷款类型，它表明借款人的偿还能力已经出现问题。由于其正常经营收入无法完全覆盖贷款本息，借款人不得不依赖再融资或挪用其他资金临时偿还债务。这种情况明显揭示了借款人在偿还能力上的不足，并暗示了较高的违约风险。因此，银行和贷款机构在处理次级贷款时需要格外谨慎，密切监控借款人的财务状况，并采取相应的风险控制措施。

4. 可疑贷款

可疑贷款被视为一种高风险贷款类型，它通常预示着借款人可能面临还本付息的困难。即便贷款合同中设置了抵押或担保条款，这类贷款仍然具有潜在的资产损失风险。与次级贷款相比，可疑贷款在风险层面具有更加显著的特性，其风险水平也更为严峻。这对银行的信贷风险管理和资产处置机制提出了更高要求。

5. 损失贷款

损失贷款指的是即便银行采取了所有可行的补救措施和法律途径，仍旧无法从借款人那里收回大部分贷款本金或利息。这种贷款对银行来说已失去其经济价值，因此必须从资产负债表中剔除。银行需要在完成必要的内部审批程序后，迅速执行贷款冲销作业。这一举措不仅有助于维护银行的财务稳健性，也确保了其财务报告的真实性和精确性。通过及时的贷款冲销，银行能够更准确地评估自身的财务状况，为实现未来持续稳健的经营奠定基础。

对贷款进行基于质量和风险程度的分类，对银行乃至整个金融体系至关重要。这种分类方法不仅强化了银行的风险管理，也提升了贷款的整体质量。银行在稳健经营中必须处理已显现的风险，并主动发现和预防潜在风险。通过科学地划分贷款质量，银行能够更精确地识别内部风险，并及时调整信贷管理、内部控制和信贷政策，以确保稳健经营。此外，这种分类方法为金融监管机构提供了强有力的监管工具。监管机构依赖非现场监管手段来评估商业银行的信贷资产质量，准确的贷款质量分类是评估的基础。缺乏科学的分类会导致监管机构在并表监管、资本充足率要求、流动性监测等关键领域失去有效的评估依据，从而影响监管效果。

（六）按银行发放贷款的自主程度分类

根据银行在发放贷款过程中的自主程度，银行贷款可以分为自营贷款、委托贷款和特定贷款三种主要类型。

1. 自营贷款

自营贷款是商业银行根据自身信用政策和风险评估，通过合法渠道筹集资金并自主决定发放的贷款类型。作为商业银行贷款业务的核心组成部分，自营贷款体现了银行对风险的独立判断和控制。银行对这类贷款的发放、风险管理以及本金和利息的回收负有全部责任，这要求银行具备严格的风险控制和信贷管理能力。

2. 委托贷款

委托贷款是一种特殊的贷款类型，其中政府部门、企事业单位或个人作为资金的提供者，即委托人，将资金委托给银行。银行作为受托人，根据委托人的明确指示，负责贷款的发放、资金使用的监督以及贷款到期时的回收工作。

3. 特定贷款

特定贷款，作为一种经过专门批准的贷款类型，通常由国有独资商业银行承担发放任务。这类贷款往往配备了预先设定的风险补偿机制，旨在降低银行在贷款发放过程中可能面临的风险。

对贷款种类进行分类，有助于银行根据贷款的不同特征实施更有针对性的管理策略。同时，这种分类也有利于客观评价信贷人员的工作效果，增强其责任感。商业银行以贷款业务为核心，各银行会根据自身的经营特点，开展多样化的贷款服务，以满足不同客户的需求。以上所述的贷款类型划分为一般银行贷款类别，银行在实际经营活动中往往会有更丰富的贷款类型。

二、贷款政策

（一）贷款管理制度

贷款管理基本制度是从商业银行内部控制的角度对业务经营加以规范，主要的基本管理制度如下。

贷款业务概述

1. 审贷分离制度

为确保贷款业务的规范性和高效率，银行贷款政策应详细阐述贷款运作的各个环节。贷款前期工作至关重要，包括对潜在客户的营销、背景调查和信用评估。这些步骤为贷款决策提供了必要的信息和评估基础。贷款申请的受理阶段是决定是否启动贷款流程的关键。银行在收到贷款申请后，会进行严格的评估、审核和批准，确保贷款决策的准确性和资金的及时发放。贷后管理阶段涉及贷款发放后的监管、风险监控和偿还管理。持续监测和管理对确保资金的合理使用和及时收回至关重要，是贷款业务成功的关键。

在我国，贷款业务实行"审贷分离"制度，以加强内部控制并保障贷款质量。该制度明确了贷款调查、审查和决策等环节的职责分工，将信贷管理人员分为贷款调查评估人员、贷款审查人员和贷款检查人员，各司其职，确保贷款流程的透明和责任明确。通过这样的制度安排，银行能够更有效地控制贷款风险，提高贷款业务的整体效率。

2. 主责任人、经办责任人制度

在贷款业务的开展过程中，确保各个环节的责任人具备胜任控制需求并能够实现控制目标的能力至关重要。通常，贷款业务的各个环节决策主体被明确指定为主责任人，各自承担着特定的职责。贷前调查的主责任人需确保所收集信息的真实性和可靠性，对贷前调查的准确性负有直接责任。审查主责任人需确保贷款业务的合规性与合法性，并对审查结果负有相应责任。审批主责任人负责贷款业务的审批决策，并承担最终责任。经营主责任人负责信贷业务的后续监管、本息回收和债权保全，确保信贷资产的安全与稳健。同时，直接参与贷款业务调查与审查的信贷人员作为具体经办人员，也需承担相应的经办责任。

3. 贷款业务授权授信管理制度

商业银行应构建一套明确而有效的授权与审批机制，确保所有业务活动均需获得相应权限部门的书面批准。这一机制应遵循内部管理权限的逐级授权原则，并对各层级的责任进行明确规定。除非遇到特殊情况，贷款业务应严格遵循"先评级、授信，后用信"的操作原则，以确保贷款流程的规范性和风险控制的有效性。

4.责任追究制度

责任追究制度是在实行审贷分离制度的基础上，对违规、违纪、违法行为造成的贷款损失或难以收回的贷款，根据办理信贷业务各环节责任人所承担责任的比例实施赔偿的制度。贷款违规违纪责任的责任人分为完全责任人、主要责任人和次要责任人。

建立明确规范的管理制度对商业银行的贷款管理具有积极的作用，可以通过严格的内部控制降低商业银行的经营风险；反之，如果商业银行的信贷业务管理制度存在缺陷或监管不到位，将会产生巨大的风险隐患，滋生利益输送等严重违法行为。

（二）贷款政策内容

贷款政策是银行业金融机构为了指导和规范贷款业务、有效管理和控制信用风险而精心制订的一系列方针、措施和流程。这些政策为银行在贷款业务中提供了明确的操作准则，由于各银行在经营规模、经营方式、经营品种以及所处的市场环境上存在差异，贷款政策主要包括以下内容。

1.贷款业务的发展战略

在制订贷款业务发展策略时，商业银行必须审慎考虑自身的实际情况。如果过于乐观地评估其发展潜力，可能会导致贷款规模过度扩张，增加经营风险，甚至会威胁银行的正常运营。如果对贷款业务的增长潜力估计不足，可能会限制其发展速度，错失市场机遇，对银行的长期发展造成负面影响。因此，银行需要在风险控制和市场机会之间找到平衡点，制订既稳健又具有前瞻性的贷款业务发展策略。

2.贷款审批的分级授权

在我国银行业一级法人体制下，实施贷款审批的分级授权制度至关重要。这一制度旨在确保贷款审批的严格性和有效性，通过在银行内部实施分级授权，确保各层级的审批权限与相关人员的工作能力、经验、职位和业绩相匹配。

分级授权制度根据贷款额度和风险程度，对不同层级的机构或个人进行授权，明确其可审批的最大贷款额度。随着贷款规模的扩大，银行面临的风险也随之增加，这就要求信贷管理人员具备更高的业务水平和丰富的工作经验。授权通常从董事会或高层决策层开始，逐步向下，确保整个审批流程的严谨性和风险控制的有效性。

银行的贷款审批通常分为三个层级：第一层级是一般信贷员和分行经理，处理小额贷款申请。第二层级是贷款委员会或高层管理人员，负责审批较大额度或更复杂的贷款。第三层级是董事会，主要审批大型或具有特殊风险的贷款。一旦分级权限确定，各级贷款审批人员必须严格遵守，不得越权放贷，以确保银行资金的安全和贷款业务的稳健发展。

3. 贷款的期限和品种结构

在贷款政策中，银行应明确规定可接受的贷款最长期限，并强调这一期限与融资项目生产周期和资产转换周期的协调性。

商业银行的信用资产类型和组成，即贷款结构，直接影响其信用资产的安全性、流动性和盈利性。因此，在贷款政策中，必须明确规定贷款类型和结构。决策时，应综合考虑贷款风险、资金流动性、目标客户群体和银行员工的业务能力，以确定对银行最有利的贷款类型。在选择贷款种类时，应平衡企业贷款、消费贷款和农业贷款，并在贷款总量上进行适当调整。当然，由于不同地区的经济发展水平不同，贷款服务的重点也会有所不同，需要根据市场条件和客户需求灵活调整贷款结构。

贷款区域是指银行在经营活动中对贷款活动进行控制的地理范围。这种选择通常与银行的规模和发展策略密切相关。大型银行由于拥有广泛的分行网络，通常不会对放贷区域作出具体限制，以最大限度地发挥其全国性的服务覆盖优势。相比之下，中小型银行往往将贷款业务重点放在总部所在地以及其传统服务区域。在这些区域，银行与当地企业有着深厚的联系，对当地经济环境、产业特点和客户群体有深入了解。这种地理优势使银行能够更方便、更有效地对借款人进行信用分析，对贷款质量进行跟踪核查，并加强对当地市场的洞察，从而提高贷款的安全性。

4. 贷款发放的规模控制

银行在发放贷款时，其规模受到严格的资金来源和资产组合状况的制约，而非无限制地扩张。《中华人民共和国商业银行法》明确规定，商业银行的贷款业务必须严格遵守资产负债比例管理的各项要求。这些要求包括但不限于：①确保资本充足率不低于8%，以保障银行的资本实力足以抵御潜在风险。②贷款余额与存款的比例不得超过75%，以维持银行业务的健康流动性。③流动性资产余额与流动性负债余额的比例也不得低于 25%，以确保银行在面对突发流动性需求时能够迅速应对。

5. 关系人贷款政策

关系人贷款指的是商业银行向其董事、监事、高级管理人员、信贷业务人员及其近亲属，以及这些人员投资或管理的公司和经济组织提供的贷款。根据《中华人民共和国商业银行法》，此类贷款受到严格的规范，以确保金融市场的公平性和透明度。具体而言，商业银行被明令禁止向关系人发放无担保的信用贷款，确保所有关系人贷款都建立在充分担保的基础上。此外，即便提供了担保，贷款的条款和条件也必须与给予非关系人借款人的同类贷款条件保持一致，不得提供更为优惠的待遇。

6. 信贷集中风险管理政策

信贷集中指的是在未经特别批准的情况下，银行向单一或一组紧密关联的借款人发放的贷款总额超过了银行资本金的一定比例，这一比例通常设定为 25%。表现为对某个特定个人或组织提供高额贷款，或是贷款抵押品的类型过于单一，抑或是贷款过度集中在某一特定行业或贷款类别，例如房地产贷款。信贷集中对银行的经营安全构成了潜在威胁，一旦相关借款人出现风险问题，银行可能会遭受显著的经济损失。根据《中华人民共和国商业银行法》，商业银行对同一借款人的贷款余额与自身资本余额的比例不得超过 10%，以确保银行资产的分散性和风险的可控性。

7. 贷款定价

银行在制定贷款政策时，必须清晰界定贷款的价格构成，保障银行的合理利益。商业银行的贷款价格通常包括：贷款利率，反映了资金的成本和风险；贷款补偿性余额，也称为回存余额，要求借款人在银行保持一定比例的存款余额；对某些特定贷款收取的费用，如承担费等。

8. 贷款的担保政策

在银行的担保政策中，必须明确界定担保的具体方式，并且详尽规定抵押品的鉴定与评估流程，以确保其评估结果的准确性和公正性。此外，政策应当设定合理的抵押率，以平衡风险与收益之间的关系。同时，应对担保人的资格进行严格审核，并全面评估其还款能力。

9. 贷款档案的管理政策

贷款档案是银行信贷管理流程中的核心记录，它直观地反映了贷款的质量。因此，在银行的整体政策框架中，贷款档案管理政策扮演着至关重要的角色。银行应建立一套科学、全面的档案管理制度，确保贷款档案的质量和安全性。

（1）贷款档案的结构。一个完整的贷款档案应由三个核心部分组成：法律文件、信贷审批文件和还款记录。法律文件记录了贷款的法律依据和合规性要求。信贷审批文件反映了贷款的审批过程、条件及风险评估。还款记录详细记载了贷款的还款情况和逾期状况。

（2）贷款档案的明确责任人制度。信贷管理人员应对其管理的贷款档案负责，确保档案的完整性和准确性。对于档案中缺失的部分，信贷管理人员应明确记录缺失内容及原因，并将其归入贷款档案，以供后续审查。

（3）贷款档案的保管地点。鉴于法律文件的法律效应和重要性，应将其单独存放于具备防火、防水、防损等功能的专用保管区域，确保其安全性和完整性。

（4）贷款档案的存档、借阅和检查制度。银行应制订明确的存档、借阅和检查规则，确保档案的有序管理。存档规则应规定档案的分类、编号和存放方式。借阅规则应明确借阅权限、流程和归还要求。检查规则应定期或不定期对档案进行检查，确保档案的完整性和准确性。

10. 贷款的审批和管理程序

为确保贷款业务的规范性和高效性，银行精心确立了一套全面的贷款审批和管理程序。这些程序不仅为贷款流程提供了明确指导，而且确保了贷款操作的标准化和系统化。通过这些详尽的程序，银行能够对从贷前审查到贷后管理的贷款申请流程进行全面评估。

11. 贷款的日常管理和催收政策

银行对贷款的日常管理是确保贷款质量的关键。在贷款政策中，银行明确规定了与借款人保持沟通、了解其业务及财务状况的具体措施。贷款一经发放，日常管理工作便成为保障贷款质量的基石。因此，贷款政策中应详细规定信贷管理人员与借款人保持紧密联系的必要性。

信贷管理人员应定期或不定期地拜访借款人，深入了解其业务运营状况、财务状况以及市场变化等信息。通过持续沟通与交流，及时发现潜在的风险因素，并采取相应的措施进行预防或应对。此外，贷款政策还应要求信贷管理人员进行定期信贷分析，并形成详细的信贷分析报告存档。这些报告应全面反映借款人的经营情况、财务状况以及贷款使用情况，为银行管理层提供决策依据。

银行在贷款业务中，应建立并执行一套高效的贷款回收与催收制度，最大限度减少潜在损失。在贷款还本付息到期日之前，银行应提前通过书面形式，向借款人发出明确的还款通知，提醒其按时偿还到期的贷款本息。一旦借款人未能按时还本付息，银行应立即启动催收程序，与借款人取得联系，了解其还款困难的原因，并积极协助其制订还款计划。若借款人仍无法履行还款义务，银行应进一步采取更为积极的催收措施，包括上门催收、约见借款人或其企业经理进行面谈、共同研究还款问题等。

12. 对所有贷款质量评价的标准

对贷款进行细致且基于风险程度的综合评估是确保贷款安全性的一种基本且关键的措施。这种评估涉及对贷款项目中各种风险因素的分析，使银行能够更加精确地识别和理解贷款可能面临的潜在风险。

13. 对不良贷款的处理

即使是设计得再周全的贷款政策，也难以完全预防不良贷款的出现。因此，制订合理且高效的应对措施变得至关重要。一个高质量的贷款政策文件，不仅应该清晰界定信贷人员的责任与义务，确保他们严格遵循规定行事，还必须满足银行监管部门的要求，帮助银行最大限度地降低风险。此外，贷款政策文件也应具备一定的灵活性，以应对市场环境、客户需求以及银行内部运营状况的不断变化。贷款发放后，一旦发现贷后检查中出现的不良贷款预警信号，或在贷款质量评估中被划分为关注级以下，银行应立即予以重视。针对不同类型的不良贷款，银行应根据其性质和质量等级，制订监控、重组、挽救、追偿、诉讼、冲销等一系列处理不良贷款和保全银行债权的具体措施。

三、贷款流程

贷款操作规程

为了强化信贷管理,确保每一笔贷款从发放到回收的流程清晰、手续完善、权责明确,实现信贷业务的科学化、操作规范化以及资料档案化,从而保障贷款的效益性、安全性和流动性,商业银行必须严格遵循"三个办法和一个指引"的规范要求执行贷款操作程序。贷款操作流程如图 3-1 所示。

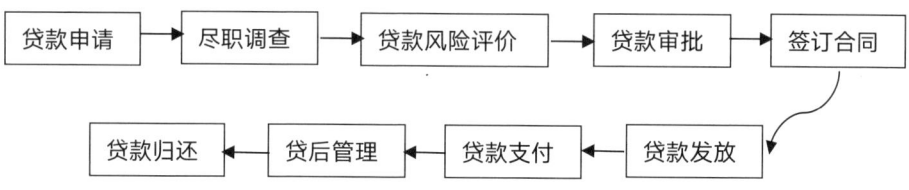

图 3-1 贷款操作流程

(一)贷款申请

在贷款申请过程中,借款人需要根据自己的资金需求,向贷款机构提交书面申请。为了确保申请流程的顺畅,借款人必须遵循贷款机构的要求,提供完整的申请材料。贷款机构将依据借款人提供的资料和信息,进行综合评估,以确定借款人是否符合国家法律法规及商业银行信贷政策所规定的资格条件。贷款机构会审慎分析所有信息,决定是否批准贷款。这个过程要求借款人提供真实、准确的资料,以便贷款机构进行准确评估。

在借款人提交的申请材料中,"贷款申请表"是最为关键的组成部分。申请表应包含以下要素:借款人名称、企业类型及性质、具体经营范围、申请的贷款种类、贷款的期限和金额、还款方式、资金具体用途、用款计划、还本付息计划,以及相关的经济技术参数等。

借款人需要提供以下信息。

(1)借款人及担保人的基本资料,如营业执照复印件、法人代表的身份证复印件,以及其他必要的法律文书。

（2）最新的财务资料，包括经工商主管机关或专门审计机构核准的在提出申请之前最近一个月的财务报表或资产负债表。

（3）贷款占用纠正报告，对原来不合理占用的贷款进行更正，并指出所采取的改正措施和成效。

（4）资本和流动资金补充报告，详细说明资金来源、用途及其对业务经营的影响，并说明其补充资金的来源和使用情况。

（5）担保资料，其中包含担保品的具体说明和估价报告，并提供所需的证明材料。

（6）其他资料，根据贷款人的具体要求，提交其他需要的文件、证明文件或额外资料。

在接到申请材料后，贷款人将根据"诚实申贷"的原则，认真审核借款人的主体资格、经营管理的合法性、信用记录、贷款用途合法性和还款来源的合法性。贷款机构在综合分析后，决定是否接受贷款申请。

（二）尽职调查

尽职调查对商业银行来说至关重要，它确保了贷款决策的科学性和稳健性。在这一过程中，银行业务人员不仅会进行深入的现场电调研，还会通过多种渠道收集和核实借款人的经营状况、信贷细节和担保条件等关键信息。这一全面而深入的分析旨在揭示信贷活动中可能存在的风险，并据此制订有效的风险控制措施。

尽职调查的目的是减少借贷双方之间的信息不对称，确保银行能够作出全面、准确、可靠的信贷决策。通过这一过程，银行能够更有效地识别和降低贷款风险。在履行应尽义务时，信贷工作人员应本着勤勉尽责的精神，全面地执行调查任务，努力对借款人和其业务进行全面了解。尽职调查应严格遵循真实、准确、完整和有效的原则。这就需要信贷工作人员采取多种调查方式，例如，实地考察、资料收集、第三方咨询等，全面收集客户和项目信息，保证调查结果的完整与准确。

为保证调查的全面、准确，尽职调查应当采用实地调查和非实地调查相结合的方法。实地调查包括与借款人进行实地访谈、实地走访等。在实地调查过程中，既可运用现代科技方法进行调查，也可委托给专门机构深度调查。在履行了应有职责后，调查员需要写出一份详细的调查报告，该报告应该包括借款人的基本情况、经济状况、具体贷款用途、还款来源和保证措施等。

（三）贷款风险评价

在遵循"三个办法和一个指引"的准则下，贷款人应当构建并持续优化内部评级制度，采用科学、合理且系统的评级和授信方法，以评定客户的信用等级，并建立起全面、准确的客户资信记录。

1. 统一授信

统一授信是一种高效的信贷风险管理策略，是在全面评估客户的基础上，确定一个总体的授信限额。这种方法不仅提升了银行的风险控制力，还促进了更为专业和高效的业务运作。通过集中管理信贷风险，银行能够更有效地监控和调整信用风险，实现对客户信用的整体管理。此外，统一授信体系还助力商业银行优化信贷结构，确保资源得到合理分配。这种科学的管理方式有助于银行在风险可控的前提下，实现资产的最优配置。

2. 信用评级与授信之间的关系

在贷款业务中，信用评级和授信是评估客户资信状况的两个关键环节，它们在功能和作用上各有侧重。信用评级的核心在于全面分析客户的信用风险状况，通过深入剖析和定量评估，为银行的信贷审批、风险管理和资金配置提供决策支持。授信是基于信用评级的结果，对特定信贷业务的风险进行控制，通过设定和监控客户的信贷额度，确保银行在放贷时能够充分考虑客户的还款能力。信用评级和授信在信贷业务中相辅相成，互为补充。信用评级为授信提供了基础数据和决策依据，授信则是评级结果的具体应用。将这两种方法有机结合，可以构建商业银行全面而有效的信用风险管理体系。

3. 信用评级的主要内容

在进行客户信用评估时，银行需综合运用定性和定量分析方法，全面了解客户的财务和运营状况。财务分析应深入考察企业的资产配置、资本充足度、偿债能力和盈利增长潜力。同时，非财务因素如企业的所有权结构、股东背景、行业趋势和宏观经济环境等，也是评估中不可忽视的重要方面。

4. 限额控制

金融机构在制订风险管理策略时，需综合考虑外部经营环境、总体战略和风险管理能力。在此基础上，机构可以针对特定地区、行业、贷款品种和客户群体设定总的风险限额。这一限额体现了机构在特定领域愿意承担的风险程度。通过实施风险限额管理，金融机构能够确保所承担的风险与其风险管理能力和资金实力相匹配，实现风险与收益的平衡。这种方法不仅提高了风险管理的精准度，而且为我国商业银行实现稳健经营和可持续发展提供了实践指导。

（四）贷款审批

在商业银行的贷款管理中，审查人员的角色至关重要。他们需要仔细审核调查人员收集的信息，对贷款申请进行再次评估，并提出专业的建议。这一审核流程遵循既定的程序，旨在确保贷款决策

贷款管理制度

的科学性和合理性。审查人员需要决定是否批准贷款、确定贷款额度以及设定合适的贷款期限，以确保贷款既能满足企业的业务需求，又不会超出其还款能力。

通过对贷前调查数据的深入分析，审查人员能够准确把握企业的借款动机，作出明智的贷款决策，这是商业银行信贷投放过程中的关键环节。为了提高贷款管理的效率和效果，商业银行普遍采取审贷分离和分级审批的管理制度。这种制度有助于明确各级审批人员的职责，加强内部控制，降低贷款风险，提高贷款审批的透明度和公正性。

应确保审贷人员与借款人之间不存在直接接触，以避免潜在的利益冲突。评审人员应保持专业上的独立性，并且不应拥有最终决策权。建立贷款审查委员会等集体决策机制，以确保决策的科学性和公正性。同时，必须严格按照规定的程序办理审批手续。在贷款审查过程中，应综合考虑以下要素：信贷对象的资质、贷款的具体用途、担保方式、详细还款计划以及贷后管理要求。这些因素共同构成了贷款审批的全面评估框架，有助于银行进行更加合理和审慎的贷款决策。

（五）签订合同

一旦贷款申请获得批准，商业银行将依据《中华人民共和国民法典》及相关金融监管规定，包括"三个办法和一个指引"，与借款人签订正式的借款合同。该合同应详尽阐述借款用途、金额、利率水平、期限和还款方式等关键条款，确保这些核心要素的明确性和透明度。合同还应明确借贷双方的权利与义务。此外，违约责任的条款也应清晰界定，以便在违约发生时提供明确的解决路径。合同中还应包含对其他重要事项的说明，以预防和解决可能出现的争议。这些事项可能包括提前还款的条件、贷款展期的规定，以及合同变更和解除的程序等。贷款合同通常分为两种形式：格式合同和非格式合同。格式合同是银行采用的标准化文本，它确保了合同内容的一致性和规范性，有助于银行内部管理和风险控制。

（六）贷款发放和贷款支付

一旦借款合同生效，商业银行应严格依据合同条款，审慎发放贷款。为确保流程的规范性和公正性，应设立独立的放款操作部门，负责贷款发放前的严格审核，并与前台营销及中台授信审批部门相互独立，避免潜在的利益冲突。在贷款发放流程中，借款人需准确填写"借款借据"。经银行经办人员细致审核后，信贷部门负责人或主管行长签字盖章，确认借据的有效性。会计部门随后将确保贷款金额准确划转至借款人账户，供其按需使用。贷款人在贷款发放过程中，应恪守合同约定，确保贷款的及时、全额发放。如有违约情况发生，贷款人应向借款人支付相应的违约金。商业银行应遵循"三个办法和一个指引"的监管要求，建立以受托支付为主、自主支付为辅的贷款资金支付管理机制，对于符合条件的贷款，执行受托支付，确保资金的直接、安全支付，从而有效防范资金的闲置与挪用风险。

（七）贷后管理

贷款一经发放，贷款人需要对借款人的经营状况进行持续评估，并定期对其履行借款合同的情况及财务健康度进行细致的跟踪检查。检查要点包括确保资金严格按照合同约定的用途使用，监测借款人资产负债结构的动态变化以评估其财务稳健性，以及评估借款人的偿债能力和还款资金来源的稳定性。在监督贷款使用的过程中，若检查人员识别出借款人有违反法律法规、政策或合同条款的行为，必须迅速采取行动进行干预，并提出针对性的处理建议。面对重大或严重违规情况，检查人员应负起责任，及时向管理层或上级银行汇报，确保能够快速响应，有效降低由贷款风险引发的潜在损失。

（八）贷款归还

借款人在贷款期间必须严格遵守借款合同条款，确保按时并足额偿还贷款本金及利息。贷款到期前，贷款人应提前向借款人发出还款通知，给予借款人足够的时间准备所需资金。

贷款管理中的展期操作应严格控制，每笔贷款原则上仅允许进行一次展期，并设定明确的展期期限。短期贷款的展期期限应不超过原定贷款期限，中长期贷款的展期期限不得超过原贷款期限的一半，且最大展期期限不得超过 3 年。若展期后的总期限触发新的利率档次，贷款将根据新的利率档次计算利息。对于借款人提出的展期申请，若未获批准，或在展期后仍旧无法按时还款，银行将视该笔贷款为逾期，并采取专户管理措施，加大催收力度，以确保资金的安全回收。逾期贷款将按照规定加收罚息。在必要时，银行将采取法律手段，包括但不限于诉讼和资产查封，以维护银行的权益和确保资金安全。

借款人在考虑提前还款时，应积极与贷款人进行沟通和协商，以确保还款过程顺利进行。若企业因不可预见的客观原因导致无法按期还款，可以向贷款人提出展期申请，以缓解短期的资金压力。在处理流动资金贷款的展期申请时，贷款人将采取审慎的态度，对企业的资产转换周期变化原因及实际运营需求进行细致评估。贷款人将基于评估结果，决定是否批准展期请求，并合理确定展期的期限。为了确保展期贷款的安全性和有效性，贷款人将加强对展期贷款的后续管理。

第二节　公司贷款

　　公司贷款,也称为企业贷款或对公贷款,是一种专门针对企事业单位的贷款服务。这类贷款根据其用途和风险特性,被细分为多种业务类型,以满足不同企业在不同发展阶段的融资需求。流动资金贷款主要用于满足企业日常运营中的资金周转需求;固定资产贷款用于企业购置或更新长期资产;项目融资专门针对大型项目的建设和发展;房地产贷款涉及房地产开发和投资活动;贸易融资支持企业在商品和服务交易中的资金需求。

一、流动资金贷款

　　流动资金贷款,作为我国商业银行历史最为悠久且广为熟知的信贷产品,其核心目的是为借款人的生产经营提供周转资金,弥补其在运营过程中可能出现的资金短缺。商业银行在与借款人协商贷款事宜时,必须明确贷款的具体用途,并确保资金用途的合法性与专一性。严禁将流动资金贷款用于固定资产投资、股权投资等非流动资金用途,同时避免涉足国家法律法规所禁止的生产和经营活动。

　　在贷款期限上,流动资金贷款可分为短期和中期两种类型:短期流动资金贷款期限不超过1年(含1年);中期流动资金贷款的期限在1年以上至5年以下(含5年)。贷款方式上,流动资金贷款可分为担保贷款和信用贷款,担保贷款进一步细分为保证、抵押和质押等形式。在使用方式上,流动资金贷款可分为逐笔申请和审贷的单笔流动资金贷款,以及在银行规定的时间和限额内可以灵活使用、归还的循环贷款。

(一)营运资金贷款

　　营运资金贷款专为满足信誉良好的借款人在正常经营过程中产生的合理资金需求而设计。这类贷款以借款人预期的综合收益和其他合法收入作为还款来源,确保了贷款的可持续性。营运资金贷款的发放,旨在为不同客户在生产经营中遇到的周转性流动资金需求提供支持,帮助他们平滑资金流,维持企业运营的连续性和稳定性。

（二）周转限额贷款

周转限额贷款是为了应对借款人在常规经营过程中出现的特定用途的资金短缺而设计。这种贷款以借款人约定的、可预见的经营收入作为还款保障，确保了贷款的安全性和可行性。

（三）临时贷款

临时贷款是一种灵活的融资形式，旨在为借款人在生产经营过程中的季节性或一次性物资采购提供资金支持。这类贷款以销售收入或其他合法收入作为还款来源，确保了贷款的及时性和可偿还性。通过临时贷款，客户能够迅速获得所需的资金，以应对市场变化或生产需求的波动。

（四）备用贷款

备用贷款是商业银行向借款人提供的具有法律约束力的信贷承诺，允许借款人在约定的条件下，于未来一定时期内根据需要提取贷款。这种贷款具有特殊的用途要求，主要包括以下方面。①债券和商业票据发行的信用支持：备用贷款可以为借款人发行债券或商业票据时提供必要的信用增强，降低融资成本。②第三方融资的信用支持：为借款人在向其他金融机构或投资者融资时提供信用背书，增强其融资的吸引力。③资产收购的信用支持：在借款人进行资产收购时，备用贷款可以作为资金的保障，确保交易的顺利进行。④日常经营中的或有资金需求：备用贷款还可以满足借款人在日常经营活动中可能出现的不确定资金需求，提供灵活的资金支持。

（五）企业法人账户透支

企业法人账户透支是商业银行根据企业法人的申请，核定其账户透支额度，并在企业结算账户存款不足以支付时，允许其在核定额度内透支并取得信贷资金的一种服务。这种融资方式为那些在商业银行拥有较大存款余额或结算量但融资需求相对较少的企业法人提供了灵活性。

二、固定资产贷款

固定资产贷款作为国内银行业金融机构的核心信贷品种之一，对支持企业扩大生产规模、提升技术水平和增强市场竞争力发挥着至关重要的作用。根据《固定资产贷款管理暂行办法》，固定资产贷款特指商业银行向企（事）业法人或符合国家规定的其他组织发放的贷款，这些贷款以本外币形式存在，专门用于满足借款人在固定资产投资方面的需求。

（一）固定资产投资

根据国家统计局的定义，"固定资产投资"指的是企业或机构为建设和购置固定资产进行的投资活动，是推动社会固定资产再生产的核心动力。全社会固定资产投资总额通常由以下四个主要部分组成。

（1）基本建设投资：主要涉及企业、事业和行政单位为扩大生产能力或提升工程效益而实施的新建、扩建项目及相关工作。项目投资额通常达到或超过50万元，覆盖了从基础设施到公共服务等多个基础建设领域。

（2）更新改造投资：侧重于对企业、事业单位现有固定资产的更新和技术改造，以及相关的配套工程。与基本建设投资相同，项目投资额也需达到或超过50万元，但需排除大型修理和维护工程。

（3）房地产开发投资：涉及房地产开发公司、商品房建设公司及其他从事房地产开发或经营活动的单位。投资内容广泛，包括住宅、厂房、度假村、办公楼等建筑物及其配套设施，以及土地开发工程。需要注意的是，单纯的土地交易活动并不包括在内。

（4）其他固定资产投资：包括那些未被归类于基本建设、更新改造和房地产开发的其他固定资产建造和购置活动。

（二）固定资产贷款

固定资产贷款，包括基本建设和技术改造贷款，是商业银行为满足企业固定资产投资需求而提供的金融支持。商业银行在初步审查阶段，将严格确保贷款申请符合相关准入标准。在受理申请时，银行会强调借款人应以诚信为本，提交真实、完整、有效的材料。

申请固定资产贷款的客户需满足一系列严格条件，以确保贷款的合规性和安全性。这些条件包括但不限于：借款人必须经过工商行政管理机关或相关主管机关的核准登记。借款人及其控股股东应具有良好的信用记录，且无重大不良行为记录。对于新设项目法人作为借款人，其控股股东同样需要满足上述信用要求。拟投资的项目必须符合国家关于投资主体资格和经营资质的相关规定。贷款用途必须明确、合法，且还款来源需清晰可靠。项目需符合国家在产业、土地、环保等方面的政策要求，并已完成相应的固定资产投资项目合法管理程序。项目还需满足国家关于投资项目资本金制度的相关规定。

在固定资产贷款审批流程中，商业银行必须严格遵循审贷分离和分级审批的原则，确保贷款审批流程的规范性和严谨性。同时，银行必须明确各级审批人员的贷款审批权限，以确保审批决策的独立性和公正性。

在贷款合同中，商业银行应与借款人明确约定提款条件，包括贷款资金支付须接受银行的管理与控制等关键条款。提款条件应明确指出，借款人必须确保与贷款同比例的资本金足额到位，并保证项目的实际进度与已投资额相匹配。在贷款发放前，银行有责任核实借款人是否满足合同规定的提款条件，并根据合同约定对贷款资金的支付实施严格的管理与控制，以确保资金严格按照约定用途使用。

对于固定资产贷款，若借款人的单笔支付金额超过项目总投资的 5% 或金额超过 500 万元人民币，商业银行应采用受托支付方式，确保资金使用的合规性。在贷款发放和支付过程中，银行应确保项目资本金与贷款资金的配套使用，符合贷款同比例的要求。

为了有效监控贷款风险，商业银行需要定期对借款人和项目发起人的履约表现和信用状况进行细致审查，并对项目的建设和运营进展进行全面评估。同时，银行应密切关注宏观经济环境的变动、市场波动情况，以及贷款担保的动态变化。

三、项目融资

在国内外商业实践中,对于涉及大规模投资、长期回收周期的大型能源开发、资源开发和基础设施建设项目,以及那些不确定性较大、风险较高的文化创意和新技术开发项目,项目融资成为了一种常见的资金筹措方式。

《项目融资业务指引》明确规定,项目融资具有以下特征。首先,贷款的主要用途明确指向建造一个或多个大型生产设施、基础设施、房地产项目等,包括在建或已建成项目的再融资需求。其次,借款人通常是为特定项目的建设、经营或融资而设立的企业或事业单位法人。再次,贷款的还款资金主要依赖项目自身产生的销售收入、补贴收入或其他相关收入,而非其他非项目性还款来源。

作为一种特殊的固定资产贷款形式,项目融资涉及的项目多为固定资产投资项目,其贷款管理自然遵循固定资产贷款的相关要求,特别是在全流程管理和支付管理方面。然而,项目融资独具的风险特征不容忽视,因其还款能力主要依赖项目未来的现金流或资产价值,使风险更加集中且难以预测。

此外,项目融资通常涉及高额资金、长期期限、高成本,以及众多参与者的复杂结构,进一步增加了其风险性。因此,多家银行业金融机构的参与和复杂的融资担保结构成为必要,以共同分担和降低潜在风险。

四、房地产贷款

房地产贷款,作为固定资产贷款的一个细分领域,专注于为房产或地产的开发、经营和消费活动提供资金支持。在这一领域中,房地产开发贷款扮演着至关重要的角色,主要分为以下两大类。

(1)住房开发贷款是银行为支持商品房及其配套设施的开发建设而设立的贷款。这类贷款旨在满足借款人在商品房及其配套设施正常建造过程中所需的资金需求,用途明确,涵盖了拆迁费、建筑工程安装费(建安费)、装修费等关键性费用支出。

(2)商业用房开发贷款是银行为借款人提供的专项贷款,主要用于宾馆(酒店)、写字楼、大型购物中心等商用项目的建设及配套设施的完善。此外,对于那些非住宅部分投资占总投资比例超过 50% 的综合性房地产项目，其贷款也将被视同为商业用房开发贷款。

五、贸易融资

贸易融资作为银行提供的一种关键金融服务，为进口商和出口商在国际贸易中提供短期融资或信用支持。这种融资方式赋予企业更大的灵活性，使其能够充分利用各种贸易手段和金融工具，有效增加现金流量并优化资金运作。在国际贸易的复杂环境中，规范的金融工具对企业的融资活动至关重要。

（一）保理

保理融资为卖方提供了一种灵活的融资手段，通过将其与买方之间的应收账款转让给保理银行，卖方能够迅速获得资金。在这一过程中，卖方通常需要对买方的到期付款承担连带保证责任，并在特定情况下，可能需要回购该应收账款。简而言之，保理融资是一种通过合法转让应收账款给银行，从而为销售商提供资金支持的金融服务。保理融资分为有追索权和无追索权保理两种主要形式。

（1）在有追索权的保理中，如果买方未能在到期时支付款项，银行保留向买方追索款项的权利，同时也有权向卖方（即保理融资的申请人）追索未付款项。

（2）在无追索权的保理中，银行仅能向买方行使追索权，一旦买方未付款，银行不能向卖方追索，为卖方提供了更高的风险保护。

保理融资特别适合那些拥有真实贸易背景和合法应收账款的贸易企业。不仅为这些企业提供了一种灵活的融资选择，还有助于促进资金流转和支持业务的扩展。

（二）信用证

信用证是一种由银行（开证行）出具的支付保障工具，基于申请人的指示或银行自身的决定，在符合信用证条款的条件下，向第三方（受益人）或其指定人提供的一种有条件的书面付款承诺。这种承诺具有法律效力，确保了在提交符合要求的单据后,受益人能够获得约定的款项。简而言之,信用证是一种银行出具的、具有法律约束力的书面文件,其承诺在满足特定条件时进行付款,从而为国际贸易提供了一种安全、可靠的结算方式。

(三)福费廷

福费廷,源自英文"forfaiting"的音译,意指"放弃"。这种金融服务中,包买商无追索权地从出口商手中购入已经承兑的远期汇票或本票,这些票据通常由进口商银行提供担保。在福费廷业务中,"放弃"体现在两个层面:一方面,出口商通过卖断票据,完全放弃了对其所售票据的所有权益;另一方面,银行(包买人)在买断票据后,也放弃了向出口商追索贴现款项的权利,承担了票据可能遭拒付的全部风险。

从业务本质来看,福费廷实质上是远期票据的贴现,但其与一般票据贴现业务存在显著区别。银行(包买人)在此业务中放弃了票据的追索权,使其成为一种中长期融资工具。此外,福费廷业务涉及的票据金额通常较大,且必须基于真实的贸易背景开立。在融资条件上,福费廷更为严格,银行需要承担票据被拒付的全部风险,因此这种融资方式具有长期固定利率的特性。

(四)打包放款

打包放款,也称为信用证抵押贷款,是一种专门针对出口商的融资解决方案。当出口商收到来自境外银行的信用证后,如果在采购、生产与该信用证相关的出口商品的过程中遇到资金短缺,可以将此信用证作为抵押,向银行申请本币或外币的流动资金贷款。这种贷款的目的是为出口货物在加工、包装和运输过程中提供必要的资金支持,确保出口流程能够顺利进行。

(五)出口押汇

出口押汇是一种银行服务,其中银行根据出口商提供的、符合信用证条款的完整货运单据作为抵押,在开证行支付货款之前,向出口商提供预先的资金融通。这项服务使出口商能够在收到最终付款之前，解决资金周转问题。而贴现则是银行对未到期的远期票据进行有追索权的购买，为客户提供短期融资的一种服务。这种服务允许客户将未来的资金流转换为即期资金，以满足当前的资金需求。

对客户来说，如果面临即期收汇的需求，可以选择出口押汇服务来迅速获得资金；如果收汇是远期的，并且相关的票据已经得到了国外银行的承兑，客户可以选择贴现服务，以实现资金的即时流动性。

（六）进口押汇

进口押汇是一种银行提供的贸易融资便利，适用于信用证项下的单据到达并经银行审核确认无误的情形。在这种情况下，如果开证申请人因资金周转需要而暂时无法支付货款以赎回单据，可以选择将信用证项下代表货物所有权的单据作为质押，并提供必要的抵押、质押或其他形式的担保措施。银行在确认了适当的担保后，将先行代为支付货款，这样做不仅确保了贸易流程的连续性和顺畅性，同时也为开证申请人提供了解决短期资金周转问题的方案。

第三节　个人贷款

个人贷款业务

个人贷款是银行或其他金融机构针对满足特定条件的自然人所提供的一种资金融通服务。这项服务主要用于满足个人在消费和生产经营等方面的多元化需求。尽管个人贷款被部分用于生产经营活动，但其最主要的用途仍然是个人消费领域。

一、个人住房贷款

个人住房贷款是个人贷款最主要的组成部分。

（一）个人住房贷款组成

（1）个人住房按揭贷款：银行为自然人提供的贷款，专门用于购买、建造或进行大规模修缮各类住房，旨在帮助个人实现住房需求。

（2）二手房贷款：当自然人在房地产市场的二级市场购买已经交易过的住房时，可申请的银行自营性贷款，旨在为购房者提供资金支持，解决购房资金问题。

（3）公积金个人住房贷款：对于定期足额缴纳住房公积金的个人，购买或建造住房时可通过银行申请的贷款，利用公积金优势降低贷款成本。

（4）个人住房组合贷款：个人在购买自用普通住房时可选择的贷款方式，结合了个人住房委托贷款和银行自营性贷款，提供更灵活的资金解决方案。

（5）个人住房最高额抵押贷款：以借款人自有住房作为抵押，允许在有效期间和额度内循环使用资金的贷款方式，为借款人提供更大的资金使用自由度。

（6）固定利率个人住房贷款：在贷款合同约定的期限内，利率水平保持不变的贷款方式，为借款人提供稳定的还款计划，避免市场利率波动带来的不确定性。

（7）个人商用房贷款：为个人购买商业用房提供的资金支持，帮助借款人实现商业投资目标，促进其商业活动的发展。

（二）住房按揭贷款操作要点

个人住房按揭贷款属于抵押贷款的一种，通常涉及大额资金和长期偿还计划（最长可达 30 年），使借款人在还款过程中可能面临多种不确定性。为了有效降低信用风险，商业银行普遍要求借款人将其购买的住房作为抵押品。

在借款人无法按时履行还款义务的情况下，商业银行有权依法拍卖或处置抵押物，以此避免或减少信贷资金的损失。此外，由于土地资源的稀缺性，房价往往呈现持续上涨的趋势。同时，购房所需资金往往是个人或家庭年收入的数倍甚至数 10 倍，因而分期偿还是个人住房贷款的一个显著特征。

1. 贷款买房应当具备的条件

依据《个人贷款管理暂行办法》及其他相关规范文件，申请人在向银行申请购房贷款时，应满足以下基本条件。①申请人应为具有完全民事行为能力的自然人。②申请人需持有城镇常住户口或拥有有效的居留身份。③申请人应有稳定的职业和收入来源，并且具有优良的信用记录，证明自己具备按期偿还贷款本息的经济实力。④申请人必须持有购买住房的有效合同或协议。⑤申请人应能够支付不低于购房全部款项30%的首付款；对于公积金首套房贷款，首付款比例最低为20%。⑥申请人还需满足贷款人规定的其他条件。

2. 借款人需要向银行提交的材料

在申请商业银行个人住房贷款时，申请人需准备以下文件和资料。①个人住房贷款申请表：由商业银行提供，申请人需填写完整。②身份证明：包括居民身份证、户口本或其他有效的居留证件。③婚姻状况证明：部分银行可能要求提供，以核实申请人的婚姻状况。④购房合同或协议：根据房产类型，需提供商品房预售合同（期房）或商品房买卖合同（现房）。⑤财产和收入证明：展示借款人家庭的财产状况和稳定收入来源，包括工作单位出具的个人收入证明等。⑥公积金存款及贷款额度证明：若计划使用住房公积金，需提供由住房资金管理中心出具的借款人公积金存款余额及可贷款额度的证明。⑦其他文件或资料：根据银行的具体要求，可能还需提供其他相关文件或资料。

3. 贷款的期限、还款方式和利率等问题

个人住房贷款的期限通常设定在30年以内，部分银行可能会规定最长期限不超过20年。在还款过程中，如果借款人遇到偿还能力下降的情况，可以向银行申请延长还款期限，以减轻每期的还款压力。相反，如果借款人的经济状况有所改善，还款能力提升，也可以选择增加每期的还款额，从而缩短还款期限，减少总体利息支出。

贷款利率遵循中国人民银行的相关规定。在遇到法定利率调整时，对于1年期以内的贷款，将执行合同中约定的利率，不进行分段计息。对于1年期以上的贷款，将在次年年初开始执行新的利率。还款方式主要分为等额本金和等额本息两种，购房者可以根据自己的经济状况和偏好自由选择。

等额本息还款法以其每月固定还款额的特点，为购房者带来了便利，使他们能

够根据这一固定额度规划每月的财务支出，简化了家庭理财过程。然而，这种还款方式在贷款初期的本金偿还额较低，导致利息偿还额相对较高，从而使整个贷款期间的利息总支出高于等额本金还款法。尽管如此，等额本息还款法非常适合那些拥有稳定月收入、生活支出相对固定的家庭，以及那些出于自住需求购房且在经济上需要控制前期投入的购房者。这种还款方式为他们提供了更大的前期财务灵活性。

等额本息每月还款额计算公式：

$$M = \frac{L \times R \times (1+R)^n}{(1+R)^n - 1}$$

其中，M 表示每月还款额；L 为贷款本金；R 为月利率；n 为还款期数。

等额本金是指第一个月还款的额数最大，随后逐月递减，到最后一个月的还款金额最少。这种还款方式将本金分摊到每个月内，同时付清上一还款日至本次还款日之间的利息。等额本金还款法，每期归还本金数额相同，购房者全期利息支出较等额本息还款法少，前几期支付本金额较大，对于手头剩余资金较少的客户，前期供款压力较大。月收入较高或有提前还款计划的人群，选择等额本金法更为合算。

等额本金每月还款额计算公式：

$$M = \frac{L}{n} + (L - S) \times R$$

其中，M 表示每月还款额；L 为贷款本金；R 为月利率；n 为还款期数；S 为已还本金。

【例题】假设小王从商业银行获得一笔个人住房按揭贷款，贷款金额为1000000元，贷款期限为30年，贷款利率为4.5%。请分别计算等额本息和等额本金两种还款方式的每月还款额、利息总额。

【解析】（1）选择等额本息还款方式：

$$月利率 = \frac{4.5\%}{12} = 3.75‰$$

还款期数 =30×12=360

每月还款额 = $\dfrac{1000000 \times 3.75‰ \times (1+3.75‰)^{360}}{(1+3.75‰)^{360}-1}$ =5066.85（元）

还款总额 =5066.85×360=1824067（元）

利息总额 =1824067-1000000=824067（元）

（2）选择等额本金还款方式：

月利率 = $\dfrac{4.5\%}{12}$ =3.75‰

还款期数 =30×12=360

每月等额本金 = $\dfrac{1000000}{360}$ =2777.78（元）

每月利息 =（1000000 − 已还本金）×3.75‰

第1个月还款额 =2777.78+（1000000-2777.78）×3.75‰ =6517.36（元）

第2个月还款额 =2777.78+（1000000-2777.78×2）×3.75‰ = 6506.94（元）

……

第360个月还款额 =2777.78+（1000000-2777.78×360）×3.75‰ = 2777.78（元）

利息总额 =（1000000-2777.78）×3.75‰ +（1000000-2777.78×2）×3.75‰ +……+（1000000-2777.78×360）×3.75‰ =676875（元）

可见，在相同的利率水平下，选择等额本金还款方式，借款人实际使用的资金逐月等额减少，利息支出较小，具有现金流不断下降的特点；选择等额本息还款方式，借款人实际使用的资金较多，因为前期支付利息较多，支付本金较少，所以利息支出较大，具有现金流稳定的特点。

知识点拨

贷款市场报价利率（Loan Prime Rate，LPR）是由市场上具有代表性的报价行，依据本行对最优质客户的贷款利率，并结合公开市场操作利率（主要参考中期借贷便利利率）进行加点报价形成的。中国人民银行授权全国银行间同业拆借中心负责 LPR 的计算和发布工作。LPR 作为一项基础性的贷款参考利率，为各金融机构提供了贷款定价的主要参考依据。

目前，LPR 包括 1 年期和 5 年期以上的两个主要品种，分别对应短期和中长期贷款需求。由于 LPR 的市场化程度较高，能够灵敏地反映信贷市场的资金供求状况。金融机构在进行贷款定价时，采用 LPR 作为基准，有助于推动贷款利率的市场化形成，并提高市场利率向信贷利率的传导效率，从而促进金融市场的健康发展。

二、个人消费贷款

个人消费贷款种类繁多，旨在满足消费者在不同生活场景下的多样化需求。

1. 个人汽车贷款

个人汽车贷款是银行向个人客户提供的一种贷款产品，专门用于购买汽车。根据中国人民银行和中国银行业监督管理委员会联合发布的《汽车贷款管理办法》（2017年修订版）的规定，不同类型的汽车贷款有不同的最高发放比例限制。具体来说，自用传统动力汽车的贷款最高可发放比例为 80%。商用传统动力汽车的贷款最高可发放比例为 70%。自用新能源汽车的贷款最高可发放比例为 85%。商用新能源汽车的贷款最高可发放比例为 75%。二手车的贷款最高可发放比例为 70%。此外，汽车贷款的总期限（包括展期）不得超过 5 年，其中，二手车贷款的总期限（包括展期）不得超过 3 年，经销商汽车贷款的期限不得超过 1 年。

2. 助学贷款

助学贷款主要包括国家助学贷款、一般商业性助学贷款两类。①国家助学贷款适用于中华人民共和国（不含香港特别行政区、澳门特别行政区和台湾地区）高等学校中经济确实困难的（含第二学士学位、高职学生、预科生）。该贷款旨在帮助这些学生支付学费、住宿费以及日常生活费用，以减轻他们的经济负担，确保他们能够顺利完成学业。②一般商业性助学贷款面向更广泛的群体，包括正在接受非义务教育的学生或其直系亲属、法定监护人。这类贷款主要用于支付学生的学杂费、生活费以及与学习紧密相关的其他费用，为学生提供更全面的支持。

3. 个人消费额度贷款

个人消费额度贷款是由银行为满足个人客户的多样化需求而提供的定制化人民币贷款服务。客户在获得银行的审批后，可在规定的期限和额度内，根据实际需求灵活地提取和使用资金。为了获得这一贷款服务，借款人需要向银行提供相应的担保，包括质押、抵押、第三方保证或展示良好的信用记录。银行将根据借款人提供的担保类型和信用状况，评估并确定相应的贷款额度。

具体来说，银行在审批贷款时，质押额度通常不会超过借款人提供的质押权利凭证票面价值的 90%；抵押额度一般不会超过抵押物评估价值的 70%；保证额度和信用额度将根据借款人的信用等级和第三方保证的可靠性进行综合评定。

4. 个人住房装修贷款

个人住房装修贷款是银行为个人客户量身定制的一种专项贷款服务，以担保贷款的形式提供人民币资金支持，专门用于客户的自用住房装修和改造项目。这项贷款使客户能够便捷地支付家庭装潢和维修工程的各类费用，涵盖施工费用、装修材料购置以及厨卫设备更新等支出。

5. 个人耐用消费品贷款

个人耐用消费品贷款是银行面向个人客户推出的一种贷款产品，专门用于满足客户购买高价值耐用消费品的资金需求。这类贷款使客户能够在购买家电、家具等大额耐用商品时，享受到更为灵活的支付方式和财务安排。

6. 个人权利质押贷款

个人权利质押贷款是一种以借款人或他人持有的金融资产作为担保的贷款方式。简而言之，借款人可以利用未到期的本外币定期储蓄存单、电子记账类国债、凭证式国债、个人寿险保险单等银行认可的权利凭证，向银行申请贷款。银行在对这些权利凭证的票面价值或记载价值进行专业评估后，会根据评估结果和内部政策，按照一定比例向借款人发放相应的人民币贷款。

三、个人经营贷款

个人经营贷款是银行专为自然人设计的贷款服务，用以资助其合法的生产经营活动。鉴于生产经营活动必须依法在国家工商行政管理部门注册登记，并且对于特定实行许可制的行业，还需获得相关行政主管部门的经营许可，个人申请经营贷款通常基于其经营实体，包括个人独资企业投资人、个体工商户、合伙企业合伙人等。

为了缓解小微企业和个体工商户的融资难题，支持其开展日常经营活动，我国商业银行推出了个人经营贷款。这种贷款旨在满足借款人及其经营实体在生产经营中的资金需求，包括原材料采购、进货、支付水电气暖费用以及其他合理的经营性支出。

鉴于个人经营贷款可能涉及较高的市场风险和信用风险，商业银行通常要求借款人提供充足的担保，担保形式可能包括房地产抵押、金融资产质押或融资性担保机构的保证等。

一些商业银行还推出了房产在线抵押贷款服务，该服务具备线上操作、押品在线评估和智能化审批等特点，极大地提升了服务小微企业主的效率和便捷性。

四、个人信用卡透支

个人信用卡透支是持卡人在享受信用消费、取现或其他交易服务时累积的未偿还金额。作为一种由发卡机构签发的信用凭证，信用卡不仅是持卡人良好信誉的证明，也是其在多种消费场景下的资金周转工具。

信用卡集合了转账结算、存取款项、汇兑等传统银行功能，并作为一项重要的消费信贷工具，为持卡人提供了灵活的资金管理方式。信用卡的诞生是货币信用经济发展的必然产物，其历史渊源可以追溯至1945年。那一年，美国的富兰克林国民银行发行了世界上第一张银行信用卡，开启了现代信用卡的新纪元。

中国的信用卡市场虽然起步较晚，但自 1985 年中国银行发行第一张信用卡以来，也展现出了强劲的增长势头。1993 年，我国实施了"金卡"工程，这一举措极大地推动了信用卡的普及。至今，信用卡消费已成为广泛接受的消费模式。

信用卡贷款和周转限额贷款作为与消费者支票账户紧密相连的融资方式，实质上是银行赋予支票账户持有者在一定期限和额度内透支的权利。这两种贷款方式以其高周转性而著称，通常提供适中且稳定的透支额度。然而，银行在提供这些服务时，也需警惕客户恶意透支的情况。

第四节　贷款信用风险管理

信用等级评估与公司贷款

一、企业信用评估

（一）信用分析

信用分析在银行信贷决策中扮演着至关重要的角色，要求银行对借款人进行全面的评估，不仅包括其道德品质和资金实力，还涉及还款能力、担保措施以及外部环境等多个方面。通过这种全面的分析，银行能够更准确地把握借款人的履约状况和偿还能力，加强信贷管理，有效预防信用风险。

值得注意的是，不同借款人在道德水准、资金状况、经营实力、担保机制以及外部条件等方面存在差异，这些差异会直接影响其偿还能力和贷款风险。因此，银行在进行信用分析时，必须综合考虑这些因素，确保信贷决策的准确性和信贷资产的安全。所以，许多商业银行都把重点放在了五个方面，即"5C"：品格（Character）、能力（Capacity）、资本（Capital）、担保（Collateral）和环境条件（Condition）。

另外，一些银行采取了"5W"模型，从借款人（Who）、目的（Why）、期限（When）、担保物（What）以及还款方式（How）五个维度对其进行全面评价。也有银行采用"5P"的分析模式，即个体因素（Personal）、偿付能力（Payment）、目标因素（Purpose）、保护措施（Protection）和未来前景（Perspective）。

在借鉴国外的先进实践基础上，根据我国实际情况，商业银行一般通过对以下五个方面内容进行信用分析，从而实现对企业贷款人的信用评估。

1. 借款人的品格

在信贷决策中，对借款人的品格进行评估是一个多维度的过程。不仅包括对借款人个人背景、经验以及信用历史的全面审视，而且需深入了解其还款意愿和责任心。品格评估的核心在于衡量借款人是否具备履行还款义务的诚信和决心。除了基本的信用记录，借款人的个性特征、管理理念，以及与团队成员的互动关系，同样是评估其品格时不可或缺的重要指标。

由于品格的属性难以用数字量化，银行在进行评估时通常会依赖借款人的历史记录和银行自身经验。银行会通过调查和分析，结合借款人以往的信用表现，形成对其品格的综合判断。为了获得更全面的了解，银行也会利用专业征信机构提供的信用报告，深入探究借款人的信用状况。值得注意的是，品格评估主要反映的是借款人的主观还款意愿，不能完全代表其客观还款能力。

在评价我国借款人偿还债务的意愿与责任感时，应密切结合我国国情，深入思考。如果借款人有不良还款记录，需要仔细分析其产生的原因。尤其要注意的是这些不良记录的成因，是由于国家政策的宏观调控等客观因素，还是由于企业内部管理不善、资金挪用等主观因素。对前者，要对借款人进行全面、客观分析，保证评估结果的公正与准确。

2. 借款人的能力

借款人的还款能力是评估信贷风险的重中之重，直接体现了企业在资金运用和盈利方面的能力。在对企业的偿债能力进行评估时，需要从企业的经营状况和领导团队的能力两个方面进行综合考量。

首先，企业的经营状况是评估其偿债能力的重要指标，包括对企业的成本控制、产品质量、销售业绩和市场竞争力等方面的考察。通过分析资本比率、流动比率等财务数据，可以定量评价企业的财务实力和市场竞争力。这些财务指标不仅揭示了企业的财务健康状况，也是其市场地位的直观反映。

其次，企业领导团队的能力不容忽视。企业家的决策力、组织力和对人才的有效运用是推动企业成功的关键因素。深入了解企业领导班子的能力和特点，对全面评估企业的经营方式、经营水平和信用状况至关重要。不仅有助于揭示企业的内在潜力，也为信贷决策提供了重要参考依据。

3. 借款人的资本

在信贷审批过程中，借款人的资本状况是一个至关重要的指标，直接关系到银行对借款人财务实力和风险承受能力的判断。资本的充足与否不仅展现了公司的经营成效和盈利水平，更是公司持续成长和扩张的根本保障。银行在进行资本评估时，会关注借款人的净资产、流动资产和固定资产等关键财务指标。这些指标能够帮助银行判断借款人的资产质量，以及在面临财务压力时的应对能力。此外，银行还会考虑借款人的资本结构，包括债务和股本的比例，评估其财务杠杆和偿债能力。

4. 借款人贷款的担保

贷款担保作为商业银行控制信用风险的关键手段，为银行提供了一种强有力的风险缓解机制。在借款人违约的情况下，银行能够通过执行担保措施，如处置抵押物或向担保人追偿，确保贷款本金和利息的回收。这一机制不仅有效降低了银行面临的信贷风险，也保障了贷款资金的安全性。

在评估贷款担保时，银行必须对企业提供的抵押物进行全面审查，确保其适宜性。涉及对担保品的完整性、流通性和价格稳定性的深入分析，确保在必要时担保品能够迅速且有效地转换为现金。此外，银行还需对担保人的资格、经济实力和信用状况进行严格评估，确保其担保能力与贷款额度相匹配，为贷款提供坚实的保障。

5. 借款人经营的环境条件

在信贷风险评估中，对借款人的商业环境进行深入分析至关重要。不仅包括借款人的内部运营状况，如经营方向、供应链管理以及市场竞争能力，也涉及外部宏观经济环境，如宏观政策、市场需求和产业发展趋势。借款人的经营状况是其经营能力和风险承受能力的直接体现，外部环境因素虽不可控，却对企业运营有着深远影响，尤其是对长期借款的影响更为显著。

在资信分析中，银行应结合静态分析和动态分析的方法。静态分析侧重于回顾借款人的历史信用记录；动态分析关注其生产经营的实时变化，并预测其未来的经营趋势和还款能力。通过财务比率、现金流量等定量方法，银行可以对借款人的财务状况和偿债能力进行评价。分析企业的资产负债表、利润表等财务报表，计算关键财务指标，可以全面反映企业的偿债能力和运营效率。

（二）财务分析

1. 财务报表分析

财务报表分析是评估企业偿债能力及信贷风险的关键环节，涵盖对资产负债表、利润表和现金流量表的深入研究。①资产负债表反映了公司的财务状况，展示了特定时间点的资产、负债和所有者权益。通过细致分析，银行可以洞察公司的资产结构和债务水平，对其偿还能力进行准确评价。②利润表反映了公司在一定会计期间内的经营成果，包括收入、成本、费用和净利润，为银行提供评估公司盈利能力、运营效率和成本控制能力的窗口，进而判断其偿债能力的稳定性。③现金流量表记录了公司在特定期间内现金的流入和流出情况，是评估公司资金流动性和短期偿债能力的重要工具。通过对财务报表的全面分析，银行可以对公司的资金来源和营运中产生的现金流量进行深入判断，为信贷风险的整体评估提供坚实的基础。

基于反映企业偿债能力与贷款风险的需求，商业银行应对企业的财务报表进行四个方面的分析和研究。

一是资产项目，其作为财务分析的首要环节，包含以下方面。

（1）应收账款。应收账款是衡量企业短期偿债能力的关键融资来源，其在流动性方面的重要性仅次于现金。在细致分析企业的应收账款时，必须关注三个核心问题。首先，应收账款的分布至关重要，过分集中于少数大客户将增加坏账风险。其次，账龄分析是识别潜在信用风险的关键步骤，账龄的延长可能暗示客户支付能力的减弱。最后，抵押情况的考察同样不可忽视，已抵押的应收账款由于其流动性的丧失，不应计入新的贷款还款来源。

（2）存货。商业银行在评估企业存货时，会从多个角度进行细致分析，确保信贷风险的准确评估。对存货评估过程中需要考虑以下因素：①存货规模的合理性。银行会将企业的存货规模与产能进行比较，判断存货是否处于合理水平。存货过多可能意味着资金的低效使用；存货过少可能影响企业的生产和销售。②库存的储存期限。长期搁置的库存商品可能已经过时或不再符合市场需求，应及时从企业的营运资金中剔除。这有助于企业避免资金的无效占用，确保资金的流动性。③存货的流通性。存货的流通性是衡量其在市场上易售性的重要指标。流通性差的存货可能导致资金被占用，影响公司的偿债能力。银行会关注存货的变现能力和市场需求，评估其对企业现金流的影响。④存货老化风险。存货的老化不仅降低了其市场价值，还可能增加企业的维护成本。银行会评估存货的新鲜度和市场需求，确定其对企业财务状况的影响。⑤存货保险。对存货进行保险是降低财务风险的有效手段。通过保险，企业可以减少因意外损失导致的财务冲击，确保存货价值的稳定。

（3）固定资产。作为企业资本结构的核心组成部分，固定资产对企业的日常运作发挥着至关重要的作用，并在债务清偿中充当坚实的后盾。商业银行在考虑向企业发放中长期贷款，尤其是以固定资产作为抵押品的贷款时，对企业固定资产状况的深入分析是至关重要的。首先，确保企业按照规定足额提取折旧是评估过程中的关键环节。折旧不足可能表明固定资产价值的虚报或不实，这将对贷款的安全性构成潜在风险。其次，固定资产的保险状况对银行贷款的保障至关重要，全额保险的固定资产能够为银行提供更加可靠的风险保障。对于未投保或保险不足的固定资产，银行应进行严格的风险评估。最后，银行必须评估企业固定资产的变现能力，特别是在资产受限或变现困难的情况下，可能对贷款的顺利回收造成不利影响。

（4）投资。在当前企业资本运作日趋多元化的背景下，短期金融资产投资已成为企业战略布局的重要组成部分。企业通过购买各类证券，无论是债权还是股权，均有机会获得显著的投资效益。商业银行在评估企业所持证券时，必须从合法性、流动性和盈利性等多维度进行全面考量。银行有责任确保企业所投资的证券完全符合法律法规要求，同时对其流动性和盈利前景进行深入评估。证券的期限结构、投资额度，以及企业投资组合的合理配置，均为银行评估过程中的关键要素。通过对证券发行者的资信状况进行细致评价，银行能够更准确地判断企业的偿债能力和信用状况。特别是在企业以证券作为质物申请贷款时，银行对企业的投资审核需更加严格，以保障贷款的安全性和信贷风险的有效控制。

二是负债与资本项目，对其进行分析的核心目的在于深入剖析企业的资金来源构成。通过这种分析，银行能够准确把握企业的内在实力和潜力，评估企业的财务健康状况和长期发展能力。

（1）负债。通常被分为流动负债和非流动负债两类。流动负债包括应付账款、应付票据、应付税费和短期借款等，这些负债需要在短期内得到偿付，对企业的流动性管理提出了挑战。在深入研究企业的经营活动时，应确保资产规模的完整性，防止因疏忽而低估企业的偿债能力。同时，对于短期债务的到期时间也应给予高度重视，避免因债务逾期而产生额外的罚金，影响企业的财务健康。非流动负债包括长期借款和应付债券等，代表了企业在长期内承受的财务压力。在分析这类负债时，关键在于理解其偿还时间表，有助于对企业的长期偿债能力进行准确判断。

（2）资本。资本规模直观地映射了企业的经济实力和负债状况，并在很大程度上反映了企业面对风险时的抵御能力。在对企业资本项目进行分析时，首要任务是验证资金的真实性，排除任何虚假的可能性。分析企业的资本结构对评估其资金实力的稳定性至关重要。在股份制公司中，普通股资本在股本中所占的比重，是判断公司资本结构稳健性的直接指标。较高的普通股资本比重意味着更加稳定的资本结构，较低的比重可能揭示出潜在的结构性问题。此外，确认企业是否及时按照规定补充自有资金，是评价其资本管理水平和稳健性的重要维度。对于独资公司，银行在进行信贷评估时，除了审视公司的内部财务状况，还需全面评估公司的收入来源、资产状况、债务结构及整体资本水平。这些要素在经济纠纷中可能成为影响公司偿债能力的关键因素，进而对银行信贷风险产生影响。

三是利润表，其是企业业绩的"晴雨表"，能够在一定时间内直观地反映公司的获利情况。在银行进行利润表分析时，首要任务是确保企业的营业收入、营业成本和各项费用的真实性和准确性，涉及对企业账目的细致核对以及相关凭证的验证。银行需要通过纵向和横向的对比分析，深入剖析利润表中的各个指标。纵向分析即与前一年的财务数据进行比较；横向分析是将企业的财务表现与同行业或在相同条件下的其他企业进行对比。这种多维度的分析有助于银行精确地评估企业在成本控制、收入增长等方面的表现。如果在分析过程中发现企业在某个领域的费用异常高或者收入明显偏低，则可能是一个警示信号。银行应该立即对异常情况进行深入调查，确定其背后原因，并采取必要的措施降低潜在的信贷风险。

四是财务状况变动表，其是银行评估企业在特定时期内营运资产流转情况的重要工具，为银行提供了洞察企业流动性状况的深度视角。例如，企业在上一年若实现了显著的销售增长，其净收入的迅猛上升和资产规模的扩张，均是企业运营活动积极扩展的明显迹象。在经济增长的背景下，企业可能会增加存货以适应市场需求，这往往伴随着应收账款的增加。为了增强生产能力和效率，企业也可能扩大固定资产投资。如果企业能够通过发行股票、债券或增加短期贷款等多元化的融资手段成功筹集资金，通常反映出企业拥有稳健的流动性，能够满足其日常运营和持续发展所需的资金。然而，如果财务状况变动表显示企业依赖应付账款和应付票据作为主要资金来源，银行应保持警觉。尽管这可能暗示企业具有盈利能力，但过度依赖应付项目可能会对企业流动性产生负面影响，影响其偿债能力和长期发展的稳定性。

2. 财务比率分析

财务比率分析是深入剖析企业财务状况的关键工具。通过这些量化指标，可以揭示企业的经营状况、债务负担、盈利能力等多个维度，从而为银行评估企业的偿债能力提供坚实的基础。在进行信用分析时，银行通常会运用以下四类财务比率全面评估企业的财务状况。

1）流动性比率

（1）流动比率是流动资产对流动负债的比率，作为衡量企业短期偿债能力的财务指标，是评估企业流动性状况的关键，揭示了企业利用流动资产满足短期债务的能力。

理想的流动比率区间虽然因行业和企业特性而异，但普遍认为1.5∶1至2.5∶1的范围是健康的。这个区间表明企业拥有足够的流动资产来覆盖其短期债务，保持财务稳健。低于1.5∶1的流动比率可能暗示企业面临短期偿债压力，高于2.5∶1则意味着企业拥有过量的流动资产，这些资产可能未能有效利用，影响企业的盈利潜力。

在偿债能力分析中，流动比率是评估企业短期财务健康状况的重要工具。银行和其他债权人通过分析流动比率来评估企业的偿债能力。虽然高流动比率通常被视为企业具有较强短期偿债能力的标志，同时也需要考虑流动资产的质量和流动性。存货积压或应收账款回收困难可能会影响企业的实际偿债能力。低流动比率可能表明企业在短期内偿还债务的能力较弱，增加财务风险，债权人可能因此要求更高的利率或更严格的贷款条件。此外，流动比率的行业比较也至关重要，因为不同行业的标准和特性差异可能影响流动比率的评估。

（2）速动比率是速冻资产与流动负债的比率，也称为酸性测试比率，是评估企业短期偿债能力的财务指标。通过排除存货这一流动性相对较低的资产，提供了对企业短期偿债能力的严格评估。

速动比率的理想区间普遍认为应达到 1 : 1 或以上，表示企业的速动资产能够完全覆盖其流动负债，确保企业具备足够的现金或其他高流动性资产来迅速偿还短期债务。

在进行偿债能力分析时，一个高于 1 的速动比率通常意味着企业在短期内偿还债务的能力较强，即便不依赖存货的销售。相反，如果速动比率低于 1，企业可能需要通过销售存货来满足其短期债务，这可能影响其流动性和财务稳定性。此外，不同行业的速动比率标准可能存在差异，因此在评估企业的速动比率时，应考虑行业特性和平均水平，以确保评估的准确性和公正性。

（3）现金比率是现金和现金等价物与流动负债的比率，作为衡量企业短期偿债能力的财务指标，专注于企业最流动的资产——现金和现金等价物，其中，现金及现金等价物包括企业持有的现金、银行存款以及其他可以迅速转换为已知金额现金的短期高流动性投资。流动负债是企业在短期内（通常为一年内）需要偿还的债务。

现金比率没有统一的"合适区间"，因为它取决于行业特性、企业经营模式和财务管理策略。然而，一个较高的现金比率通常被视为企业具有较强的短期偿债能力。一般而言，现金比率大于 0.5，通常意味着企业有较好的即时偿债能力。现金比率低于 0.1，可能表明企业面临较大的短期流动性压力。

偿债能力分析时，高现金比率表明企业拥有较多的现金及现金等价物来覆盖其短期债务，具有较强的流动性和偿债能力。低现金比率可能意味着企业在短期内需要依赖其他流动资产偿还债务，这可能会影响企业的财务稳定性。不同行业的现金比率标准可能不同，因此在评估时应考虑行业特性和平均水平。

2）盈利能力比率

（1）销售利润率，也称为销售回报率或销售收益率，是衡量企业从销售活动中获得利润能力的财务指标，反映了企业每单位销售收入所能创造的利润额。其中，净利润指的是企业在扣除所有成本、费用和税费后的净收益。销售收入指的是企业在一定时期内通过销售商品或提供服务所获得的收入。

销售利润率的合适区间并没有一个固定的标准，受到行业特性、企业规模、经营策略等多种因素的影响。然而，一个较高的销售利润率通常被视为企业具有较好的盈利能力和成本控制能力的标志。企业通常会与同行业平均水平或竞争对手的比率进行比较，以评估自身的盈利能力。

虽然销售利润率直接反映的是企业的盈利能力，但间接地也影响企业的偿债能力。高销售利润率表明企业有较强的盈利能力，这通常意味着企业有更多的内部资金来支持其运营和偿还债务。低销售利润率可能表明企业在成本控制或定价策略上存在问题，这可能会限制企业用于偿还债务的资金。销售利润率的趋势分析（即比率随时间的变化）对评估企业的财务健康状况和偿债能力也非常重要。

（2）普通股收益率，也称为股本回报率或股东权益回报率，是衡量企业盈利能力并反映股东投资效益的一个重要财务指标，表示企业净利润占股东权益的比例。其中，净利润是指企业在扣除所有成本、费用、利息和税项后的净收入。优先股股息是指如果企业发行了优先股，需要从净利润中扣除优先股的股息。平均股东权益通常取会计年度初和年末股东权益的平均值。

普通股收益率的合适区间并没有统一的标准，受到行业特性、企业规模、市场条件等多种因素的影响。然而，投资者通常期望普通股收益率能够超过企业债务的利率，以证明股权投资的吸引力。此外，普通股收益率也常与行业平均水平或基准指数进行比较。

普通股收益率与企业的偿债能力关系不大，因为主要反映的是股东投资的回报情况。然而，它可以间接影响偿债能力。高普通股收益率可能表明企业盈利能力强，这有助于企业积累更多内部资金，从而增强其偿还债务的能力。低普通股收益率可能意味着企业盈利能力较弱，这可能会限制企业用于偿还债务的资金来源。

（3）股票市盈率，是衡量股票价格相对于每股收益的比率，是投资者评估股票价值的常用指标之一。其中，每股市价指的是股票在股市上的交易价格。每股收益指的是公司在一定时期内（通常为一个会计年度）的净利润除以其发行在外的普通股股数。

市盈率的合适区间并没有一个绝对的标准，受到行业特性、公司成长性、市场情绪等多种因素的影响。一般而言，较低的市盈率可能表明股票被低估，或者市场对公司的未来发展持谨慎态度。较高的市盈率可能反映市场对公司未来增长的预期较高，但也可能意味着股票价格被高估。不同行业的市盈率水平差异较大，因此，投资者通常会将公司的市盈率与同行业其他公司的市盈率进行比较。

市盈率主要反映的是公司的盈利能力和股票的投资吸引力，并不直接关联公司的偿债能力。然而，它间接提供了以下信息，市盈率较高可能意味着投资者对公司的未来盈利能力有较高预期，这可能有助于公司通过股票市场融资，增强其偿债能力。市盈率较低可能表明市场对公司的盈利前景持保留态度，可能限制公司通过股票市场融资的能力。

3）结构性比率

（1）资产负债率，是衡量企业财务结构和偿债能力的重要财务指标，反映了企业资产中通过债务融资的比例，是总负债与总资产之比。其中，总负债包括企业的所有短期和长期债务。总资产包括企业的所有资产，如流动资产、固定资产、无形资产等。

资产负债率的"合适区间"因行业和企业的具体情况而异。一般而言，低于50%，可能表明企业有较强的财务稳定性，债务负担较轻；50%到70%，可能表明企业有一定的债务负担，但仍在可控范围内；高于70%，可能表明企业有较高的债务风险，偿债能力较弱。

资产负债率在评估企业的偿债能力时提供了以下思路。资产负债率较低可能意味着企业有较强的财务稳定性和较低的财务风险。企业有较多的自有资本来支持其运营，这可能增强债权人的信心。资产负债率适中，表明企业在利用债务融资来扩大其资产规模的同时，仍然保持了一定的财务灵活性。资产负债率较高，可能意味着企业依赖于债务融资，这可能会增加财务风险。在经济不景气或市场动荡时，高负债率可能会对企业的偿债能力造成压力。

（2）产权比率，也称为债务股权比率，是衡量企业财务杠杆和偿债能力的一个关键财务指标，反映了企业负债与股东权益的比例关系。其中，总负债包括企业的所有短期和长期债务。股东权益也称为所有者权益，包括企业的股本、留存收益、资本公积等。

产权比率的"合适区间"因行业、企业规模、成长阶段和财务策略等因素而异。一般而言，低于1，表明企业的财务结构较为保守，依赖于股东资本而非债务融资；1到2之间，表明企业适度使用财务杠杆，平衡了债务和股权融资；高于2，表明企业可能过度依赖债务融资，财务风险较高。

产权比率在评估企业的偿债能力时提供了以下见解。产权比率较低，可能意味着企业有较强的财务稳定性和较低的财务风险。企业主要依赖股东资本，偿债能力较强。产权比率适中，表明企业在利用债务融资来扩大其资产规模的同时，保持了一定的财务灵活性和偿债能力。产权比率较高，可能意味着企业依赖于债务融资，财务风险较高。在经济不景气或市场动荡时，高产权比率可能会对企业的偿债能力造成压力。

（3）股东权益比率，也称为股本比率或自有资本比率，是衡量企业股东权益在总资产中所占比例的财务指标。其中，股东权益包括企业的股本、留存收益、资本公积等，反映了企业的自有资本。总资产包括流动资产和非流动资产，反映了企业的全部资产。

股东权益比率的"合适区间"并没有统一标准，受到行业特性、企业规模、财务策略等多种因素的影响。然而，一般认为，高于40%，可能表明企业有较强的财务稳定性和较低的财务风险。低于20%，可能表明企业过度依赖债务融资，财务风险较高。

股东权益比率在评估企业的偿债能力时提供了以下见解。高股东权益比率表明企业有较多的自有资本，这通常被视为企业具有较强的偿债能力和财务稳定性。低股东权益比率可能意味着企业依赖于债务融资，这可能会增加财务风险，尤其是在经济不景气或市场动荡时。

4）经营能力比率

（1）资产周转率，是衡量企业使用其资产产生销售收入的效率的财务指标。其中，销售收入指企业在一定时期内的销售总额。平均总资产通常取会计年度初和年末总资产的平均值。

资产周转率的"合适区间"因行业而异，不同行业的资产周转率标准可能有很大差异。一般来说，高资产周转率表明企业能够有效地利用其资产产生销售收入，是运营效率高的表现。低资产周转率表明企业资产的使用效率较低，需要改善资产管理或提高销售能力。

资产周转率与企业的偿债能力关系如下。高资产周转率说明企业能够通过其资产产生较高的销售收入，这通常意味着企业有较强的现金流，从而增强了其偿债能力。低资产周转率说明如果企业的销售收入相对于其资产规模较低，可能表明资产未能有效利用，这可能会影响企业的现金流和偿债能力。

（2）存货周转率，是衡量企业在一定时期内存货管理效率的财务指标，反映了企业销售存货的速度。存货周转率定义为一定时期内企业销售成本与平均存货余额的比率。其中，销售成本通常指的是销售商品的总成本，包括生产成本或采购成本。平均存货余额是期初和期末存货余额的平均值。

存货周转率的合适区间因行业而异，不同行业的存货周转率标准可能有很大差异。通常，高存货周转率表明企业存货管理效率高，存货销售速度快，资金占用较少。低存货周转率可能意味着存货积压，资金占用较多，可能影响企业的现金流。

存货周转率与企业的偿债能力关系如下。高存货周转率说明企业存货转换为销售收入的速度快，这有助于改善现金流，从而增强企业的短期偿债能力。低存货周转率说明如果存货销售缓慢，可能会占用大量资金，影响企业的现金流，从而对短期偿债能力构成压力。

（3）应收账款周转率，是衡量企业收回应收账款效率的财务指标，反映了企业在一定时期内从客户那里收回款项的速度。应收账款周转率定义为一定时期内企业的销售收入与平均应收账款余额的比率。其中，销售收入指企业在一定时期内的销售总额。平均应收账款余额指期初和期末应收账款余额的平均值。

应收账款周转率的合适区间同样因行业而异。通常，高应收账款周转率表明企业收账速度快，信用销售管理得当，资金回笼效率高。低应收账款周转率可能意味着企业面临较长的账款回收周期，资金占用较多，可能影响现金流。

应收账款周转率与企业的偿债能力关系如下。高应收账款周转率说明企业能够更快地将应收账款转换为现金，这有助于提高企业的现金流，从而增强其短期偿债能力。低应收账款周转率说明如果企业收款速度慢，可能会影响现金流，进而对企业的偿债能力构成压力。

3. 现金流量分析

在银行的信贷业务中，可能会遇到这样的情况：一些公司尽管利润丰厚，却因为现金流问题无法及时偿还贷款，导致财务困境；一些亏损的公司却能够顺利偿还债务，继续其经营活动。这种现象清晰地表明，仅以盈利能力作为衡量公司偿债能力的指标是不够的。利润虽然对偿还贷款至关重要，但它并不能直接转化为用于偿债的现金流。利润是企业盈利状况的会计反映，现金流则是企业实际可用于支付债务的现金。因此，企业的还贷能力实际上取决于其现金流的健康状况。对借款人而言，全面了解和评估公司的现金流状况至关重要。现金流量分析在信贷分析中扮演着核心角色,为银行提供了评估企业偿债能力和财务稳健性的重要视角。

1)现金流量概念

现金流量是指在一定时期内,企业、组织或个人因经营活动、投资活动和融资活动而产生的现金和现金等价物的流入和流出的总和。它是衡量一个经济体财务健康状况的重要指标,通常用于评估其偿债能力、盈利能力和流动性。在现金流量中,现金的概念通常包括以下三类。一是现金,指企业持有的货币资金,包括库存现金和银行存款。二是现金等价物,指企业可以迅速变现且几乎无风险的短期高流动性投资,如短期国债、商业票据等。这些资产的原始到期期限通常不超过三个月。三是应收票据,如果应收票据是短期的并且可以无风险地转换为现金,也可以被视为现金等价物。

"现金"的重要性体现在以下方面。现金是企业日常运营中最重要的流动性资产。良好的现金流动性可以确保企业能够及时支付运营成本和意外支出。虽然盈利是企业成功的关键指标,但如果没有足够的现金流来支持运营,企业可能无法维持其盈利活动。现金为企业提供投资机会,包括资本支出、研发和市场扩张等,这些投资可以增强企业的竞争力和市场地位。在经济不确定性或市场波动时期,现金储备可以作为企业的应急资金,帮助企业渡过难关。现金提供了财务灵活性,使企业能够抓住机遇或应对挑战,如市场变化、供应链中断或客户需求变化。

2)现金流量分析内容

现金流量分析是评估企业财务状况和运营效率的重要工具,涉及对企业现金流入和流出的详细审查,以确定其财务健康状况和未来的财务需求。现金流量分析的主要内容包括:①编制现金流量表,列出在特定时期内(通常是1年)企业的所有现金流入和流出。②经营活动现金流量分析,评估企业的主营业务是否产生足够的现金流入来覆盖其运营成本。③检查应收账款和存货的变动情况,了解其对现金流的影响。④投资活动现金流量分析,评估企业在固定资产、无形资产和其他长期投资上的支出。⑤检查企业出售资产或收回投资的情况,了解其对现金流的影响。⑥融资活动现金流量分析,评估企业通过债务和股权融资获得的现金流入。⑦检查企业偿还债务和支付股息的情况,了解其对现金流的影响。⑧现金流量趋势分析,通过比较不同时期的现金流量,分析企业的现金流入和流出趋势。⑨识别任何异常或不利的现金流变化,并分析其原因。通过这些分析,商业银行可以更好地理解企业的财务状况，作出更明智的决策，并优化企业贷款结构。

二、个人信用评估

（一）个人征信

在现代金融体系中，个人征信已成为商业银行筛选优质客户、进行贷前管理的核心依据。通过精确评估借款人的信用水平，银行能够制定科学的信贷政策，有效规避因信息不对称导致的逆向选择和道德风险。鉴于个人信用信息的分散和隐蔽特性，商业银行需借助金融科技的力量，深入挖掘和整合个人信息，构建科学的评估模型，以实现更精准的信用评估。

放眼全球，许多国家已经在商业银行体系之外，建立了由专业机构运营的个人征信系统。这些系统通过提供全面、准确的信用信息服务，极大地促进了金融市场的健康发展。回顾历史，1830年全球第一家征信公司在英国伦敦成立，开启了征信行业的先河。到了1929年，美国信用局（Credit Bureau）的成立标志着现代意义上的征信服务正式起步。如今，美国的个人征信服务主要由Experian、Equifax和TransUnion三家机构提供，它们的信用评分已成为商业银行开展个人贷款业务不可或缺的重要参考。

个人征信体系在我国的发展可追溯至1992年，当时中国人民银行深圳分行首次推出"贷款证"制度，标志着中国征信行业的初步探索。随后，通过《银行账户管理办法》和《贷款证管理办法》的实施，中国人民银行在全国范围内推广了信贷管理的规范化。1997年，中国人民银行进一步提出构建电子化的银行信贷登记咨询系统，这一创新举措为中国征信行业的电子化转型奠定了基础。到了2004年，中国人民银行引领商业银行着手建立全国性的企业和个人征信系统，为企业和个人信用信息的统一管理搭建了平台。2006年3月，中国人民银行征信中心正式成立，作为直属事业单位，全面负责征信系统的建设和运维工作。这一里程碑事件，不仅见证了个人信用信息基础数据库的正式运行，也为企业和个人提供了更为专业和系统的信用信息服务。2013年3月15日，《征信业管理条例》的正式施行，为我国征信业的规范化发展提供了坚实的法律支撑。《征信业管理条例》的出台，确立了征信系统作为国家金融信用信息基础数据库的法律地位，明确了征信业务的基本规则和监督管理职责，推动了征信业进入规范化的发展新阶段。

统一的征信系统是我国社会信用体系建设的重要里程碑，对提高金融效率、促进社会诚信、支持经济发展具有不可替代的作用。首先，统一的征信系统为金融机构提供了一个全面、权威的信用信息共享平台。这有助于银行和其他贷款机构准确评估借款人的信用状况，有效预防和控制信用风险，减少金融欺诈和违约事件，从而维护金融市场的稳定。同时，它还提高了信贷资源配置的效率，促进了金融市场的健康发展。其次，统一征信系统的建立，不仅提高了社会公众的信用意识，而且对促进社会信用体系的构建起到了关键作用。良好的信用记录成为个人和企业的"经济身份证"，激励着市场主体遵守信用规范，诚实守信。此外，统一的征信系统还为政府部门在财政贴息、项目招投标等公共领域提供了重要的信用评价工具，有助于形成诚实守信的良好社会风尚。最后，统一的征信系统为经济高质量发展提供了坚实的信息基础。不仅为金融机构提供了科学的决策依据，降低了融资成本，还为小微企业、个体工商户等市场主体提供了更多融资机会，促进了实体经济的发展。此外，统一的征信系统还有助于政府部门和监管机构更准确地把握经济运行态势，制定和调整宏观经济政策，推动经济结构优化和产业升级。

（二）个人财务分析

在评估个人偿债能力的过程中，关键因素主要包括以下两项。一是财务状况，其是衡量借款人经济实力和还款能力的重要指标。一个稳定的收入来源和良好的资产配置，能够为借款人提供充足的还款保障。二是非财务因素，尽管财务状况是评估还款能力的基础，但非财务因素，尤其是借款人的主观还款意愿和行为，同样对偿债能力产生深远影响。因此，商业银行在进行借款人筛选时，不仅要关注其财务状况，还要深入考察其非财务因素。通过综合评估这两大类因素，银行能够更准确地判断借款人的偿债能力，从而作出更科学、更稳健的信贷决策。

1. 个人财务分析内容

（1）未来还款来源与抵押品评估。需要明确资产的所有权，通过专业方法准确评估其市场价值、稳定性和流动性。利用纳税申报表对借款人的收入进行核实，深入分析其收入的来源、构成以及是否具有持续性。通过全面的资产和借款人能力评估，为贷款决策提供坚实的数据支撑，确保贷款的可回收性。

（2）负债与费用评估。确保财务报表的内容准确无误且完整，包括对借款人当前负债情况的彻底审查。明确借款人的还款方式，评估其还款能力，同时全面考量担保贷款可能带来的额外影响。以此为基础，提供决策依据，确保个人贷款的安全性和合理性。

（3）综合财务状况分析。利用财务报表所提供的信息，综合评价借款人的流动资金状况和偿债能力。准确把握借款人的资金流动性和债务偿还能力，评估其短期内的现金流状况和长期财务健康状况。确保贷款发放的稳健性，降低贷款违约风险，保障贷款资产的安全性。

2. 个人财务分析目标

在信贷评估中，确保贷款的准确性和安全性需要遵循以下步骤。评估借款人的资产价值和可靠性，通过财务报表核对所有者权益对应的资产，并使用纳税申报表等官方文件验证其真实性。深入分析客户的财务状况，识别可作为快速变现的潜在抵押品，确保在需要时能够满足还款需求。全面审视借款人的流动负债和长期债务结构，明确还款来源，并制订合理的还款策略。通过财务报表综合评估客户的负债结构和流动性，对担保人的偿债能力进行严格评估，确保贷款决策的稳健性。通过这些关键步骤，银行和贷款机构能够在确保贷款安全性的同时，有效控制信贷风险。

3. 个人财务分析方法

（1）在信贷评估中，商业银行需界定个人资产分析的范畴，尤其要重视抵押品的质量。银行不必对借款人的每项资产都进行评估，而是应依据资产的重要性和必要性来筛选分析对象。首先，要确认借款人是否持有符合银行标准的合格抵押资产，这些资产在价值和可变现性上应能为贷款提供充足的安全性。其次，若借款人依赖出售资产来偿还债务，银行必须评估这些资产的市场价值和流动性，确保在紧急情况下能迅速转换为现金。最后，对于在借款人资产组合中占比显著的资产，特别是超过10%的部分，银行应进行深入分析，以评估这些关键资产对借款人整体财务状况的具体影响。

资产价值的稳定性是评估的关键。作为贷款的抵押或担保，资产需要在紧急情况下能够无障碍地变现，并且在贷款的整个期限内，其市场价值应保持相对稳定，减少因市场波动带来的不确定性。资产的流动性同样至关重要。银行必须评估资产是否处于一个活跃且成熟的市场环境中，这样的市场能够保证资产在需要时能够快速且高效地转换为现金，满足流动性需求。银行必须验证借款人对这些资产的所有权和控制权。所有权的清晰和真实性是避免未来权属纠纷和潜在风险的基石。银行需通过法律文件和相关证明，确保借款人对资产拥有所有权和控制权。

（2）进行个人财务报表分析，准确测算净资产和现金流。决定个人偿债能力的收入来源包括劳动报酬和资产收益两个部分，若提供担保的可抵（质）押资产由很多部分组成，并对应不同类别的资产和收入，有各自的分析方法和技术，那么商业银行需要对个人的实物资产和金融资产、收入、债权与债务进行详细分析，评估借款人的净资产和现金流，动态把握借款人的财务变化，做好风险预警工作。

一是流动资产分析。个人流动资产如现金、可转让股票或债券等，因其高变现能力，成为偿还贷款的重要保障。商业银行在评估这些资产时，重点关注其价值、稳定性和流动性，确保在紧急情况下能够迅速转换为现金。同时，银行会严格审查借款人对这些资产的所有权和控制权，确保资产的真实性和可靠性。

二是不动产分析。在不动产审查的初步阶段，商业银行的首要任务是确认该财产的真实存在及其所有权归属。如果借款人计划将不动产作为抵押资产，银行必须严格核实并获取该不动产的所有权证书及相关的留置权证明文件。

三是应收账款分析。如果应收账款在借款人总资产中所占比例较小，通常不超过10%，银行可能不会将其作为主要关注点。然而，一旦应收账款成为借款人的主要甚至唯一还款来源，情况则完全不同。在这种情况下，商业银行必须进行深入的分析，重点关注应收账款的质量和借款人的回款能力。

四是人寿保险分析。人寿保险作为一种重要的个人资产，通常包括两种主要形式：终身人寿保险和定期人寿保险。终身人寿保险不仅提供终身保障，还设有现金价值，即退保金额；定期人寿保险则主要提供一定期限内的保障，通常不包含退保金额。在信贷评估过程中，如果借款人在财务报表中申报了人寿保险的退保金额，商业银行应仔细确认该保险单是否为终身人寿保险。这一确认至关重要，因为终身人寿保险的现金价值可以作为借款人的资产，在必要时为贷款提供额外的偿还保障。

五是退休基金分析。养老保险或退休计划作为一项长期资产，为借款人提供了预期的稳定现金流。这些计划往往设有严格的提取条件，通常要求参与者等到法定退休年龄后才能动用资金。如果参与者试图在规定年龄之前提取资金，可能会遭遇重罚，包括高额罚金和税费。考虑到这些限制性条件和可能产生的额外成本，商业银行在评估借款人的财务报表时，应谨慎地将养老保险或退休计划的资产价值部分计入所有者权益。

六是个人收入分析。商业银行在审查个人收入时，会全面考虑借款人的多项收入来源，包括但不限于：工资以及其他日常性的经常性收入，如佣金、奖金等；此外，利息收入、股息收入、应收赡养费、退休基金收入、失业救济以及社会保障福利等也会被纳入考量范围。在这些收入来源中，工资和其他经常性收入往往被视为首要还款来源，因此是商业银行审查的重点对象。利息和股利收入则通常作为第二还款来源，为借款人的还款能力提供额外的支撑。

七是借款人负债情况。首先，确保借款人已全面披露所有负债，这是评估其整体债务状况和还款能力的基础。其次，了解借款人的负债中哪些是以资产为担保的，以及具体的担保额度，这有助于评估其抵御风险的能力。此外，需要审查借款人是否存在未决诉讼，这可能会对其财务稳定性产生不利影响。同时，借款人的杠杆率也是一个重要的评估指标，过高的杠杆率可能预示着较大的财务风险。此外，审查借款人的信用记录，特别是是否存在拖欠负债的情况，以评估其信用状况。最后，了解借款人是否有商业负债，因为这可能涉及更复杂的市场和经营风险。

八是其他信息。在信用评估中，商业银行需关注资产所有权、营业风险、担保义务和或有负债。共有资产可能限制变现能力；作为担保人，借款人可能承担额外债务；或有负债可能带来意外偿债压力。

（三）个人信用的非财务因素

商业银行在评估借款人的信用风险时，除了财务分析外，还必须进行非财务因素分析。这是因为一些非财务因素会改变借款人未来的财务状况，或影响借款人的还贷意愿和能力。非财务因素分析已成为商业银行科学评估个人信用状况不可或缺的组成部分，需要重点分析的非财务因素如下。

1. 个人品德

诚实守信不仅是一种价值观与美德，更是塑造个人主观还款意愿的基础。缺乏诚信的人，可能他们即便拥有偿还能力，也选择逃避债务，甚至恶意逃废债务。因此，商业银行在筛选借款人时，必须深入考察其人品，确保选择那些既具备美德又具备偿还能力的借款人。在所有非财务因素中，品德的考量尤为重要。商业银行应通过评估借款人的个人稳定性、人际关系和口碑声望等方面，全面判断其人品的好坏。

2. 职业

由于不同行业之间存在市场垄断性、技术差异以及劳动生产率的不同，员工的工资收入水平存在显著差异。商业银行在评估借款人的收入状况时，除了要考虑其职业带来的收入水平差异，还需深入分析职业的稳定性。经济周期对所有行业都会产生影响，经济萧条时期各行各业都可能面临失业风险。

3. 年龄、住所和受教育程度

收入与年龄之间的关系紧密而复杂。随着工作经验的积累，熟练工人的工资往往高于非熟练工人。在 18～60 岁的劳动生命周期中，年龄与收入之间呈现出典型的倒 U 形关系。具体来说，随着年龄的增长，收入水平逐渐提升，在 45～55 岁这一区间内达到顶峰，随后逐渐下降。此外，住房状况也是评估个人收入稳定性的重要参考。拥有稳定住所的人，往往也拥有稳定的职业和收入来源。相反，居无定所、四处漂泊的人，其收入波动性较大，稳定性较差。在知识经济和数字经济日益繁荣的当下，新业态、新模式层出不穷，产业迁移和技术更替的速度也愈发迅速。这种环境下，就业对人力资本积累的要求越来越高。受教育程度较高的人由于具备更强的适应性和学习能力，更能够抵御环境变化带来的风险。因此，他们的收入往往更为稳定，偿债能力也更强。

4. 外部环境

外部环境的波动对借款人的还款能力具有显著影响，商业银行在评估借款人的偿债能力时，必须深入分析政治、经济、法律以及市场竞争等外部环境因素，并准确预测这些变化对借款人收入可能产生的影响。例如，在实施紧缩性货币政策的背景下,利率的上升会直接增加借款人的偿债成本,加重其还款负担。货币政策的紧缩还可能影响市场流动性,限制企业扩张,增加失业风险,从而对借款人的收入稳定性产生负面影响。政治危机和战争等极端事件更是可能严重扰乱经济秩序,导致生命和财产损失,进而影响借款人的还款能力。

此外,产业结构的转型升级和市场竞争的加剧也可能对特定地区和行业造成结构性冲击,使借款人的收入来源变得不稳定,降低其还款能力。为了应对这些挑战,商业银行利用大数据、区块链、人工智能等先进技术,构建了包含财务和非财务因素的个人信用分析系统。这一系统能够为商业银行提供全面的客户"画像",实现对个人客户的全息评估,显著提升商业银行的风险管理效率和个性化服务能力。

三、贷款损失的控制与处理

在银行贷款发放之后,由于多种因素,贷款可能会面临不同程度的损失风险。为了有效管理这些风险,银行需要对贷款进行科学分类,识别和评估不同贷款的风险特征。基于这种分类,银行可以采取针对性的风险控制措施,预防和减少贷款损失。

贷款五级分类

(一)贷款五级分类

在银行信贷管理领域,对贷款进行细致的分类管理是评估和控制贷款风险的关键步骤。我国商业银行传统的贷款分类体系,将贷款划分为正常、逾期、呆滞和呆账四个等级,主要依据贷款是否逾期及其逾期时间的长短来评估风险。然而,这种方法在预测和控制贷款风险方面存在局限,无法为银行提供前瞻性的管理信息。为了提升信贷管理的科学性和准确性,中国银行业监督管理委员会在2007年颁布了《贷款风险分类指引》,提出了更为精细的五级贷款分类方法。这一方法要求商业银行至少将贷款划分为正常、关注、次级、可疑和损失五个等级,其中后三类被归为不良贷款。五级贷款分类的主要标准简介如下。

1. 正常贷款

在对借款人进行细致的审查之后，银行可以确认其具备一系列积极条件，这些条件确保了贷款的本息能够按时且足额偿还。具体来说，借款人展现出了稳健的财务状况、良好的信用记录以及可靠的还款来源，这些因素共同构成了银行对贷款安全性的信心基础。鉴于借款人所展现的这些正面特征，银行没有理由去质疑这笔贷款会受到损害。银行对这类贷款的积极评估，不仅基于借款人当前的财务表现，还考虑到其长期的经营能力和市场竞争力。这种综合考量使银行能够更加确信，即便在面临潜在的市场波动或经济不确定性时，借款人也能够保持其偿还能力，确保贷款的安全。

2. 关注贷款

尽管目前一些借款人能够按期还本付息，但若其面临的风险因素持续恶化，势必会对后续还款造成负面影响。这些风险因素主要包括：①经济环境的变化、市场的不确定性以及产业的动态都可能对企业的经营产生影响，进而影响其偿债能力。②企业重组可能带来管理层变动、业务调整等，这些变化可能会对银行的债权构成潜在风险。③主要股东、关联企业或母（子）公司的变更可能会影响公司的治理结构和财务稳定性，从而影响其偿债能力；企业主要财务指标的下降，如收入减少、利润下降等，可能是财务不稳定的信号，需要银行密切关注。④不合理地使用借款可能会降低企业的还款能力，增加银行的风险。⑤固定资产贷款项目的变更可能会影响贷款的偿还计划，增加银行的风险。⑥借款人的还款意愿是影响贷款回收的重要因素，意愿不佳可能导致贷款回收困难。⑦作为贷款担保的资产价值下降会降低贷款的安全性，增加银行的风险。⑧保证人的财务状况恶化可能会削弱其担保能力，增加银行的信贷风险。⑨对信贷的监管不力或信贷记录不完整可能会影响银行对贷款风险的控制和管理。⑩违反审批流程可能会引入不合规的贷款，增加银行的信贷风险。

3. 次级贷款

次级贷款是指那些已经显示出偿债能力不足迹象的贷款，这类贷款的借款人通常需要通过出售资产、寻求外部融资或实施抵押担保等手段来保证贷款的偿付。这类贷款的特点包括：①借款人目前正面临严重的财务挑战，其营业收入已无法满足偿还贷款的需求。②由于信用状况的恶化，借款人在资本市场上的融资能力受到限制，加剧了其财务压力。③企业的经营状况令人担忧，可能存在管理不善或市场竞争力下降的问题，影响其盈利和偿债能力。④企业可能存在内部治理问题，如决策失误或管理层不稳定，这些问题成为制约企业按时还款的关键因素。⑤一些借款人在申请贷款时可能会采取不正当手段，如隐瞒财务状况，增加了银行的风险。⑥企业可能遭受经营损失，现金流为负，这进一步削弱了其偿还贷款的能力。⑦为了应对负债压力，借款人可能会采取极端措施，如拍卖抵押品或兑现担保，以偿还贷款。

4. 可疑贷款

可疑贷款是指那些由于借款人的经营状况、财务状况或其他不确定因素，使贷款损失的可能性增加，但损失的具体金额尚难以确定的贷款。这类贷款的风险较高，需要银行给予特别关注。具体来说，这类贷款主要涉及以下方面：①借款人可能因市场变化、管理问题或其他原因导致生产和经营活动受阻，甚至停滞。②基建项目可能因政策调整、资金问题或其他客观原因导致建设进度受阻，影响贷款的偿还。③借款人的财务状况可能急剧恶化，开始采取逃避银行债务的行为，迫使银行不得不采取法律手段追回贷款。④即使贷款经过重组等措施，如果借款人的还款逾期现象仍未消失，说明其还款能力和意愿存在严重问题，贷款的回收风险增加。⑤借款人归还本金和利息存在持续困难，表明其偿债能力严重不足，增加了银行的信贷风险。

5. 损失贷款

这类贷款往往面临极高的损失风险，甚至可能导致全部或大部分本金的损失，其风险特征主要表现在以下方面。即便借款人或担保人经历了破产清算，贷款依然无法获得全额清偿，这通常意味着贷款的回收可能性极低。若借款人因故死亡或失踪，其遗产或财产即便被用于偿还债务，贷款也可能无法完全结清，从而增加了银行的损失风险。当借款人遭遇严重的自然灾害或意外事故，且无法从保险中获得足够的补偿时，他们可能因损失巨大而无力偿还贷款。有时，一些逾期贷款会根据国务院的专案批准而被核销，这进一步减少了贷款的回收可能性。一些企业虽然名义上未破产，营业执照也未被吊销，但实际上已经停止运营，导致贷款无法收回。最后，一些贷款可能因为体制和历史原因，债务人主体已经消亡，导致贷款悬空，无法追回。

【例题】某商业银行在20×1年向XYZ制造企业发放了一笔5000万元人民币的5年期贷款，旨在支持其生产线升级和扩大产能。XYZ企业在市场中拥有稳定的销售渠道和一定的知名度。银行根据贷款五级分类标准，定期对企业的还款能力和贷款质量进行评估。

第一次分类（20×1年12月）：贷款初期，XYZ企业经营状况良好，销售收入和利润稳定增长，流动资金充足，财务报表显示盈利能力良好，无重大负债或法律纠纷。银行因此将贷款分类为正常贷款，并进行常规监控。

第二次分类（20×2年12月）：20×2年下半年，XYZ企业销售收入和利润开始下滑，流动资金紧张。市场竞争加剧和原材料成本上升导致盈利能力下降。企业开始依赖短期融资维持运营，表明长期资金来源可能存在问题。银行将其贷款分类为关注贷款，并加强监控。

第三次分类（20×3年12月）：20×3年，XYZ企业经营状况进一步恶化，出现严重亏损。企业依赖出售非核心资产和对外融资维持运营和偿还贷款本息。银行评估认为还款能力出现问题，贷款损失概率较高，将贷款分类为次级贷款，并准备应对可能的贷款损失。

第四次分类（20×4年12月）：20×4年，XYZ企业财务状况持续恶化，无法足额偿还贷款本息。银行尝试通过执行抵押和担保回收部分贷款，但抵押品价值下降，存在法律纠纷。企业拖欠其他债权人款项，银行对其还款能力和意愿产生怀疑。银行将贷款分类为可疑贷款，并加大催收力度。

第五次分类（20×5年12月）：20×5年，银行确认无法从XYZ企业收回贷款本息，抵押品处理所得资金不足以弥补损失，法律诉讼无实质进展。银行将贷款分类为损失贷款，并注销该笔贷款。

【解析】此案例展示了贷款五级分类在商业银行风险管理中的重要性，有助于及时发现并应对贷款风险，减少不良贷款。银行在发放贷款时，需全面评估企业的信用状况和风险，包括行业状况、市场竞争、盈利能力、负债情况和法律纠纷。同时，银行应不断审查贷款审批流程，加强内部控制和风险管理，以降低未来风险。

（二）不良贷款发生的信号

不良贷款的形成通常与借款人的信用状况密切相关。尽管在贷款初期，借款人可能展现出良好的财务状况和充足的还款能力，符合银行的放款标准，但市场环境和经济因素的不断变化可能导致这些条件发生逆转。在实际操作中，许多借款人在违约前会表现出一些异常迹象，这些迹象对信贷管理人员来说至关重要。

信贷管理人员的职责是密切监控借款人的经营状况、财务状况以及市场环境的变动，以便及时发现潜在的风险并提供预警信号。这种监测机制使银行能够迅速作出反应，采取必要的措施，有效预防不良贷款的产生，保障资金的安全。

1. 企业现金流状况异常波动

现金流是企业日常运营的血液，其稳定性对企业的财务健康至关重要。信贷人员应关注企业的现金流量表，分析现金流入和流出的稳定性和预测性。企业可能面临现金流短缺的情况，无法满足日常运营和债务偿还的需求，这通常反映在现金流量表中，显示企业的经营活动产生的现金流量净额持续为负或远低于预期。异常波动可能表现为现金流量的突然增加或减少，这可能是由于应收账款回收困难、存货积压或意外支出增加等。尽管账面利润良好，但实际现金流入不足以支持运营和偿债。

2. 企业财务情况出现问题

不良贷款的形成与企业财务报表中的多个问题密切相关。企业的应收账款周转率下降，表明应收账款回收周期延长，影响现金流，这可能导致企业无法及时偿还贷款，增加不良贷款的风险。存货周转率下降，表明存货水平过高，资金被大量占用，影响现金流的周转。存货积压可能导致企业需要更多的资金来维持运营，从而增加财务压力。企业的资产负债率超过70%，表明企业的财务风险较大。高资产负债率意味着企业依赖债务融资的程度较高，偿债压力加大。企业的短期债务占比过高，可能导致流动性压力，企业可能无法及时偿还短期债务，从而增加违约风险。企业的净利润率下降或核心利润率降低，表明企业的盈利能力减弱，这可能影响企业偿还债务的能力，增加不良贷款的风险。

3. 企业内部管理存在风险

不良贷款的形成与企业管理中的问题密切相关。企业经营方向不稳定，核心竞争力不强，产品单一或客户集中度较高，增加了企业的市场风险。在固定资产投资项目中，项目资金提前用完或建设进度滞后，增加了项目无法按期完工的风险。企业存在资金挪用风险，特别是集团客户可能在集团内部实行统一的财务管理模式，任意抽逃挪用银行贷款。企业在多家金融机构融资，可能存在过度融资或将融资的资金用于不当途径，增加了企业的财务风险。企业对外担保过多，存在担保链传染风险，一旦被担保企业出现问题，可能引发连锁反应。企业领导可能缺乏全面的风险管理意识，未能将风险管理融入企业的日常运营和决策中。

4. 行业或市场出现不利变化

当行业或市场环境发生不利变化时，企业可能会面临一系列挑战，这些挑战可能导致企业财务状况恶化，最终形成不良贷款。行业整体需求的减少会直接影响企业的销售量和收入。如果企业无法及时调整生产计划或销售策略，可能会导致库存积压和资金回笼困难。在市场供过于求的情况下，企业可能为了保持市场份额而降低产品价格，这会减少利润率，影响企业的盈利能力。如果企业所在的行业面临原材料价格上涨，而企业又无法将成本上涨转嫁给消费者，其利润空间将受到挤压。快速的技术变革可能会使企业的产品或服务迅速过时，如果企业未能及时进行技术升级或产品创新，可能会失去市场竞争力。自然灾害、政治不稳定或疫情等事件可能导致供应链中断，影响企业的生产和交货能力。

（三）不良贷款的处理

当银行面临已经出现风险信号的不良贷款时，必须迅速采取一系列坚决而有效的措施来控制风险的扩散，并尽量减少损失。

1. 通过内部催收或者委托催收的方式，对不良贷款进行追讨

当银行面对不良贷款时，采取一系列专业且合规的措施进行催收变得尤为重要。银行可以通过以下方式进行有效催收。利用内部催收团队，通过电话、短信或上门

访问等手段，直接与借款人沟通，了解其还款意愿和能力，同时采取适当措施督促还款。对于内部催收难以解决的情况，委托给具备专业资质的第三方催收机构，利用其专业技能和经验提高催收效率。

在催收过程中，始终保持与借款人的良好沟通，尊重其合法权益，同时明确表达银行的诉求和期望。严格遵守法律法规，避免使用任何可能被视为暴力或威胁的不当手段，确保催收活动的合法性和正当性。详细记录催收过程中的所有接触和借款人的反馈，这些记录对评估催收效果和调整策略至关重要。在了解借款人实际困难的基础上，寻求灵活的解决方案，如重新安排还款计划或提供财务咨询服务，以帮助借款人恢复还款能力。通过这些措施，银行不仅能够有效追回不良贷款，还能够在维护自身利益的同时，尽量减少对借款人的负面影响，实现双赢的局面。

2. 对资产处置，弥补不良贷款造成的损失

银行在面对不良贷款时，可采取资产处置措施，即将涉及贷款的抵押物如房产、车辆等通过拍卖的方式进行变现，所得资金将优先用于偿还贷款本金及利息。对于那些以股权、存货等形式存在的质押物，银行同样可以通过变卖来回收资金，缓解贷款损失。

在资产处置的过程中，银行必须确保遵循法律法规，严格程序，防止任何可能的法律风险。同时，合理评估资产的市场价值，保证处置价格既公正又合理，以最大限度地提高资产回收率。此外，银行应采取透明和市场化的方法来处置资产，吸引潜在买家，以确保资产能够以最优价格售出。

3. 司法执行，强制追回欠款本息

司法执行是银行追回不良贷款的一种法律手段，通过法院的介入对债务人实施强制执行措施。银行在采取司法执行措施时，会向法院正式提起诉讼，提交详尽的起诉状及相关证据，请求法院对债务人的还款责任进行判决。一旦法院审理并作出有利判决，将依法采取包括但不限于查封、扣押、拍卖债务人财产等强制措施，以确保银行能够追回欠款及其利息。

鉴于司法执行过程可能涉及复杂的法律程序且耗时较长，银行需要做好充分的准备工作，包括搜集充分的证据、准备详尽的法律文件，并具备耐心等待司法程序

的完成。同时，确保所提交的诉讼材料真实、完整，是提高胜诉几率和执行效率的关键。此外，银行在整个司法执行过程中，应密切监控进展情况，及时响应法院的要求，以及适时调整策略以应对可能出现的任何法律挑战或变化。通过专业的法律团队和有效的内部协调，银行可以提高司法执行的成功率，保障自身的合法权益。

4. 对资产进行转让，实现资产回收

资产转让是银行处置不良贷款的有效手段，涉及将债权转移给专业的资产管理公司或其他投资者。银行在处理难以回收的不良贷款时，可以选择将其债权通过资产转让的方式，转交给专业的资产管理公司或其他有意愿的投资者。在转让之前，银行需对相关不良贷款债权进行彻底的尽职调查和评估，以确定其市场价值和潜在的风险点。

随后，银行与潜在的受让方进行深入的协商和谈判，基于评估结果确定合理的转让价格和交易条件，并最终签订具有法律效力的转让协议。完成债权交接手续后，银行需依法向债务人及担保人发出债权转让的通知，明确指出债务人应向新的债权人履行其还款义务。在选择受让方时，银行应优先考虑那些信誉良好、资金实力雄厚的合作伙伴，以确保资产回收过程的安全性和有效性。整个债权转让过程必须严格遵守法律法规，并符合监管机构的相关要求，确保转让的合法性和合规性。

5. 对不良资产予以核销

当银行面临确实无法收回的不良贷款时，不良资产核销成为其处理手段之一。银行在对不良贷款进行全面评估后，若确定贷款确实无法收回，比如借款人已经破产且无财产可供偿还，银行会按照既定的财务和监管规定，对这些贷款进行核销。核销过程包括对不良贷款进行细致分类和评估，确保其满足核销的标准和条件。

在核销前，银行需向相关监管部门提交详细的核销申请，并附上必要的证明材料，如法院的破产清算裁决等。这些文件对证明贷款回收无望至关重要。一旦监管部门审批通过，银行便可以进行相应的账务处理，正式注销这些不良贷款的债权记录。重要的是，核销并不意味着银行放弃了对借款人的追索权。如果未来借款人恢复偿还能力，银行依然保留要求其履行还款义务的权利。因此，银行在核销过程中仍需保持对借款人情况的关注，并适时采取行动。

案例分析

房贷新政考验银行资产调整能力

2020年12月28日，中国人民银行与中国银行保险监督管理委员会联合发布了《关于建立银行业金融机构房地产贷款集中度管理制度的通知》（以下简称《通知》）。该《通知》旨在通过设定不同档次的银行房地产贷款和个人住房贷款余额的占比上限，加强银行业金融机构的贷款集中度风险管理。根据《通知》规定，银行被分为五档，每档的房地产贷款余额和个人住房贷款余额占比上限如下：中资大型银行的房地产贷款余额占比上限为40%，个人住房贷款余额占比上限为32.5%。中资中型银行的房地产贷款余额占比上限为27.5%，个人住房贷款余额占比上限为20%。中资小型银行和非县域农合机构房地产贷款余额占比上限为22.5%，个人住房贷款余额占比上限为17.5%。县域农合机构房地产贷款余额占比上限为17.5%，个人住房贷款余额占比上限为12.5%。村镇银行房地产贷款余额占比上限为12.5%，个人住房贷款余额占比上限为7.5%。

从银行的角度来看，尽管当前上市银行在实现"净压降"方面并没有迫在眉睫的压力，但面对未来市场和监管环境的变化，它们正积极采取措施调整自身的资产结构。根据2020年上半年上市银行公开的数据，个人住房贷款在总人民币贷款中的占比已经达到了28.29%。如果进一步将按揭贷款与对公房地产贷款合并计算，其在总贷款中的占比则更为显著，高达35.58%。

当银行面临房地产类贷款投放金额减少的情况时，必须进行资产结构的调整以适应这一变化。这种调整对银行的息差（净利息收入与平均利息收入资产的比率）的影响，将主要取决于银行的资产获取能力和市场定位策略。

以A银行为例，如果进行一个简化的估算，在信用风险权重保持不变的情况下，招商银行可以将减少的1268亿元按揭贷款（假定风险权重为50%）重新分配到其他贷款领域。具体来说，它可以将634亿元投入到除房地产外的对公贷款（风险权重为100%），或者将845亿元分配给消费贷款、个人经营性贷款或小微贷款（风险权重为75%）。在当前金融市场环境下，5年期以上的贷款市场报价利率（LPR）为4.65%。而消费类贷款和信用卡贷款的综合收益率通常高于这一水平。与此同时，大多数国有大行和股份制银行的普通对公贷款的加权平均收益率介于4%~4.5%。因此，如果A银行选择将资金转向这些类型的贷款，可能会对银行的息差产生一定的负面影响。

然而，考虑到A银行在客户资质和零售业务方面的优秀表现和深厚积累，该行在资产获取方面具有明显优势。预计招商银行能够通过投资其他高收益资产，实现平稳过渡，并维持其息差水平。

从业务层面来看，银行若想在未来市场竞争中占据有利地位，必须具备对各行业的深刻理解、精准的风险定价能力，并且致力于提供卓越的客户服务。在当前"房住不炒"的政策导向下，房地产市场调控政策日益严格，依赖房地产贷款实现快速盈利的传统模式已经不再具有可持续性。

在零售业务领域，根据国际清算银行的统计，截至2019年年底，中国居民的杠杆率已经达到55.8%，在过去5年内增长了19.5%，增长速度在全球范围内属于最快之列。这一数据反映出中国居民的借贷水平已经达到较高水平，也为银行零售业务提供了广阔的发展空间。银行需要更加注重零售业务的创新和服务质量，以满足日益多样化的客户需求。

分析该案例所蕴含的思政元素：

在当前"房住不炒"的政策背景下，银行需要积极应对由此带来的经营战略调整。新政要求银行在资产业务和负债业务上进行相应的调整，以满足监管标准并适应新的政策环境。银行需要引导学生思考如何在保持合规的同时，优化资产结构，提高资产质量，降低对房地产贷款的依赖。

通过该案例，引导学生深入思考如何通过调整业务领域来转换服务思路和盈利方式。例如，零售业务将从"房贷驱动"转向更加注重"服务客户"的模式。在零售客户经营、财富管理等领域，具有优势的银行将能够从同业竞争中脱颖而出。这要求银行在产品设计、客户服务、风险管理等方面不断创新，以满足客户的多元化需求。同时，需要关注对实体经济的影响，明确自身在现代信用社会中的重要地位。新政的实施可以引导银行资金更多地支持制造业、科技等经济社会发展重点领域，以及小微企业、"三农"等薄弱环节的融资需求。这有助于推动金融与房地产同实体经济的均衡发展，促进产业结构的优化和升级。

引导学生关注商业银行如何通过调整金融政策来支持国家战略和经济社会发展。这不仅有助于学生理解金融市场如何影响其他实体经济的发展，还能够培养学生的责任感和职业素养。通过深入社会实践、关注现实问题，学生可以更好地理解国家战略和相关政策，为未来的职业生涯打下坚实的基础。

因此，该案例所蕴含的思政元素是"家国情怀""责任意识""职业自信"。

本章小结

贷款业务是商业银行的基础，基于一系列明确的贷款原则和政策，将资金以贷款的形式提供给有需求的借款人。这些资金的出借通常伴随着还本付息的约定，确保资金的安全性和收益性。作为银行资产的重要组成部分，贷款不仅反映了银行的资金运用效率，也是银行实现资本增值、服务社会的重要途径。

确保贷款业务的规范化操作对银行至关重要。银行必须制定明确的贷款政策，并确立一套详尽的工作规程来指导贷款业务的执行。贷款流程通常包括三个关键阶段。①贷前阶段：银行首先进行市场推广，接触潜在借款人，并对其进行全面的调查和信用分析，以评估其还款能力和信用状况。②贷中阶段：一旦银行收到贷款申请，将进行细致的评估和审查，确保贷款的合理性和安全性，然后决定是否发放贷款。③贷后阶段：贷款发放后，银行将持续监督贷款使用情况，进行风险监测，并确保贷款本金和利息的及时回收。

公司贷款，也称为企业贷款或对公贷款，是针对企事业单位的贷款。根据贷款的用途和风险特征。对企业借款人的信用评估主要包括：借款人的品格、能力、资本、担保情况以及经营环境条件。

个人贷款是指向符合条件的自然人发放的，用于个人消费、生产经营等用途的贷款。

个人贷款的还款方式主要有两种：等额本息和等额本金。等额本息还款法的特点是每月还款额固定，便于购房者规划财务支出，适合收入稳定、额外开销较少的家庭。然而，由于前期归还本金较少，利息支付相对较多，导致整个贷款周期内的利息支出略高。等额本金还款法则是首月还款额最高，随后逐月递减，直至最后一个月还款额最低。这种方式每月本金还款数额固定，利息按当期剩余本金计算，因此整体利息支出较等额本息还款法少，适合月收入较高或计划提前还款的购房者。

第三章 练习题

一、选择题与判断题

1. 尽管借款人目前展现出偿还贷款本息的能力,但银行必须对可能影响其偿还能力的不确定因素保持警觉的贷款是(   )。[单选题]
   A. 关注贷款
   B. 可疑贷款
   C. 次级贷款
   D. 损失贷款

2. 下列关于不良贷款的说法正确的是(   )。[单选题]
   A. 关注类贷款属于不良贷款
   B. 次级类贷款相较于可疑类贷款,具有更高的风险性
   C. 次级类贷款属于不良贷款
   D. 关注类贷款相较于次级类贷款,具有更高的风险性

3. 我国贷款审批制度是(   )。[单选题]
   A. 审贷结合、分级审批
   B. 审贷分离、分级审批
   C. 审贷结合、行长审批
   D. 审贷分离、银行风险管理委员会审批

4. 个体工商户、个人独资企业投资人、合伙企业合伙人等在合法生产和经营过程中出现资金短缺时可以向商业银行申请(   )。[单选题]
   A. 个人权利质押贷款
   B. 个人经营贷款
   C. 个人信用卡透支
   D. 个人商用房贷款

5. 商业银行贷款业务流程一般为(   )。[单选题]
   A. 贷款申请、贷款审批、贷款调查、贷款发放、贷后管理
   B. 贷款申请、贷前调查、贷款审批、贷款发放、贷后管理
   C. 贷款申请、贷款审批、贷款发放、贷款检查、贷后管理
   D. 贷款申请、贷前调查、贷款审批、贷款发放、贷后调查

6. 借款人信用评级中财务比率分析，下列哪几项指标越高，说明借款人偿债能力越强
（　　）。[多选题]
A．销售净利润率
B．存款周转率
C．应收账款周转率
D．资产负债比率

7. 贷款是银行的（　　）。[多选题]
A．负债
B．资产
C．最主要的资金运用
D．最主要的资金来源
E．中间业务

8. 对于月收入稳定、额外支出较少、经济条件不允许前期投入过大的家庭，住房按揭贷款适宜采取等额本金还款方式。（　　）[判断题]

二、思考题
1. 理性消费的具体举措是什么？
2. 芝麻信用的芝麻分与中国人民银行个人征信系统的征信记录有关联吗？二者的区别是什么？
3. 商业银行如何有效避免"人情贷款"？商业银行贷款管理制度是什么？

第四章 商业银行现金资产业务

导言

商业银行以货币为主要经营对象,其资金来源和运作模式的特殊性要求银行必须维持适度的流动性。流动性的合理管理不仅能够确保客户随时提取存款,还能够应对日益增长的贷款需求。因此,对银行现金资产的严格管理是确保资金流动性、维护银行信誉和实现稳健经营的关键。

学习任务

①深入理解现金资产的含义及其构成,并认识现金资产管理的重要性和意义。②全面掌握资金头寸的概念及其构成要素。③熟悉并掌握资金头寸的预测方法和技巧。④深入掌握商业银行现金资产管理的核心原则。

第一节　现金资产概述

一、现金资产的构成

现金资产是银行流动性管理的核心，它们是银行持有的、能够迅速转换为现金的资产，对满足银行日常的支付和清算需求至关重要。商业银行的现金资产通常包括以下四类。

（一）库存现金

库存现金作为银行金库中的重要资产，是确保客户提款需求和银行日常运营开支得到满足的关键。商业银行必须维持一定量的现金储备以保障资金流动性，但同时也要面对库存现金较低的收益率和较高的安全防护成本。通过精细化管理，银行可以在不牺牲客户服务质量的前提下，减少不必要的成本支出，提高资金的使用效率。这可能涉及对现金需求的准确预测、优化现金调度流程，以及采用先进的安全措施来降低风险。

柜面日初操作及现金管理

（二）在中央银行存款

在中央银行存款由法定存款准备金与超额存款准备金构成。

法定存款准备金是商业银行根据法律要求向中央银行缴纳的一笔资金，其设立的核心目的在于确保银行体系具备足够的流动性，以满足储户的提款需求，有效预防因流动性短缺而引发的支付危机。这一准备金具有法定的比率要求，且具有强制性，通常不用于日常运营。在我国，中央银行通过实施法定准备金制度，对商业银行的流动性进行管理。这一制度不仅保障了金融系统的稳定性，也成为了中央银行宏观调控的重要手段。通过调整准备金率，中央银行能够对商业银行的信贷活动进行有效调控，进而影响社会货币供应量，实现对经济的宏观调节。

超额存款准备金，依照可分为广义和狭义两种。广义上的超额存款准备金涵盖了银行除法定存款准备金之外的所有流动资金；狭义上的超额存款准备金专指那些超出法定要求的额外准备金。在商业银行的运作中，这部分资金充当着中央银行的流动性安全基金，确保银行能够顺利进行日常的支付结算和清算活动。在大多数情况下，我们所讨论的超额存款准备金是指其狭义定义。

超额存款准备金的规模直接关系到商业银行的信贷扩张能力。当超额存款准备金充足时，银行便有能力增加贷款和投资，从而为经济提供更有力的支持。相反，如果超额存款准备金不足，可能会限制银行的信贷活动，进而影响经济的正常运转。

中央银行通过调整法定存款准备金率来调控商业银行的信贷活动。这一政策工具对调节市场货币供应量、维护宏观经济稳定具有至关重要的作用。法定存款准备金率的调整直接关系到商业银行的超额准备金水平，进而影响其信贷扩张的能力。通过这种机制，中央银行能够精细调控经济中的货币流动性，促进经济的平稳健康发展。

（三）存放同业存款

存放同业存款是商业银行在金融同业之间进行资金往来的一种手段。这些存款主要用于银行间的代理交易和结算服务。得益于其活期存款的特性，商业银行能够随时存取这些资金，极大地提升了资金的流动性和灵活性。因此，同业存款被商业银行视为一项关键的现金资产。

（四）在途资金

在途资金是银行在等待收款过程中的资金，是通过其他银行对外地收款人所收票据的资金。这些资金虽然在银行账上暂时未体现为实际存款，但由于其周转周期短，一旦收款完成，便会立即成为银行的可用资金。因此，银行将这部分资金视为现金资产，以反映其流动性和即时可用性。

二、现金资产的作用

从商业银行经营管理的角度看，现金资产具有以下作用。

（一）维护清偿力与流动性

商业银行作为货币信用业务的经营者，必须确保具备充足的清偿力，以随时响应客户的提现或债务清偿需求。同时，维持适当的流动性意味着银行能够以合理的成本迅速获取资金，满足日常运营和贷款发放等需求。现金资产，作为银行最直接的清偿手段和流动性最强的资产，对保障银行信誉和稳健经营至关重要。

（二）遵守监管规定与同业业务需求

商业银行需根据法定存款准备金率向中央银行缴纳存款准备金，这是一项强制性要求。拥有充足的现金资产有助于银行满足这一规定。此外，现金资产在银行间业务清算和支付中发挥着关键作用，它确保银行能够顺利进行这些交易，同时维护其在同业市场中的良好声誉。通过这种方式，银行不仅能够保持合规，还能够在同业中建立和维护信任关系。

第二节　商业银行现金头寸预测

一、资金头寸及其构成

商业银行的资金头寸是衡量其流动性的关键指标，反映了银行在特定时间点的可用资金量。时点头寸显示即时资金状况，时期头寸则体现一定时间内的资金流动性。头寸分为基础头寸和可用头寸，前者为银行的流动性资源，后者为扣除法定存款准备金后的自由资金。有效的头寸管理对银行的运营和风险控制至关重要。

（一）基础头寸及其构成

基础头寸是商业银行流动性管理的核心，它由银行的库存现金和在中央银行的超额存款准备金组成。这一概念至关重要，因为它不仅具有极高的流通性，还具备了强大的支付功能。基础头寸确保了银行能够随时动用资金，满足即时的支付需求，同时也是银行进行资金清算的保障。基础头寸在商业银行的日常运营中发挥着至关重要的作用，尤其是在客户交易和金融机构间的结算处理中。银行通过灵活地调整其库存现金和超额存款准备金，确保了流动性的充足和灵活性。具体来说，当银行需要增加即时可用资金时，它可以从中央银行提取资金，这一操作会减少其超额准备金的规模；相反，将现金存入中央银行则会增加超额准备金，同时减少库存现金。

（二）可用头寸及其构成

可用头寸是指商业银行及其独立核算行、部在某一时点或某一时期直接拥有和可实际调入运用的现金资产。这些现金资产在扣除了法定存款准备金之后，包括库存现金、在中央银行的超额准备金和存放同业存款等。简而言之，可用头寸是商业银行可以动用的全部资金，它是银行流动性管理的重要组成部分。可用头寸的构成可以用"基础头寸 ± 准备金缴存款调整额 ± 上级行调入调出额 ± 到期同业往来清入或清出资金 ± 其他现金资产变化"表示。

二、资金头寸的预测

商业银行的现金资产管理是确保其流动性的核心任务，对维护银行运营的稳定性至关重要。银行管理层需要在两个关键方面找到平衡点：一方面，要确保现金资产充足，以满足日常运营和紧急支出的需求，保障银行的流动性；另一方面，要追求利润最大化，实现银行的商业目标。为了实现这些目标，管理者必须精确地计算和预测资金头寸，为流动性管理提供坚实的数据支持，这涉及对银行的现金流入和流出进行细致的分析，以及对市场条件和客户需求的深入理解。通过有效的资金头寸管理，银行能够在保持流动性的同时，优化资金使用效率，提高盈利能力。

银行资金头寸预测涉及对未来流动性需求的深入分析和预估。在银行的日常运营中，流动性风险管理占据着核心地位，要求银行对现金资产的流动保持持续的监控，确保资金的稳定性和随时可用。面对现金流的波动，银行必须具备快速反应的能力，通过有效的资产变现或筹资活动来应对。这不仅有助于避免清偿危机，更是银行流动性管理的重要组成部分。然而，银行不应仅仅满足于应对风险，而应采取更为积极的态度。为了实现这一点，银行需要准确预测未来的资金头寸需求，并据此制订和执行策略，以主动管理流动性风险。

当银行处理日常的存贷款业务时，资金头寸或流动性准备的变动是由存贷款资金流动的波动所驱动的。具体来说，每当客户提取存款或银行发放贷款，银行的资金头寸就会立即减少；当存款增加或贷款得到偿还时，银行的资金头寸相应地增加。这种动态平衡是银行流动性管理的关键，需要银行持续监控和调整，以确保其流动性的稳定性和灵活性。表 4-1 列举了会引起银行资金头寸变化的资金来源和资金运用项目。

表 4-1　银行主要资金来源与资金运用

资金来源（增加头寸）	资金运用（减少头寸）
客户存款增加	发放新的贷款
收回贷款本金和利息	购买债券
出售债券	追加新的投资
收回投资	客户存款减少
其他负债增加	其他负债减少

在银行资金管理的复杂体系中，某些资金来源和运用的变化虽然不会直接影响银行的头寸总量，但它们却能够引起头寸结构的显著变动。例如，向中央银行缴存的准备金的增减，以及存放同业存款的回收或新增，都是这类变化的典型代表。

（一）存款变动预测

商业银行在预测存款变化趋势时面临重大挑战，主要因为存款作为银行的被动负债，其变动趋势通常受到客户行为的主导。然而，即便在这种被动性的前提下，银行依然可以通过深入分析来探索存款变化的潜在规律。一般而言，存款可以根据其稳定性被划分为两大类别：一类是稳定性存款，这类资金具有较高的稳定性，不易受到市场波动的影响；另一类是易变性存款，这类资金对外部经济环境和市场情绪较为敏感，因而波动性较大。

1. 稳定性存款（Stable Deposit）

稳定性存款是指商业银行在特定时间段内能够稳定持有的资金，这类存款的特点是客户在约定的期限内通常不会进行提取操作。作为银行可长期利用的资产，稳定性存款赋予了银行在资金运用上的更高灵活性，使银行不需要为了应对客户可能随时发生的取款需求而保留大量的周转资金。典型的稳定性存款包括那些有明确契约规定、到期后不会自动转存的定期存款，以及金融债券等。由于这类存款具有较强的确定性，银行不需要过分担忧其稳定性问题，因此能够更加有效地进行资金规划和利用。

2. 易变性存款（Volatile Deposit）

易变性存款因其固有的不确定性，对商业银行的流动性管理构成了显著的挑战。活期存款、定活两便存款、零存整取存款以及自动续存存款等，均属于易变性存款的范畴，它们赋予了客户随时提取资金的灵活性，从而增加了银行面临的流动性风险。商业银行必须对此类存款给予特别的关注，以准确预测流动性需求，并有效管理流动性风险。为此，银行需要保持充足的存款周转金，以便能够迅速响应客户的提款需求。易变性存款可进一步细分为季节性存款和脆弱性存款，这两种存款类型都具有其特定的流动性特征和风险管理需求。

（1）季节性存款。这类存款的提款频率和额度通常与经济活动的季节性波动或生产周期紧密相关。因此，它们的存款量呈现出可预测的周期性变化。

（2）脆弱性存款。这类存款在常规情况下表现出较高的稳定性，客户提取资金的频率较低。然而，它们也可能因为突发事件、市场动荡或不可预测的经营活动而突然面临被大量提取的风险。

通过连接存款的最低点，我们可以绘制出核心存款线，这一线条是银行流动性分析的基础。在核心存款线之上，我们进一步描绘出易变性存款线，也称为季节性存款曲线。此曲线捕捉了那些易于被客户提取的存款的动态，其波动性往往预示着银行现金需求的剧烈变动。易变性存款线的直观展示，为银行提供了评估和规划其流动性需求的方法。通过对易变性存款线的分析，银行能够预估未来的流动性压力，如图 4-1 所示。

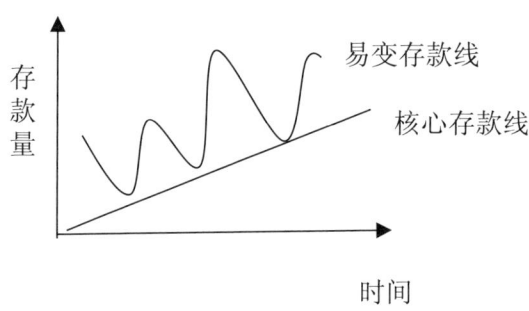

图 4-1 存款变化趋势

（二）贷款变动预测

贷款需求与存款需求各有其规律。商业银行在满足新增贷款需求时，必须确保有足够的可用头寸作为支撑。若无足够供给，银行有权选择延缓或拒绝贷款申请。这种调控权力使商业银行能够主动应对贷款需求的变化。

尽管借款人在签订贷款合同时需遵守其条款，但他们能否按时、全额偿还贷款，实际上还是依赖其偿还能力和意愿。如果出现逾期还款，将对银行的资金流动性造成直接影响。因此，商业银行在贷款管理上必须采取积极措施。为了维护资本市场的稳定，银行需要对贷款的变动趋势进行预测，以降低潜在风险。图 4-2 中的贷款趋势线是通过识别并连接贷款需求的高峰点绘制而成，这一线条直观地揭示了商业银行贷款需求量的长期发展趋势。与此相对的是波动线，它位于趋势线之下，反映了在各个时间节点上贷款需求量的具体波动情况及其期限特性。在一定的时间周期内，那些位于波动线上限之下的贷款金额，恰如其分地指示了商业银行为应对季节性和周期性的资金需求变化，所必须维持的可贷资金储备水平。

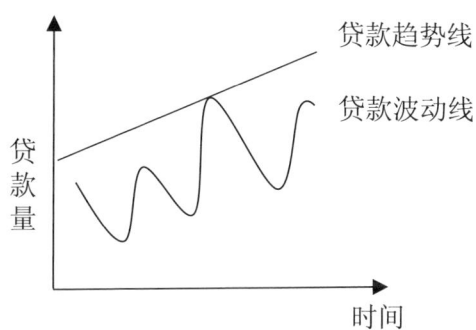

图 4-2 贷款变化趋势

（三）商业银行的综合预测

除去以上分别对存款和贷款的变化趋势进行的预测之外，商业银行还应当综合存款和贷款的变化，进行综合预测。

1. 根据贷款增量和存款增量预测

资金头寸需要量通常可以通过贷款增量和存款增量的变化来预测，可用公式表示为：

资金头寸需要量 = 预计的贷款增量 − 预计的存款增量（考虑应缴存款准备金增量）

（1）将预测的贷款增量减去预测的存款增量（扣除应缴存款准备金增量后），得出资金头寸需要量。

（2）如果计算结果为正数，表示银行需要补充资金头寸以满足贷款增长的需求；如果为负数，则表示银行资金头寸充裕，可以考虑将多余资金用于其他盈利性投资。

2. 根据资金来源和运用的变化趋势预测

在商业银行进行中长期资金头寸预测的过程中，除了密切监控存款和贷款的变化趋势外，还必须综合评估其他资金来源与运用的动态。这种多维度的分析方法能够显著提高预测的准确性和全面性。资金头寸的预测公式如下：

预测资金头寸 = 预测存款增量 + 预测非存款服务收入 + 预测客户偿还贷款 − 预测贷款发放量 − 预测证券投资 − 预测存放中央银行款项

（1）将预测的资金来源量减去资金运用量，得出预测的资金头寸。

（2）当预测资金头寸的计算结果为正数时，意味着银行在预测期内预计会有资金盈余，即资金来源的总量预计会超过资金运用的总量。这种情况下，银行可以考虑将多余的资金用于其他盈利性投资，或者增加贷款发放量。

（3）当预测资金头寸的计算结果为负数时，表明银行在预测期内预计会出现资金缺口，即资金运用的总量预计会超过资金来源的总量。这种情况下，银行需要采取相应的措施来弥补资金缺口。

第三节　商业银行现金资产管理

一、现金资产管理的原则

在商业银行的日常运作中，现金资产以其卓越的流动性成为资产组合中不可或缺的一环。银行维持一定量的现金资产，旨在保障其能够随时应对日常运营中的资金需求。尽管现金资产的流动性无可比拟，但其相对较低的收益率——在某些情况下甚至接近于零——意味着过度持有现金资产可能会使银行错失其他潜在的高收益投资机会，进而影响银行的整体盈利能力。因此，在现金资产的配置过程中，银行必须权衡其机会成本。为了实现这一目标，商业银行必须遵循三大原则。

（一）存量控制原则

存量控制原则要求银行根据自身的业务规模、市场环境、流动性需求以及盈利目标，合理确定并控制现金资产的总量。这意味着银行需要找到一个平衡点，使现金资产既能满足日常支付和清算的需要，又不会因为持有过多而增加机会成本，影响盈利能力。银行应根据历史数据、市场趋势和内部预测，科学测算现金资产的需求量。在保证流动性的前提下，尽量将现金资产控制在最低水平，以减少机会成本。定期对现金资产总量进行评估和调整，以适应外部环境变化和内部业务发展的需要。

银行应合理安排现金资产的存量结构，使其既能满足流动性需求，又能提高整体资产的利用效率。通过优化存量结构，降低非盈利性资产的比例，提高银行的盈利能力。

（二）流量调节原则

流量调节原则强调银行应根据内外部环境的变化，灵活调整现金资产的存量和结构，以适应资金流动的动态需求。这要求银行具备敏锐的市场洞察力和高效的资金运作能力，能够在不同市场条件下迅速作出反应，确保现金资产的适度性和流动性。

通过分析历史数据和市场趋势，预测未来现金流量的变化，为流量调节提供数据支持。当现金流入大于流出时，银行应及时调整资金头寸，将多余的资金运用出去，如增加贷款投放、购买有价证券等，以提高资金利用效率。当现金流出大于流入时，银行应迅速采取措施筹集资金，如通过货币市场融资、调整资产负债结构等，以补足资金头寸，确保流动性需求得到满足。

（三）安全保卫原则

现金资产安全保卫原则要求商业银行建立健全的安全保卫制度和内部控制体系，通过采取一系列有效措施，确保现金资产在存储、运输、使用等各个环节的安全。制定完善的安全保卫规章制度，明确各级人员的职责和权限。加强现金库房的安全设施建设，如安装防盗门、监控摄像头、报警系统等。定期对安全设施进行检查和维护，确保其正常运行。加强员工的安全教育和培训，提高其风险防范意识和应对突发事件的能力。建立应急预案和演练机制，定期组织员工进行应急演练，确保在突发事件发生时能够迅速、有效地应对。

二、现金资产管理的方法

在遵循存量控制、流量调节和安全保卫三大原则的基础上，商业银行对各项现金资产进行管理，以确保资金的高效运作和风险的有效控制。

（一）存款准备金的管理

商业银行在中央银行设立的存款账户是满足法定存款准备金要求并保障日常资金结算效率的基础。传统上，这些账户是独立管理的，但随着金融管理的现代化，我国商业银行已经实现了法定存款准备金账户与超额存款准备金账户的合并管理。这种一体化的管理模式不仅优化了操作流程，还显著提高了资金的使用效率。合并账户的实施，为商业银行提供了更为灵活的流动性管理工具，使其能够高效地参与同业拆借、回购协议和再贷款等金融市场交易，同时简化了从中央银行账户进行现金提取和缴存的过程。

1. 法定存款准备金管理

商业银行的法定存款准备金制度是维护金融稳定性的核心机制。依据中央银行的指导，商业银行需严格遵守法定存款准备金率，确保资金的合规缴存。这一制度不仅彰显了商业银行对中央银行政策的忠诚执行，更是金融系统稳健运作的有力保障。

在具体实施过程中，商业银行必须准确计算并上缴法定存款准备金。例如，若存款准备金率为7%，对于100万元的存款，商业银行需要向中央银行缴纳7万元，剩余资金93万元可用于贷款业务。随着存款准备金率的上调至8%，商业银行需缴纳8万元，贷款可用资金相应降至92万元。准备金的计算方法分为两种：滞后准备金计算法，适用于非交易性账户，确保计算的稳定性；同步准备金计算法，适用于交易性账户，以实现对交易活动的即时监控。

1）滞后准备金计算法

滞后准备金计算法是一种以历史数据为基础，预测未来准备金需求的计算方法。它的核心在于不仅关注当前存款余额，而是更多考虑过去的存款变动趋势。这种方法虽然特别适合非交易性账户，但其在交易性账户中同样显示出独特的优势。以一个交易性账户为例，如果该账户在最近几个月内存款余额波动显著，银行通过深入分析历史数据，可能会发现每月底都会出现资金回笼的高峰。基于这一洞察，银行可以采取策略性措施，在每月底之前适时降低准备金率，释放更多资金用于盈利性业务。在月底资金回笼时，银行则会增加准备金，以确保有足够的流动性来应对可能的资金流出。这种动态调整的准备金策略，正是滞后准备金计算法在实际应用中的灵活体现。

2）同步准备金计算法

同步准备金计算法是一种动态的准备金管理策略，它与交易性账户的存款余额同步变化，为商业银行提供了一种高效的准备金计算手段。这种方法尤其适用于活期存款和可转让支付命令账户等存款余额波动较大的账户类型。通过这种方法，银行能够实时反映存款余额的变动，并据此精确计算应缴纳的准备金数额。

通常，银行会采用两周为一个计算周期，例如，从每月的第 1 天至第 14 天，来确定这 14 天内交易性账户的日平均存款余额。准备金的保持期则从计算周期的第 3 天开始，一直持续到计算周期结束后的第 2 天。在这一计算周期内，银行应上缴的存款准备金平均余额，将根据准备金计算周期内的存款平均余额来确定。

2. 超额存款准备金的管理

预测超额存款准备金需求量时，分析关键影响因素是基础。据此，银行能调节超额存款准备金账户。以下是影响超额存款准备金需要量的关键因素。

1）存款波动

存款波动是影响超额准备金需求的重要因素。商业银行的存款包括对公存款和储蓄存款，对公存款的变化主要通过转账形式进行，对个人储蓄存款和部分对公存款的变化则主要通过现金收支来表现。存款的下降一般取决于近期因素和历史因素，这些因素会影响银行对超额准备金的需求。如果存款减少，银行可能需要减少超额准备金以维持资金利用效率；反之，如果存款增加，银行可能需要增加超额准备金以应对潜在的流动性需求。

2）贷款的发放与收回

贷款的发放与收回对超额准备金的影响主要取决于贷款使用的范围。贷款发放时，银行需要保留足够的超额准备金以应对潜在的支付需求；贷款收回时，银行的超额准备金需求可能会相应减少。此外，贷款的使用范围也会影响超额准备金的需求，例如，如果贷款主要用于支持流动性较差的长期投资项目，银行可能需要保留更多的超额准备金以确保流动性。

3）其他因素

（1）向中央银行借款的因素。向中央银行借款的决策会直接影响银行的超额准备金需求。如果银行预期未来资金需求较大，可能会增加向中央银行的借款并相应提高超额准备金水平。

（2）同业往来因素。同业往来的活跃程度会影响银行的超额准备金需求。例如，在同业拆借市场利率较低时，银行可能会选择减少超额准备金并增加同业拆借以获取更高的资金收益。

（3）法定存款准备金因素。当法定存款准备金率提高时，银行需要缴存更多的准备金到中央银行，从而减少了可用于满足流动性需求的超额准备金；反之，当法定存款准备金率降低时，银行可用于满足流动性需求的超额准备金相应增加。

（4）信贷资金调拨因素。信贷资金调拨的规模和频率会影响银行的超额准备金需求。如果银行内部或分支机构之间资金调拨频繁且规模较大，银行可能需要保留更多的超额准备金以应对潜在的流动性需求。

（5）财政性存款因素。财政性存款的变动会影响商业银行的流动性状况，进而对超额准备金需求产生影响。例如，当政府财政部门增加在商业银行的存款时，会增加银行的资金来源并提高银行的流动性状况；反之，会减少银行的资金来源并降低银行的流动性状况。

（二）库存现金的管理

1. 影响库存现金量的因素

1）现金收支规律

银行的现金收支在时间和数量上通常具有一定的规律性。例如，对公出纳业务中，上午可能大量支出现金，下午则大量收入现金。这种规律性对库存现金量的需求有直接影响。

2）与中央银行发行库的距离、交通条件及发行库的规定

商业银行与中央银行发行库的距离、交通条件以及发行库的规定都会对库存现金量产生影响。距离近、交通条件好的银行可以更频繁地从发行库调拨现金，从而保持较低的库存水平。发行库的营业时间、出入库时间规定等也会影响商业银行的库存现金量。如果发行库的营业时间短或出入库规定严格，商业银行可能需要保持较高的库存水平以应对不时之需。

3）银行所在城市和开设网点的地理位置

银行所处经济区域的经济发展状况也是影响库存现金量的重要因素。经济越发达的区域，企业和居民对资金的需求量越大，周转速度也越快，因此银行可能需要保持较高的库存现金量以满足需求。在经济活跃、私营经济蓬勃发展的地区，现金交易因其便利性成为主流支付方式，这导致银行客户对现金提取的需求日益增长。特别是在经济较为落后、银行服务电子化程度较低的区域，现金交易的地位依然不可撼动。对位于商贸中心、繁华商业区以及大型批发市场周边的银行网点而言，由于客户流量巨大，这些网点必须保持充足的现金储备，以便随时满足客户的现金需求。

4）商业银行内部管理

商业银行的内部管理政策对库存现金量也有重要影响。例如，银行可能将库存现金指标作为员工绩效考核的一部分，以激励员工更有效地管理库存现金。此外，银行对库存现金周转时间的控制、进出库制度与营业时间的衔接情况等因素也会影响库存现金量。

2. 加强库存现金管理的措施

1）建立健全的现金管理制度

根据国家现金管理制度和结算制度的规定，明确企业各种现金收支的款项必须按照相关规定办理，确保在规定的范围内使用现金。由开户银行根据开户单位的实际需要和距离银行远近等情况核定库存现金的最高限额。企业需严格遵守此限额，确保日常零星支出得到及时满足的同时，避免现金的滥用或挪用。

2）加强现金的日常收支管理

企业在经营活动中的全部现金收支业务必须集中由财务部门统一办理，禁止其他部门代办现金收支业务，严禁私设小金库。这样可以有效规范企业的财务管理，确保资金的安全和合法性。企业如因特殊情况需要坐支现金的，应当事先报经开户银行审查批准，由开户银行核定坐支范围和限额。企业应定期向开户银行报送坐支金额和使用情况，未经银行批准，不得擅自坐支现金。企业应定期和不定期地进行现金盘点，确保现金账面余额与实际库存数额相符，这可以防止现金的丢失和挪用，提高财务管理效率。

3）优化现金管理流程

构建现金流预测模型，利用历史数据预测未来现金流入和流出。定期更新预测，以反映市场变化、季节性波动和新业务的影响。这有助于企业及时发现并应对可能出现的现金流短缺或过剩。确保销售条款与收款条件相匹配，明确客户的信用额度、付款期限和逾期罚款等条款，以加快客户付款速度。提供多种方便的在线支付选项，如电子转账、信用卡支付等，以降低客户付款的门槛和延迟。

4）提高现金使用效益

将短期闲置现金投资于高流动性的货币市场工具，如商业票据或短期存款，以提高资金收益。减少过量库存占用的资金，采用实时库存跟踪系统，确保库存水平的准确性，并定期评估库存周转率。

5）加强风险管理和内部控制

定期进行流动性风险评估，识别潜在的现金流问题，并结合企业实际情况和市场环境制订针对性的风险管理措施。编制多种情景下的现金流应对方案，如市场崩溃时的紧急融资计划、供应链中断时的替代供应商安排等。定期对现金交易进行内部审计，重点关注现金交易的真实性和合规性，并建立举报机制，鼓励员工举报可能的挪用资金或欺诈行为。

（三）同业存款的管理

1. 同业存款的目的

同业存款在银行间资金管理中扮演着多重角色。首先，它通过允许银行将暂时未用的资金存入其他金融机构，增强了资金的流动性，并提升了资金使用效率。其次，同业存款优化了银行间的结算流程，减少了结算成本，并加强了银行间的信任基础。此外，同业存款还为商业银行提供了政策性融资的途径，促进了金融机构间的协作与信息交流。在风险管理方面，它帮助银行分散风险，增强了银行的抗风险能力和稳健性。最后，同业存款在支付代理业务手续费方面也发挥着关键作用，保障了代理业务的顺畅运作和资金的安全性。

2. 影响同业存款需要量的因素

1）使用代理行的服务数量和项目

银行将款项存放同业的目的是支付代理银行办理业务的成本。因此，使用的服务项目以及数量直接决定了同业存款的数量。当商业银行使用的代理行服务与业务数量越多，服务与业务类型越复杂时，所需付出的服务费用越大，同业存款的数量就越多；反之，则越少。同业存款的需要量与使用代理行服务的数量和项目成正比关系。

2）代理行的收费标准

在使用代理行的服务数量和项目一定的情况下，代理行的收费标准会成为影响同业存款需要量的主要因素。代理行服务项目的收费标准越高，同业存款的需要量就越大；反之，则越少。每项服务的收费标准往往是由提供和接受金融服务的商业银行双方协商确定的。

3）其他因素

（1）当一家银行将部分资金以活期存款的形式存放在代理行时，它将放弃这部分资金的使用而可能带来的收益，这就是存放同业存款的机会成本。如果机会成本过高，银行可能会在保证业务需要的前提下尽量减少存放同业存款的数量；反之，如果机会成本相对较低时，可以适当增加存放同业存款的数量。

（2）代理行往往通过对同业存款的余额进行投资获取收益来弥补其为他行办理业务所支付的成本。因此，同业存款中的可投资余额的收益率较高时，同业存款的需要量就相对少一些，因为代理行可以通过投资获得更高的收益来弥补成本。可投资余额的收益率与同业存款需要量之间存在一定的反向关系。

（四）在途货币资金的管理

在途货币资金，指的是在月末结算时，企业与所属单位或上下级之间已经汇出但尚未到达目的地的款项。以 A 公司为例，假设在 12 月 31 日，A 公司向 B 公司汇款 100 万元，尽管 A 公司已向银行提交了付款申请，但由于银行票据交换需要一定时间，导致这笔款项在 12 月 31 日尚未到达 B 公司账户。这种状态下的资金，就被称为在途资金。在途资金管理至关重要，主要关注两个问题：一是防范假账形态，确保在途货币资金情况真实、合理，避免虚增销售收入或挪用资金。二是加强资金流动的监管，确保收到存款或在途货币资金后及时、准确地完成转账处理，防止挪用或贪污。因此，在审查在途货币资金时，必须严格核实其真实性，审查汇款通知书，并关注其到账后是否及时入账，以避免任何长期滞留或挪用现象。

案例分析

招商银行创新推出"投融资一体化"服务

2018年9月，招商银行创新推出了"投融资一体化"服务，旨在运用专业的服务团队和强大的技术支持，帮助客户解决一系列资产管理问题。

据悉，"投融资一体化"服务是招行系统整合客户服务部门，组成以客户经理为中心的1+N团队，为客户打造的专属定制版家庭资产负债综合解决方案，尤其适用有贷款或投资需求、希望合理平衡资产与负债的客户。其中，"1+N"服务团队是招行在业内首创"投融资规划"平台，以客户经理为中心，集合信贷经理、财富产品经理、财富顾问等多人为客户提供综合服务，能够极大地提高解决方案的专业性和全面性。

此外，针对特定金葵花客户的贷款业务，"投资一体化"服务还能给予利率优惠及放款尊享权益；针对新建额及特定贷款客户，则能够享受特定产品专属购买权益。

可见，银行不断创新各类金融服务和智能产品，可以为客户的生活注入别样的能量和色彩。银行牢记服务精神，可以为客户带来更多高效服务，助力千万家庭实现价值最大化。

分析该案例所蕴含的思政元素：

招商银行着力打造分层分类的服务体系、行业专业化的服务能力、"全行服务一家"的服务机制，满足客户综合化、差异化的投融资需求，体现了银行的社会责任感和服务创新意识。

后续可以践行"移动课堂"教学模式，带领学生参观不同银行的网点，感受银行大厅的干净整洁、合理有序的柜台布置，以及银行员工热情大方、微笑服务的工作状态，使学生通过体验不同银行的个性化、优质服务，感受到商业银行的经营理念发生了深刻变革，培养学生爱岗敬业、尽职尽责的职业素养，提升学生的服务意识、创新意识和学习意识。

因此，该案例所蕴含的思政元素是"服务意识""创新意识""爱岗敬业"。

本章小结

存量控制流量调节安全保卫流量调节现金资产是商业银行流动性管理的核心，它们代表了银行随时可用于支付的、流动性极高的资产。

资金头寸是指银行在特定时间点上或某一时期内可自由调配和运用的资金。它分为时点头寸和时期头寸两种类型。时点头寸精确地反映了银行在某一时点的资金可用性，时期头寸则展现了银行在一段时间内资金的流动性。

商业银行现金资产管理的核心在于确保在运营过程中保持适度的流动性，以应对正常和非正常的现金支出需求。同时，银行也追求利润最大化，这要求管理者精确计算和预测资金头寸，为流动性管理提供有力支持，从而实现资金的高效利用和业务的稳健发展。现金资产无疑是商业银行流动性最为强的资产，其持有的核心目的在于确保银行在经营过程中能够迅速、灵活地满足各类流动性需求。

在现金资产的管理过程中，商业银行应当严格遵循存量控制原则，确保现金储备的合理性；遵循流量调节原则，根据市场环境和业务需要适时调整现金储备规模；同时，还要坚守安全保卫原则，确保现金资产的安全与完整。

对于中央银行的法定存款准备金，商业银行必须无条件遵守相关要求，确保准确计算并及时上缴所需的准备金。针对超额存款准备金的管理，商业银行需要深入分析影响超额存款准备金需求的各种因素，并据此实施对超额存款准备金账户的流量调节，以确保资金的高效利用。

商业银行在库存现金管理上需要采取一系列策略以提升效率和安全性。首先，通过制订科学的考核机制和合理设定库存现金限额，确保资金的安全性和流动性。其次，通过优化现金缴存服务、深入理解储蓄现金流动模式、规范对公现金业务流程，以及强化库房安全措施，进一步提高库存现金管理的效率。

同业存款不仅提高了资金流动性，允许银行将短期闲置资金有效利用，还通过简化结算流程和降低成本，加强了银行间的互信。在确定同业存款规模时，商业银行需综合考量代理行服务的数量、项目和收费标准，以合理规划同业存款，满足业务需求并优化资金配置。

在途货币资金的审查也是商业银行现金资产管理的重要环节。审查工作主要包括确认在途货币资金的真实性，以及检查在途货币资金到达后是否及时入账，防止长期不入账而挪作他用的情况发生，确保资金的完整性和安全性。

第四章　练习题

一、选择题与判断题

1. 商业银行最具流动性的资产是（　　）。[单选题]
   A. 库存现金
   B. 法定存款准备金
   C. 超额存款准备金
   D. 在途资金

2. 商业银行在中央银行的存款包括（　　）。[多选题]
   A. 库存现金
   B. 法定存款准备金
   C. 超额存款准备金
   D. 在途资金

3. 基础头寸是指商业银行（　　）和（　　）之和。[多选题]
   A. 库存现金
   B. 法定存款准备金
   C. 超额存款准备金
   D. 在途资金

4. 商业银行现金资产管理的原则包括（　　）。[多选题]
   A. 存量控制原则
   B. 流量调节原则
   C. 安全保卫原则
   D. 风险规避原则

5. 商业银行对中央银行的法定存款准备金要求必须无条件服从。（　　）[判断题]

二、思考题

1. 查找相关数据，第三方支付平台出现后，社会经济流通中的现金较之前减少了多少？
2. 货币政策三大法宝——公开市场操作、调整法定存款准备金率及调整再贴现率，如何影响社会货币供应量，进而对宏观经济产生影响的？
3. 影响商业银行库存现金需要量的因素主要有哪些？

第五章 商业银行证券投资业务

导言

商业银行在面对监管合规和风险管理的需要时,常在缺乏吸引人的贷款机会之际,将部分资金配置于证券投资,以实现资产的增值。一个精心构建的证券投资组合,能够在经济周期的不同阶段为银行带来稳定的收益流。特别是在贷款收益遭遇挑战时,证券投资的盈利能力可以作为营业收入的重要补充,帮助银行抵御经济波动带来的影响。

学习任务

①深入理解商业银行证券投资业务的功能及其多样化的类别。②精通商业银行在证券投资中的风险与收益评估。③熟悉银行采取的证券投资策略。

第一节　商业银行证券投资业务概述

一、商业银行证券投资的功能

商业银行的经营理念是追求利润最大化，而证券投资正是在保持一定的风险水平和流动性要求下，实现投资收入最大化的一种手段。主要有以下四个功能。

从"京东白条""蚂蚁花呗"看资产证券化

（一）获取收益

从证券投资中获取收益是商业银行投资业务的首要目标。证券投资的收益包括利息收益和资本收益。利息收益是指银行购买一定量的有价证券后，依证券发行时确定的利率从发行者那里取得的利益；资本收益是指银行购入证券后，在出售或偿还时收到的本金高于购进价格的余额。

（二）分散风险

证券投资为商业银行的资产管理提供了多元化的配置路径，拓宽了收益来源，不仅限于传统的贷款业务。这种多样化策略能够在贷款业务遭遇挑战时，通过证券市场的潜在回报来缓解风险。此外，证券投资在风险分散上展现出其独特的优势。与银行贷款相比，后者往往受限于特定的资产规模和地理区域，而证券投资允许银行以较小的资金单位进行，实现资金的广泛分布。

（三）保持流动性

银行通过二级市场交易持有的证券，不仅可以获得一定收入，还可以在必要时迅速变现以满足银行的流动性要求，这对维持银行的稳健经营至关重要。银行购入的短期证券投资作为二级准备，有助于保持高流动性资产比例；中长期证券也可在一定程度上满足流动性要求，尽管其流动性相对较差。

（四）合理避税

商业银行证券投资合理避税是通过合法合规的方式减少税负，提高投资回报的策略。主要方法包括利用税收优惠政策，如投资免税或低税证券，利用税收抵免减少应纳税所得额；合理规划投资组合，分散投资风险并实现税收优化；利用亏损抵扣政策，在未来年度内用投资亏损抵扣应纳税所得额。同时，商业银行需密切关注税法变动，确保税务筹划策略合规，并考虑跨国运营进行税务筹划的可能性。

二、商业银行证券投资的种类

金融市场的成熟度深刻影响着商业银行在证券投资领域的选择与策略。在美国等金融市场高度成熟的经济体中，商业银行享有极大的证券选择自由度，几乎可以投资于所有市场上的交易品种。然而，在我国，受到现行分业经营金融体制的制约，商业银行在证券投资方面相对受限，主要聚焦于国债和金融债券等较为稳健的投资品种。具体来看，我国商业银行的证券投资主要包含以下类别。

（一）政府债券

政府债券是中央或地方政府为筹集财政资金而发行的债务工具，它们通常具有固定的利率和明确的到期日。这些债券以其高信用等级和低违约风险而闻名，因而被誉为"金边债券"。政府债券有如下特点：一是高安全性。政府债券以其发行主体的信用背书，享有极高的信用等级。中央或地方政府的偿债能力较强，因此违约风险相对较低，为投资者提供了一个相对安全的投资选择。二是流通性强。由于政府债券的发行量庞大，加之其信誉和市场竞争力，二级市场非常活跃。投资者可以在证券交易所或场外市场自由买卖，这增强了政府债券的流通性。三是收益稳定。政府债券的利息支付由政府保证，因此具有极高的信用度和最小的风险。对投资者而言，投资政府债券意味着可以享受相对稳定的收益，且其交易价格通常波动不大。

四是免税优势。在许多国家，政府债券的利息收入享有免税待遇，这使在相同回报率的情况下，政府债券对投资者来说具有更高的实际投资价值。

政府债券的类型主要包括：①中央政府债券也称国债，由中央政府发行，用于弥补财政赤字、支持大型基础设施建设或偿还旧债务。它们可以根据偿还期限分为短期、中期和长期国债。②政府机构债券是由政府机构、公共团体或与政府有直接关系的企业发行，筹集的资金主要用于支持这些机构或公营公司的事业发展。③地方政府债券，由地方政府或地方公共机构发行，通常用于地方公共设施如交通、通信、住宅、教育、医疗和污水处理系统的建设。这些债券的偿还通常以地方政府的税收为担保。

商业银行投资政府债券的考量是多维度的。流动性、安全性和收益性构成了投资的基础。政府债券因其高度流动性、低风险特性以及稳定的收益而受到青睐。除此之外，政策导向、市场机遇，以及塑造银行形象与信誉也是投资的深层动机。

（二）公司债券

公司债券是企业通过法定程序发行的一种债务工具，其承诺在预定期限内偿还本金并支付利息。作为债务凭证，公司债券体现了发行公司与投资者之间的债权债务关系。公司债券作为企业融资的重要工具，具有以下特点：首先，公司债券相较于其他类型的债券，如政府债券，通常伴随着较高的风险性。这种风险主要源于公司未来经营的不确定性，可能导致债券持有人面临损失利息甚至本金的风险。其次，与风险相对应，公司债券为了吸引投资者，往往提供较高的收益率，这意味着投资者在承担更高风险的同时，也有可能获得更丰厚的回报。此外，公司债券体现了一种债权关系，债券持有人虽然不参与公司的经营管理，但在公司分配利润或进行清算时，相对于股东享有优先权。最后，公司债券是一种有固定期限的有价证券，发行公司必须在债券到期时按照约定条件偿还本金并支付利息，这一点与股票等其他证券形式存在根本区别。

商业银行投资公司债券不仅能够丰富其资产组合，追求更高的收益潜力，同时也能满足客户多样化的金融需求。此外，公司债券投资有助于支持实体经济的增长，捕捉市场机遇，增强银行的市场竞争力和品牌信誉。通过灵活调整资产配置，商业银行能够实现其业务目标和战略愿景。

在我国，间接融资方式在社会资金融通中占据主导地位，企业直接通过金融市场筹资的情形并不普遍，这种市场结构也在一定程度上限制了商业银行对企业债券的投资规模，影响了投资者的投资决策。

（三）股票

股票作为股份公司发行的所有权凭证，赋予投资者对公司资产的一定比例的所有权。股东凭借股票有权获得公司分配的股息和红利，参与公司决策，但同时也承担着公司经营带来的风险。股票有如下特点：一是股票投资的收益主要源于股息和红利，但这些收益并非固定不变，而是依赖于公司的盈利状况。股票市场的价格波动也给投资者带来了一定的风险，市场价格的不确定性可能导致投资损失。二是股票在证券市场上的自由交易为投资者提供了高度的流动性，使其能够根据市场情况和个人需求灵活买卖。与债券等有期限的证券不同，股票是一种无期限的证券，投资者购买后不能要求公司退还投资，只能通过市场交易来变现。三是股票持有者作为公司股东，拥有参与公司治理的权利，可以通过选举董事等方式对公司的经营决策产生影响。这些特点共同构成了股票的基本属性，使其成为投资者分享公司成长和利润的重要途径。商业银行在考虑股票投资时，主要有两个目的：一方面，银行可能希望通过持有一定比例的股票，参与甚至影响公司的经营决策。为了实现这一目标，银行需要达到一定的持股比例，并严格遵守金融法规，例如，股票持有量通常不能超过银行资本金的一定比例。另一方面，银行也可能通过股票交易来追求资本增值和利润增长。

然而，为了维护金融市场的稳定性和控制风险，许多国家都禁止商业银行购买公司股票。即使在允许银行投资股票的国家，银行也会因为股票投资的高风险性而谨慎行事，很少涉足股票市场。根据《中华人民共和国商业银行法》，在我国，商业银行是不允许从事股票投资业务的。

（四）商业票据

商业银行在商业票据市场的活跃参与，得益于多方面的投资动因。商业票据作为流动性管理的有效工具，为银行提供了资金的即时流动性和灵活性。同时，它们在信贷规模调节和资本占用优化方面发挥着重要作用，帮助银行平衡资产负债表并提高资本效率。银行通过商业票据投资赚取利差，利用市场价格差异实现利润最大化。此外，商业票据的多样化满足了客户的个性化需求，增强了银行服务的竞争力。

（五）大额可转让定期存单

商业银行投资大额可转让定期存单，旨在实现资金的主动吸收和灵活管理，同时提升自身的盈利能力。这些金融工具不仅为银行提供了一种有效的资金来源，而且通过其较高的利率，有助于银行增强收益。此外，大额可转让定期存单的交易活跃性，是推动利率市场化进程的重要力量，使银行能够更准确地反映市场的资金成本。更重要的是，其满足了商业银行对安全性、流动性和收益性相结合的投资产品的需求。

（六）银行承兑汇票

商业银行对银行承兑汇票的投资不仅提高了资金的利用效率，通过将流动资金转化为期限明确的汇票，优化了资金流的管理。同时，汇票业务为银行开辟了新的收入渠道，通过贴现和交易操作获得稳定的利差收益。银行承兑汇票在银行的风险管理体系中，凭借银行信用的保障，有助于银行实现资产组合的多元化。此外，这类汇票在推动供应链金融的发展中起到了桥梁作用，为链上企业提供了灵活的融资解决方案。

（七）证券投资基金

证券投资基金以其高效的集合投资机制，成为投资者实现资产增值的优选工具。基金公司通过发行份额，吸引众多投资者的资金，汇集成强大的资本力量。这些资金在专业管理人和托管人的精心运作下，投向多元化的金融资产，旨在实现资本的增长。投资者根据持有份额的比例，公平地分享收益，同时共担风险。商业银行参与证券投资基金，不仅有助于其资产配置的优化，也是提升服务能力、响应市场变化、实施战略转型的重要途径。

第二节 商业银行证券投资分析

商业银行投资管理的核心目标在于在既定的风险框架内实现投资收益的最大化,或者是在既定的收益预期下将投资风险降至最低。为实现这一目标,关键在于精确把握并妥善平衡收益与风险之间的关系。

一、商业银行证券投资的风险

(一)信用风险(Credit Risk)

信用风险,也称为违约风险,涉及债务人未能按时偿还债务本金及利息的风险。银行的投资倾向于政府证券,这些证券由政府税收作为偿还保障,因此通常具有较低的违约风险。尽管某些地方政府债券在经济衰退期间可能存在违约风险,但这种情况相对罕见。银行的证券投资组合也可能包括公司债和外国债券,这些债券的违约风险相对较高。在成熟市场中,银行在投资决策过程中,除了直接评估债务人的信用状况外,还依赖信用评级机构的评级。这些评级提供了标准化的参考,辅助银行进行投资选择。

美国的三大信用评级机构——穆迪、标准普尔和惠誉——对债券和优先股进行评级,这些评级对银行的投资决策起着至关重要的作用。通过这些评级,银行能够更准确地评估投资风险,从而做出更明智的投资选择。这三家公司对各信用等级规定的符号有所不同,但对等级划分所表述的风险内涵基本上是一致的,具体如表5-1所示。

表 5-1 三大评级公司债券评级标准及划分依据

穆迪	标准普尔	惠誉	评级标准
投资等级			评级标准
Aaa	AAA	AAA	债务人具有极强的偿债能力和极低的信用风险
Aa	AA	AA	拥有良好的信用历史和较低的违约风险
A	A	A	经济环境下表现良好，但在经济衰退时，其财务状况可能面临较大挑战
Baa	BBB	BBB	具备一定的偿债能力和信用度，需要进一步优化其财务结构
投机等级			评级标准
Ba	BB	BB	信用评级较低，投资风险较高，长期偿债能力面临挑战
B	B	B	较低的信用评级和较高的违约风险，偿债能力可能会迅速下降
Caa~C	CCC~C	CCC~C	信用状况极为脆弱，缺乏足够的资产或收入来支撑其债务偿还
/	D	DDD	信用风险的最高级别，可能需要采取法律行动或重组债务

表 5-1 中所列等级将债券分为两大类，投资级和投机级。金融监管部门鼓励银行购买投资级证券，有些国家甚至不允许银行购买投机级证券，以保障银行投资组合的质量。

这里需要指出的是，由 2007 年美国次贷危机引发的国际金融和经济危机给人类以下教训和启示：第一，借款人违约的风险始终是银行最大的、最应该高度重视的风险。第二，某些衍生品可以将违约风险转移到银行外部甚至银行系统外，但它们不会消失，一旦经济环境恶化，这些风险的集中爆发，必会将这些风险返回给银行和银行系统。第三，以内部评级法（IRB）为代表的风险计量模型存在缺陷，运用数据计算的风险抵消或对冲、运用参数变换进行的风险调整以及在加入一些所谓风险转移衍生品后对风险的扣除等，并不能从实质上改变银行资产内含的风险。因此，银行家要特别警惕对风险计量模型和风险转移衍生品的过度使用。

（二）通货膨胀风险（Inflation Risk）

通货膨胀风险，即物价波动引发的实际收益下降风险，对银行投资组合构成重大影响。银行的固定利率债券投资在面临物价上涨时，如果通胀率超出债券的税后收益率，将导致实际购买力受损。银行在制订投资策略时，必须考虑通胀溢价，以避免通胀率超预期时收益的大幅下降。

（三）市场风险（Market Risk）

市场风险，涵盖利率、汇率、股票及商品价格的波动，为银行在证券投资和相关业务中带来潜在损失风险。这种风险普遍存在，无论是交易性还是非交易性业务都可能受到影响。银行证券投资尤为关注利率风险，它由市场利率的波动引起，可能导致资本损失。

市场利率上升时，固定收益债券价格下降，若银行在此时出售，可能遭受资本损失。债券价格波动的敏感度，即久期，与债券的期限和票面利率紧密相关。期限较长、票面利率较低的债券，对市场利率的波动更为敏感，价格波动幅度也更大。

（四）流动性风险（Liquidity Risk）

流动性风险涉及银行在紧急情况下，可能难以迅速以市场价出售某些证券，从而影响其资金的即时可用性。这种风险特别针对那些因发行规模有限或具有特殊属性而在市场中流动性较差的证券。如果银行被迫提前出售这类资产，可能需要接受较大的折扣，以促成交易，这不仅增加了交易成本，还可能造成资本损失。

（五）法律风险（Legal Risk）

随着互联网金融的快速扩张，一些新兴的融资平台和资金池在法律的灰色地带提供高收益投资产品。这些产品的合法性存疑，且高收益并不受法律的明确保障。当这些投资产品被整合进银行的资金池，普通投资者很难识别其中潜藏的风险。

尽管银行可能声明投资风险由客户自行承担，但公众对银行的信任使他们难以接受可能的损失。因此，为了维护其声誉和客户基础，银行常采取"兜底"策略，自行承担投资损失。这种做法虽然在短期内保护了客户的利益，但长期来看，却增加了银行的经营风险，可能对其财务稳定性构成威胁。银行需要在保护客户利益和控制自身风险之间找到平衡点。

二、商业银行证券投资的收益

商业银行证券投资必须综合考虑各种证券合理的预期回报，由于计算方法不同，证券投资收益率有不同的表示形式。

（一）票面收益率

票面收益率，也称为名义收益率或息票率，定义为债券发行时基于债券面值所承诺的年利息支付比例。这一指标是评估债券发行收益的基础，对投资者而言是一个关键的参考。计算公式为：

$$票面收益率 = 年利息支付额 / 债券面值$$

其中，年利息支付额是指债券每年支付的固定利息金额。债券面值是指债券票面上标明的金额，也是债券到期时发行人应偿还给债券持有人的本金金额。

票面收益率提供了一个衡量债券发行时收益的基准，但并不等同于投资者最终获得的实际收益率。实际收益率可能会因市场利率变动、债券价格波动以及再投资风险等因素而有所不同。在二级市场，债券的交易价格可能高于或低于其面值，这将影响投资者从利息支付中获得的实际收益。

（二）即期收益率

即期收益率是投资领域内一个重要的即时回报率指标，反映了投资当前价值与其预期未来现金流之间的比率。在债券市场，即期收益率具体指的是债券的年度票面利息与其市场价格之间的比率。这一指标为投资者提供了一个衡量工具，用以评估在当前市场价格购买债券时，基于债券的票面利率所能实现的收益水平。计算公式为：

即期收益率 = 票面利息 / 购买价格 ×100%

其中，票面利息是指债券发行时约定的每年支付的固定利息金额。购买价格是指投资者在二级市场上实际购买债券时所支付的价格。

即期收益率专注于评估债券的利息收益，但并未涵盖因买卖差价而产生的资本利得或损失，因此在衡量债券投资的整体收益时存在局限。债券市场价格的波动性，受市场利率的调整、信用风险的升降以及其他市场因素的共同作用，导致即期收益率也呈现出动态变化。

（三）持有期收益率

持有期收益率是投资者评估其股票或债券投资表现的综合指标，考虑了投资者在持有期间所获得的所有收益，包括利息、股息和资本利得。这一比率直接体现了投资者的初始投资成本与最终收益之间的关系，是衡量投资效果和投资策略有效性的重要工具。计算公式为：

有期收益率 = [（卖出价格 - 买入价格）+ 持有期间收入] / 买入价格 ×100%

其中，卖出价格是投资者卖出资产时获得的价格。买入价格是投资者购买资产时支付的价格。持有期间收入是投资者在持有资产期间内获得的利息、股息等收入。对债券投资而言，这通常包括债券的票面利息；对股票投资而言，包括股息和红利收入。

计算持有期收益率要求投资者在计算过程中保持买卖价格和时间单位的一致性。此外，实际投资中产生的交易成本，如佣金和印花税等，也应计入考量，因为这些费用会减少投资者的净收益。持有期收益率提供了一个衡量投资总回报的指标，包括了利息、股息和资本利得。持有期收益率与到期收益率和即期收益率存在明显差异。到期收益率考虑了债券持有至到期时的总收益，包括利息支付和本金的回收；即期收益率则主要关注债券的票面利息与其市场价格的比率。

（四）到期收益率

到期收益率反映了投资者在债券到期时预期能够获得的年化收益。这一指标将债券的票面利率、市场交易价格、剩余期限和面值等因素综合考虑，提供了一个全面的视角来衡量债券的投资效益。投资者可以利用到期收益率在不同债券之间进行比较，以识别最具吸引力的投资机会。计算公式为：

$$P = I \times (P/A, r, n) + M \times (P/F, r, n)$$

其中，P是债券的市场价格；I是每年的利息支付额；M是债券的面值或到期支付额；$(P/A, r, n)$是年金现值系数，表示在给定折现率r和期数n下，每年等额现金流的现值之和。$(P/F, r, n)$是复利现值系数，表示在给定折现率r和期数n下，未来某一时刻单一现金流的现值。

到期收益率r需要通过逐步测试法求解，即不断调整r的值，直到等式两边相等，此时的r即为债券的到期收益率。

到期收益率提供了一个理论上的年化回报率，指导投资者预期在债券到期时可能获得的收益。然而，实际收益可能会因市场利率的变动和信用风险的变化而有所偏离。对于具备特殊特征的债券，例如，可赎回债券和可转换债券，到期收益率的计算需要采用不同的方法，以准确反映这些债券特性对投资回报的潜在影响。投资者在评估这些特殊类型债券时，应特别注意其条款对收益率计算的具体影响，以获得更准确的收益预期。

第三节　商业银行证券投资策略

商业银行通过证券投资策略，致力于实现资金配置的最优化。这些策略通过在多样化的证券类型和不同期限的金融工具之间进行平衡配置，旨在达成风险与收益的和谐统一。商业银行追求的是在确定的投资规模下，实现风险最小化的同时获取最大化的收益，或者在风险水平相等的条件下，实现收益的最大化。

一、分散投资法

商业银行在进行资金配置时，采纳分散投资法作为一种关键策略。这种方法强调避免将全部资金集中投资于单一证券，而是通过投资多种类型的证券构建多元化的投资组合。分散投资法的核心优势在于其能够通过证券类型的多样性，实现收益和风险的有效分散，从而降低整体投资组合的波动性。证券投资的分散主要有四种方法。

（1）期限分散法，旨在通过构建一个包含不同期限证券的投资组合来降低风险。这种方法认识到，由于市场利率的波动性，不同期限的证券可能会受到不同程度的影响。通过在投资组合中包含多种期限的证券，投资者可以减少对单一利率变动的敏感性，从而减少投资组合的市场波动风险。期限分散法的实施，意味着投资者将购买从短期到长期的一系列证券，这样的多样化投资组合能够提供更好的保护，以抵御利率变化对投资回报的潜在负面影响。

实际工作中，商业银行通常采用"梯形"期限策略（以下简称"梯形投资法"）进行分散投资。梯形投资法在于商业银行将其全部投资资金均衡地分配到各种不同期限的证券上，以此构建其证券投资组合或保持证券头寸。这样做的结果是商业银行各种期限的证券数量相等。具体做法是，首先购买等量的各种期限证券，待最短期限的证券到期收回资金后，再投资于长期证券，形成循环。这一策略使银行始终保持各类到期日的证券，且数量一致，形成阶梯式期限结构，由于这种证券的期限结构恰似距离相等的阶梯，故而得名。

梯形投资法的优势在于其操作的简便性，不需要深入市场预测，即可确保银行获得各类证券的平均收益率。然而，其局限性也显而易见：形式较为僵化，缺乏灵活性，难以捕捉市场中的潜在机会，且在应对银行流动性需求时存在明显不足。当银行面临较高的流动性需求时，若短期证券变现不足，银行可能不得不以较低价格出售长期债券，从而蒙受损失。

为提升投资策略的适应性和效率，一些银行在实施梯形投资法时引入了更为灵活的调整机制。在市场短期利率上升，短期证券价格相应下跌的情况下，银行策略性地将到期资金再次配置到短期证券上，而非长期证券。这种策略可以在短期内捕捉更高的利率机会。相对地，当短期利率下降，短期证券价格上涨时，银行则迅速出售短期证券，并利用这一时机增加长期证券的持有量。这样的灵活操作不仅使银行能够及时应对市场波动，而且确保了投资组合在保持梯形结构的同时，优化了风险与收益的组合。

（2）地域分散法，要求投资者不局限于单一地区的证券，而是将视野拓宽至国内外多个地区，甚至国际金融市场。这种方法的核心优势在于其能够显著降低因地区性政治或经济波动而带来的风险。通过地域分散，投资者能够在更广阔的舞台上寻找投资机会，享受全球不同地区经济增长的红利。同时，这种方法有助于平衡特定地区的经济波动对投资组合的影响，为投资者提供更为稳健的投资回报。

（3）类型分散法，是商业银行管理证券投资组合的一种重要策略。它鼓励银行在构建投资组合时不局限于单一行业，而是采取多元化的投资途径，广泛覆盖工业、农业、交通业等多个领域。通过这种方法，银行能够有效分散特定行业的投资风险，增强投资组合的整体稳定性和收益潜力。

（4）发行者分散法，其核心在于实现投资的多元化和风险的分散化。在构建投资组合时，银行不将资金集中投资少数几个发行者的证券，而是广泛投资于多个不同发行者的证券，以此降低对任何单一发行者的依赖。

二、期限分离法

期限分离法是一种集中化的投资策略，要求商业银行将其全部投资资金专注于某一特定期限的证券。这种策略在市场条件有利时，能够为银行带来显著的收益。同时，它也带来了较高的风险，市场价格的大幅下跌可能导致银行面临巨大的投资损失。因此，期限分离法并不保证银行能够获得稳定且适度的收益。

期限分离法包含三种战略：短期投资战略，注重流动性和资本安全；长期投资战略，着眼于资本的长期增值；杠铃投资战略，通过在短期和长期证券之间分散投资，寻求收益与风险之间的平衡。

（一）短期投资战略

短期投资战略是商业银行在需要保持高流动性或预计短期利率下降时，将投资资金集中于短期证券的策略。这种策略特别适合在利率上升预期或银行面临流动性需求时采用，其核心优势在于其显著的流动性和灵活性。

流动性方面，短期投资战略使商业银行能够在二级市场上迅速转让短期证券，以快速响应资金需求。灵活性方面，由于短期证券易于变现，银行能够根据市场变化灵活调整投资策略，避免潜在损失。例如，在预测利率上升时，银行可能会选择将到期的短期证券变现，并投资于长期、高利率的证券，以锁定更高收益。

然而，短期证券的收益率相对较低，可能不会为银行带来显著的投资回报。此外，这种策略的成功高度依赖于对利率变化的准确预测。如果预测不准确，银行可能会遭受投资损失。

（二）长期投资战略

长期投资战略体现了商业银行将绝大部分资金投入长期证券的决策，与短期投资战略形成对比，它专注于实现长期的资本增值和收益稳定性。在银行流动性需求较低且预期利率下降的市场环境中，长期投资战略尤为受到青睐。长期证券以其较高的票面收益率，为银行提供了相对可观的收益潜力，同时，长期利率的稳定性和小幅度的价格波动也减少了投资的不确定性。然而，这种战略也伴随着缺乏流动性和灵活性的缺陷。在银行需要流动性时，长期证券的转让可能面临挑战，甚至可能造成资本损失。因此，商业银行在实施长期投资战略时，必须对利率走势进行精准预测，以避免因策略失误而带来的损失。

为了缓解短期和长期投资战略的风险，杠铃投资战略作为一种平衡风险的手段应运而生。通过在短期和长期证券之间进行分散投资，杠铃战略旨在实现风险和收益的均衡，为银行提供了一种更为稳健的投资回报路径。

（三）杠铃投资战略

杠铃投资战略为商业银行提供了一种创新的投资组合构建方法，通过专注于短期和长期证券的配置，避免了对中期证券的投资，形成了一种"杠铃式"的组合形态。这种策略不仅融合了短期投资的流动性和长期投资的收益性，还通过减少对中期证券的投资，实现了风险和收益的有效平衡。

与单一的短期或长期投资战略相比，杠铃投资战略具有显著的优势。它不仅提供了有效的利率风险管理方案，还在确保较高投资收益的同时，保障了资金的流动性，实现了盈利性、安全性与流动性的和谐统一。此外，该战略的灵活性使银行能够根据市场利率的变动，灵活调整投资策略，以降低风险并增加收益。

然而，杠铃投资战略也面临着挑战。它要求银行进行持续的市场监测和准确的利率预测，这可能会耗费大量的资源。如果预测失误，可能会带来重大的经济损失。特别是对资源有限的小型银行而言，这种策略可能需要权衡投入与回报的比例。

案例分析

巴林银行的倒闭

巴林银行曾是备受赞誉的英国贵族银行,还深得伊丽莎白女王信赖。但在1995年2月27日,这家历史悠久的银行却因经营不善而宣告破产,举世震惊。匪夷所思的是,导致银行倒闭的竟是一位名叫尼克·里森的证券交易员的个人举动。

里森于1989年7月加入巴林银行,在此之前,他在摩根·斯坦利银行的清算部门工作。他很快凭借出色的耐心、毅力和逻辑推理能力,在巴林银行印度尼西亚分部取得了显著成绩,有效解决了多项悬而未决的问题,显著提升了工作效率。因此,他在期货与期权结算领域迅速成为公认的专家。伦敦总部对他的海外表现给予了高度评价,并承诺为他安排一个相称的职位。1992年,他被派往新加坡分行,负责创立并管理期货与期权交易部门。

1992年,巴林银行设立了一个名为"99905"的特定"错误账号",用于处理交易过程中的疏忽差错。然而,同年夏天,伦敦总部的清算负责人乔丹·鲍塞要求里森开设一个新的"错误账户"用于记录小额差错,并授权他自行处理。这个新的"错误账户"被命名为"88888",但后来由于电脑系统的更新,该账户被搁置,且未被取消,成为了一个被遗忘的遗留账户。

1992年7月17日,一名新入职的交易员犯下严重错误,里森决定借助"88888"账户掩盖此错。该决定致使自营业务意外诞生,并形成空头敞口头寸。伴随市场的不利变化,里森的亏损急剧攀升,他频繁运用"88888"账户吸纳交易差错。为应付审查,他甚至把自身佣金收入转入该账户,用于弥补亏损。

1993年,里森在一次交易中未能成交,为了促成业务,他使用"88888"账户进行了卖出操作。随着市场行情的不利变化,亏损额不断增长。至1994年,亏损额已达5000万英镑。为应对审查,里森伪造了一份花旗银行的存款证明。尽管巴林银行总部曾对里森的账目进行调查,却未能发现问题。

1994年下半年,里森于日本东京市场涉足高风险的衍生金融商品交易,坚信日本经济将摆脱衰退。然而,1995年1月的神户大地震致使股市暴跌,里森的多头仓位遭受巨大损失。为扭转败局,他继续增加持仓量,最终却未能成功。

1995年2月23日,是巴林银行的最后一个交易日,里森的努力完全失败了。他持有的日经期货多头仓位和卖空的日本政府债券都承受着巨大风险。巴林银行的高级主管们尚未意识到问题的严重性,而里森给银行造成的损失已经达到了8.6亿英镑,最终致使巴林银行倒闭。

在1995年10月17日新加坡发布的报告和里森的自传中,都对这场金融灾难表达了深深的遗憾。报告指出,要是巴林集团能够及时采取行动,本来可以避免这场灾难。里森也承认,如果他在其他银行,根本就没有机会做出这样的行为。

分析该案例所蕴含的思政元素:

巴林银行破产的直接导火索是尼克·里森对日本股市的错误预判及其投资决策的失误,但深层次原因在于银行在合规、内控和风险管理方面存在严重不足。

银行内控组织结构失效,业务监控机制缺失,为里森的违规操作提供了机会。正常情况下,银行部门和岗位应权责分明、相互制衡,前台业务与后台管理应有效分离,以确保监督和制衡机制的运行。然而,巴林银行的"错误账户"未得到独立部门严格管理,导致"88888"账户长期未被纠正,最终成为里森财务造假的工具。此外,里森伪造的花旗银行存款证明在检查中未被识破,暴露出职能部门在制衡和监督方面的失职,内控管理的不足加剧了风险的扩散。

衍生金融产品具有复杂性和风险性,但巴林银行并未充分重视。这类产品涉及市场风险、信用风险、流动性风险和操作风险等多种类型,由于杠杆效应,其风险通常远超传统金融产品。对于此类产品的投资,应进行详尽的研究策划、风险评估和决策记录,并确保交易执行、记录、清算和风险监控等职能严格分离。巴林银行在这方面的疏忽,凸显了其对衍生金融产品潜在风险认识的不足。

因此,该案例所蕴含的思政元素是"风险意识""合规意识""内控意识"。

本章小结

金融市场的成熟度深刻影响商业银行在证券投资工具选择上的灵活性。美国等金融市场高度发达的国家，凭借其完善的市场体系和丰富的交易品种，为商业银行提供了广泛的投资选择，几乎覆盖了所有类型的证券。相较之下，我国由于实行分业经营的金融体制，商业银行在证券投资上的选择较为有限，主要集中在国债和金融债券等少数品种。

商业银行通过证券投资实现收益获取、风险分散、流动性保持和合理避税等多重功能。同时，它们也面临着信用风险、通货膨胀风险、市场风险、流动性风险和法律风险等多重挑战。衡量证券投资收益率的指标包括票面收益率、当期收益率和到期收益率，这些指标综合考虑了证券的收益、市场条件和持有成本。

在制订证券投资策略时，商业银行追求在控制风险的同时最大化收益，通过在不同种类和期限的证券间合理分配资金，构建理想的投资组合。策略的核心在于寻找风险和收益的最佳平衡点，以实现在相同预期报酬下风险最低，或在相同风险下预期报酬最高。

分散投资法作为降低风险的重要策略，鼓励商业银行投资于多种类型的证券，以期通过收益和风险的相互抵消，实现更稳健的总体收益。期限分离法则是一种更为集中的策略，通过将资金集中在特定期限的证券上，以期在市场条件有利时获得较高收益，同时也需警惕市场逆转时的风险。

第五章 练习题

一、选择题与判断题

1. 某些证券由于难以交易而使银行遭受损失的可能性是（　　）。[单选题]
   A. 通货膨胀风险
   B. 流动性风险
   C. 利率风险
   D. 信用风险

2. （　　）是我国商业银行主要的投资对象。[单选题]
   A．企业（公司）股票
   B．重点建设债券
   C．国库券
   D．金融债券

3. （　　）是指商业银行放弃中期证券而确保短期证券和长期证券的投资组合战略。[单选题]
   A. 流动性准备法
   B. 梯形投资法
   C. 杠铃投资法
   D. 利率周期期限决策法

4. 商业银行证券投资具有以下几个功能（　　）。[多选题]
   A. 分散风险
   B. 保持流动性
   C. 增加盈利
   D. 合理避税

5. 银行支付给客户的利率是实际利率，又叫票面利率。（　　）[判断题]

二、思考题

1. 证券投资在商业银行投资组合中的主要功能是什么？
2. 市场利率与证券收益率和证券价格有何关系？
3. 金融衍生工具的大量出现对商业银行证券投资有何影响？

第六章　商业银行中间业务

导言

学校委托商业银行代收学费，此业务在商业银行的资产负债表上会有所体现，通常作为"代管资金"或"受托存款"项目。基金公司、保险公司委托商业银行代售产品，商业银行从中获得的收入属于中间业务收入，主要源于销售佣金。客户委托商业银行进行金融资产交易或财富管理，对银行而言，主要涉及信用风险、市场风险、操作风险和合规风险。这些业务为商业银行带来多元化收入，但也伴随着一定风险，需加强风险管理确保业务稳健发展。

学习任务

①掌握中间业务在商业银行中的作用和重要性，以及其如何为银行带来非利息收入。②学习银行如何进行资金结算，并理解其对银行运营的影响。③了解银行如何作为中介代理销售金融产品，以及这种业务对银行和客户的价值。④学习银行卡的发行、支付处理和风险管理，以及它们在现代金融体系中的作用。⑤深入理解银行保函、信用证和贷款承诺等业务的运作机制和风险控制。⑥学习商业银行如何提供个性化的财富管理服务。⑦认识其他中间业务。

第一节　商业银行中间业务概述

一、中间业务的概念

中间业务作为商业银行的一项重要业务，依托银行的服务网络、技术实力、信息资源、资本优势和信用基础。在这类业务中，银行充当中介或代理的角色，不直接涉及自身的资产和负债，而是为客户提供包括但不限于收付款、专业咨询、代理服务、信用担保等多元化的金融服务。通过中间业务，银行能够满足客户日益增长的多样化金融需求，同时开辟了新的收入渠道，如手续费等非利息收入，为银行的盈利模式带来新的增长点。中间业务通常不会直接反映在商业银行的资产负债表上，它构成了银行非利息收入的重要组成部分，为银行的稳健发展和多元化经营提供了有力支撑。

二、中间业务与表外业务对比

在我国金融行业，非资产负债类业务被广泛称为"中间业务"，而在欧美等国家，其更常被称为"表外业务"。根据国际会计准则，表外业务包括那些不直接反映在资产负债表上的业务。这些业务虽然不直接改变资产负债表的数字，但通过影响银行的利润和运营资本，间接地作用于银行的资产收益率。表外业务的显著特点在于其对银行财务状况的影响并不直接体现在传统的财务报表中。这类业务涵盖了衍生金融工具、贷款承诺、信用担保等。这些业务虽然在资产负债表上不直接显现，但对银行的盈利模式和风险管理具有重要的影响。因此，银行需要对这些表外业务进行严格的风险评估和管理，以确保其对银行整体财务状况的积极贡献。巴塞尔银行监管委员会对商业银行的表外业务进行了明确的界定，划分为广义和狭义两大类别。广义表外业务广泛地包括了狭义表外业务和传统金融服务业务；狭义表外业务主要囊括了或有资产和或有负债，这些业务虽然不直接涉及资金流动，但与资产负债表紧密相连，并可能在特定情况下转变为表内项目。随着全球金融市场的发展和信息技术的革新，这类业务逐渐兴起，被称为新兴表外业务。

与此同时，传统金融服务业务，与商业银行的资产负债业务共同成长，风险较低。银行在这些业务中充当中介角色，为客户提供服务并收取手续费，因此这些业务因其稳定性和较低风险被定义为传统表外业务。在我国金融市场，中间业务实际上包括了广义表外业务的广泛领域。其中，金融服务类业务被归类为传统中间业务，这类业务不涉及直接的资产或负债变动，属于传统表外业务的范畴，以提供金融服务为基础，专注于金融交易的辅助性活动。然而，当中间业务承担起风险时，便进入了或有资产与或有负债的领域，这属于狭义表外业务的范畴。尽管这类业务在早期阶段不会直接影响银行的资产负债表，但其所蕴含的风险有可能随着时间推移转变为实际的资产或负债。

三、中间业务的特点

商业银行的中间业务是在资产和负债业务的基础上，为了更好地满足客户的金融和信息咨询需求而开展的。这些服务以客户的委托为核心，专注于提供专业的金融解决方案。与银行的传统业务相比，中间业务在开展过程中通常不直接或很少运用银行的自有资金。银行主要通过提供服务，并以收取手续费的方式获取收入，这一模式使中间业务相较于其他业务类型具有较低的风险性。在实践中，中间业务的特点如下。

（一）少资产

中间业务并不会在商业银行的资产负债表上体现。当商业银行进行贷款或投资活动时，它们会动用通过负债业务筹集的资金。但在开展中间业务的过程中，并不涉及商业银行自身资金的转移或运用。

（二）多样性

中间业务产品呈现多样性，源于其与商业银行职能、信誉和技术条件的紧密联系。这些产品涵盖结算、管理、担保、融资等多个功能，包括代理、委托和自营等业务类型。

随着银行业务的创新，中间业务品种不断丰富，为银行带来了基于服务销售和委托办理的佣金收入。

（三）风险差异性

在中间业务领域中，商业银行通常不直接作为信用关系的当事人参与，而是作为中间人，致力于为客户办理收付和其他各类委托服务。这一特点使中间业务相较于传统的存贷业务，信用风险相对较低。然而，这并不意味着中间业务完全无风险。实际上，部分中间业务，如信用证、承兑等担保类服务，潜藏着或有资产或负债的特性，这些或有事项在一定条件下可能转化为实际的风险资产或负债。对于这类业务，商业银行需要特别关注信用风险与利率风险。

四、商业银行中间业务的种类

（一）根据业务性质划分

巴塞尔委员会对中间业务的分类主要基于业务的性质，包括以下两类。

1. 或有债权/债务类中间业务

或有债权/债务类中间业务包括贷款承诺、担保，以及金融衍生工具如期权、期货、远期合约和互换等。这类业务虽不立即体现在资产负债表上，但未来可能转化为实际资产或负债的风险，需要银行密切关注其对资本充足率的潜在影响。

2. 金融服务类中间业务

金融服务业中间业务涵盖了支付结算、代理服务、咨询服务、租赁服务以及与贷款相关的服务，还包括为国际贸易提供支持的业务，如代理银行业务和进出口保险服务。这些业务风险相对较低，主要为银行带来稳定的非利息收入。

巴塞尔委员会的分类标准是随着金融创新和市场发展而不断演进的。因此，商业银行在业务实践中需依据最新的监管指导和巴塞尔协议，对中间业务进行适时评估和调整，确保业务的合规性和风险控制的有效性。

（二）我国银行业现行的分类方式

依据中国人民银行发布的《商业银行中间业务暂行规定》，商业银行中间业务被划分为九类，包括支付结算类中间业务、银行卡类中间业务、代理类中间业务、担保类中间业务、承诺类中间业务、交易类中间业务、基金托管类中间业务、咨询顾问类中间业务、其他类中间业务，每类都针对不同的金融服务需求。这些业务不仅规范了银行的服务范围，也为银行业务的创新与发展提供了广阔空间。

《商业银行中间业务暂行规定》的实施，标志着银行业服务标准化、规范化的重要步伐，对提升服务质量、增强竞争力具有重要意义。随着金融创新的不断推进，商业银行中间业务将持续演进，以满足市场和客户的新需求。

五、商业银行发展中间业务的意义

商业银行发展中间业务的意义在于适应经济金融环境变化、降低经营风险、增强服务功能、提高市场竞争力以及顺应国际银行业发展趋势等方面。这些意义共同构成了商业银行发展中间业务的重要驱动力和价值。

（1）适应经济金融环境变化，开辟新的利润源泉。

在全球金融市场不断发展和深化的背景下，传统的存贷款业务已难以满足商业银行持续盈利的需求。中间业务作为商业银行的核心业务之一，其独特之处在于不直接运用或较少运用银行自身的资财。商业银行以中间人的身份，为客户办理收付和其他委托事项，提供多样化的金融服务并收取相应的手续费。这种业务模式使商业银行能够更好地适应经济金融环境的变化，通过不断拓展新的业务领域，开辟出全新的利润增长点。

（2）降低经营风险，实现收入结构多元化。

中间业务通常不涉及银行自身的资产负债，因此不会直接增加银行的信用风险和市场风险。这一特性使商业银行在开展中间业务时，能够在不增加风险敞口的情况下，实现收入的多元化。通过中间业务，商业银行可以降低对存贷款利差及资本市场波动的依赖，从而优化收入结构，提高经营的稳健性。这种多元化的收入结构有助于商业银行更好地应对市场变化，降低经营风险。

（3）增强服务功能，提升客户忠诚度与黏性。

中间业务种类繁多，这些业务能够为客户提供全方位的金融服务，满足客户的多样化需求。通过发展中间业务，商业银行可以显著增强自身的服务功能，提升客户满意度和忠诚度。这种提升不仅有助于商业银行巩固现有客户关系，还能吸引更多潜在客户，从而增强客户黏性，为银行的长期发展奠定坚实基础。

（4）创新竞争策略，应对同业激烈竞争。

随着金融市场的开放和竞争的加剧，商业银行面临着来自国内外同业的激烈竞争。在这样的背景下，中间业务成为商业银行实现差异化竞争的重要手段之一。通过发展中间业务，商业银行可以形成自身的特色和优势，提高市场竞争力。特别是通过开展具有创新性和高附加值的中间业务，商业银行能够在同业竞争中脱颖而出，吸引更多优质客户，从而进一步巩固和扩大市场份额。

（5）顺应国际银行业趋势，提升国际竞争力与影响力。

国际银行业普遍重视中间业务的发展，中间业务收入已成为衡量银行综合竞争力和国际化程度的重要指标之一。因此，发展中间业务对商业银行顺应国际银行业的发展趋势、提升自身在国际金融市场上的竞争力和影响力具有重要意义。通过与国际先进银行在中间业务领域的交流合作，商业银行可以借鉴其先进经验和技术手段，推动自身中间业务的创新和发展。这不仅有助于商业银行提升国际竞争力，还能进一步推动其国际化进程。

第二节　商业银行结算业务

国内结算的票据及结算方式

商业银行结算业务是银行为客户提供的一种服务，旨在处理因债权债务关系产生的货币支付和资金划拨，并收取相应费用。这涉及使用票据、信用卡以及汇兑、托收承付、委托收款等多种结算方式，以实现货币给付和资金清算。结算业务是商业银行在存款负债业务基础上衍生出的服务。

一、商业银行结算业务的原则与纪律

（一）商业银行结算业务的原则

商业银行的结算服务在于确保资金流动的准确性、安全性和高效性。结算业务的核心在于坚守信用和及时履约。双方必须培养信用意识，确保按期完成付款，这是维护市场秩序和保障合法权益的基础。通过基于各自的资信情况协商付款期限，可以加强资金与物资的紧密结合，推动经济活动的高效运转。

在结算业务中，"谁的钱进谁的账，由谁支配"的原则至关重要。它保障了单位和个人对其银行存款的自主权，任何非法干预都是不被允许的。银行有责任依法维护存款人的这一权利，体现了对存款人财产权的尊重和金融市场的公平性。

银行在结算过程中应坚持不予垫付的原则。这一做法有助于防止透支和现金套现，强化结算纪律，促使企业自觉履行支付责任。通过降低银行的风险敞口，这一原则对维护金融体系的稳定和安全发挥着关键作用。

（二）商业银行结算业务的纪律

商业银行在办理结算业务时应遵守的结算纪律如下。

（1）及时处理结算凭证。银行在执行结算服务时，必须严格遵守结算规定，确保结算凭证得到及时处理。所有需向外寄发的结算凭证，应于当日迅速发出，确保最迟不超过次日。汇入银行在接到结算凭证后，应立即将款项支付给指定收款人，避免任何延误。

（2）严禁挪用、截留资金。银行应坚决杜绝挪用或截留客户及他行结算资金的行为。在款项未完全收妥前，不得签发银行汇票、本票，也不得对外签发未完成汇款的汇款回单。

（3）不得拒绝受理正常业务。对于正常结算业务，银行不应拒绝受理或代理他行业务，同时应积极制裁违反结算纪律的行为。

（4）遵守时间标准。根据《关于加强银行结算工作的决定》，银行必须遵循规定的结算时间标准。同城结算应在 2 天内完成，异地结算中，电汇应在 4 天内完成，信汇应在 7 天内完成，确保结算效率和服务质量。

二、商业银行结算业务工具

结算业务工具是商业银行在进行资金结算过程中所使用的凭证，主要以票据的形式呈现。依据各国银行法的明确规定，商业银行在进行资金结算时，主要使用以下三种票据作为结算工具。

（一）本票

1. 本票的含义

本票是一种书面承诺，由出票人单方面签发，向持票人保证在指定的时间，无论是即期还是未来的某个确定时间，无条件支付约定数额的款项。根据《中华人民共和国票据法》规定，本票专指银行本票，这是由银行作为出票人签发的支付承诺，承诺在票据呈现时向收款人或持票人支付确定的金额。

2. 本票的种类

（1）根据签发人不同，本票分为商业本票和银行本票。商业本票由企业或个人签发，包括即期和远期本票，但在我国，仅银行本票具有法律认可，商业本票不具法律效力。银行本票由银行签发，且仅限于即期支付。

（2）根据付款时间不同，本票分为即期本票和远期本票。即期本票，持票人可立即获得支付；远期本票，约定在未来特定日期支付。

（3）根据收款人不同，本票分为记名本票和不记名本票。记名本票明确指定了收款人，确保只有指定的个人或实体能够领取款项；不记名本票没有指定收款人，理论上持票人即视为收款人。但根据《中华人民共和国票据法》规定，本票必须记载收款人的名称，因此不记名本票在我国不具有法律认可。

3. 本票的基本规定

银行本票的发行遵循一系列基本规定，确保其合法性和有效性。

（1）出票人必须是经过中国人民银行当地分支行批准的银行机构。签发时，必须完整记载关键事项，包括"银行本票"的明确标注、无条件支付承诺、确定的金额、收款人名称、出票日期以及出票人签章，缺一不可。

（2）持票人在出票日起2个月内有权提示付款，超过此期限的提示将不被受理。银行本票广泛应用于同一票据交换区域内的单位和个人支付，而标注"现金"字样的本票更提供了直接支取现金的便利。

（3）申请人需填写"银行本票申请书"，提供完整的必要信息并签章。银行在审核无误并收妥款项后，将签发本票。出票银行负有无条件的绝对付款责任，确保持票人的合法权益得到保障。

（二）汇票

1. 汇票的含义

汇票，由出票人签发并委托给付款人，要求其在票据呈现时或约定的未来日期，无条件地向收款人或持票人支付特定金额。这种票据不仅是企业日常运营中不可或缺的支付手段，还是国际结算领域的核心工具。汇票的多功能性体现在其支付、汇兑、信用建立、结算效率提升以及融资能力上，为商业交易提供了灵活性和便捷性。

2. 汇票的种类

汇票的多样性使其可以根据不同的标准进行分类。

（1）从出票人的角度来看，汇票可分为银行汇票和商业汇票。银行汇票以其高信誉度在国际贸易中发挥着重要作用；商业汇票常见于国内贸易的结算过程。

（2）在是否附带单据方面，汇票被分为光票汇票和跟单汇票。光票汇票在支付时不需要附加任何单据；跟单汇票需要附上相关的货运和保险文件，这在国际贸易中尤为常见。

（3）根据承兑人的不同，汇票还可分为商业承兑汇票和银行承兑汇票。商业承兑汇票由非银行机构或个人承兑；银行承兑汇票由银行提供承兑，后者通常在信用保障方面更为可靠。

3. 汇票的基本规定

（1）在汇票的签发过程中，出票人需要确保与付款人之间存在有效的委托付款关系，并拥有支付汇票金额的可靠资金来源。汇票上必须明确记载关键信息，包括"汇票"字样、无条件支付的委托、确定的金额、付款人与收款人的名称、出票日期以及出票人的签章。

（2）承兑是汇票特有的法律程序，涉及付款人对汇票到期日支付金额的承诺。一旦完成承兑，付款人即成为票据的主要债务人，承担支付责任。

（3）银行汇票的付款期限通常为一个月，从签发之日开始计算至兑付之日。若到期日恰逢假日，则付款期限可相应顺延。对于逾期的汇票，银行将不予以办理兑付。申请人在使用银行汇票时，需要向出票银行提交并签章"银行汇票申请书"。

（4）汇票可通过背书进行转让，转让金额应与实际结算金额一致。值得注意的是，现金银行汇票不得进行背书转让。背书的连续性和粘单骑缝章的合规性是确保转让有效性的关键。

（5）持票人在汇票到期时应向付款人提示付款，或根据汇票上记载的提示付款期限进行操作。银行汇票的提示付款期限按月计算，具体到期日按到期月的对应日确定；若无对应日，则以月末最后一日为准。

（6）若汇票遭到拒付，持票人可依法向出票人、背书人及其前手行使追索权。代理付款行在收到银行汇票时，将进行审查，如发现伪造、变造或超过付款期限等问题，将拒绝付款。

（三）支票

1. 支票的含义

支票，作为票据的一种，本质上是一种即期汇票，由银行作为付款人。它是存款户向银行发出的书面授权，指示银行在支票呈现时，无条件地向收款人或持票人支付指定金额。这种支付工具由出票人签发，依托银行的信用，确保了支付的便捷性和安全性。

支票的核心作用在于提供一个现金的替代品，使支付过程更加高效和安全。它的应用遍及日常生活和商业交易，无论是个人之间的小额支付，还是企业间的大额结算，支票都因其便捷性和安全性而备受青睐。

2. 支票的种类

（1）按支付方式分类。现金支票专为从银行账户中提取现金而设计。转账支票仅允许资金在不同银行账户间转移，不可进行现金交易。普通支票未特别指明支付方式，具有现金支取和转账的双重功能。然而，若支票上划有两条平行线，即转变为只能用于转账的支票。

（2）按收款人记载方式分类。记名支票上清晰标注了收款人的姓名，确保支付的明确性。无记名支票（或空白支票）上未记载收款人名称，留有补记的可能，增加了支付灵活性。

（3）其他特殊支票包括划线支票和旅行支票。划线支票限制了持票人只能通过银行进行收款。旅行支票为出国旅行或出差的人士提供了便利，允许他们在国外兑付现金。

3. 支票的基本规定

（1）签发支票时，出票人需要确保账户内资金充足，以覆盖支票金额，避免开具空头支票，银行对空头支票有权拒绝支付。支票正面应明确标注"支票"字样，载明无条件支付委托、确切金额、付款人与收款人名称、出票日期，并由出票人签章。

（2）支票的使用范围广泛，适用于在银行开户的各类企业和机构，包括机关、学校、个体经营者等，用于同一城市或票据交换区域内的商品交易、劳务供应、债务清偿及其他款项结算。

（3）根据《中华人民共和国票据法》，支票持票人应在出票日起 10 天内提示付款，异地支票的付款期限由中国人民银行具体规定。逾期提示的支票，付款人有权拒绝支付。

（4）支票转让通常要求背书连续性，除定额支票外，一般支票为记名，且在特定地区，转账支票可经背书转让。

（5）签发支票时，必须使用墨汁或碳素墨水填写，确保金额、收款人名称等关键信息准确无误，不得涂改。如有必要改动，应由出票人加盖预留银行印鉴证明。对于签发空头支票或印章不符的支票，银行将退票并处以罚款。若现金支票遗失，可申请挂失；转账支票遗失则不受理挂失，但可请求协助防范。

三、商业银行结算业务方式

（一）汇兑

1. 汇兑的含义

汇兑是汇款人通过银行将资金支付给收款人的一种便捷结算方式，广泛应用于跨地域的资金转移。无论是单位还是个人，均可利用汇兑满足其异地支付需求。汇兑服务分为电汇和信汇两种形式，供汇款人根据资金的紧急程度和成本考量来选择。电汇以其迅捷的转账速度，成为紧急或大额资金支付的首选，尽管伴随较高的手续费用。信汇以其经济性吸引用户，尽管处理速度相对较慢，但对大多数常规款项支付而言，已完全适用。

2. 汇兑结算的基本规定

（1）汇兑结算的适用范围广泛，不仅包括单位间的款项划拨，还涵盖了单位对个人的异地支付，如退休金、医疗费用、劳务报酬等，以及个人对单位的支付，例如，邮购商品或订阅书刊。

（2）签发汇兑凭证时，必须详细记载以下关键信息。明确标注"信汇"或"电汇"的字样、无条件支付委托、确切金额、收款人与汇款人名称、汇入及汇出地点和银行名称、汇款人签章。银行将拒绝受理缺少上述任何一项信息的汇兑凭证。若汇款人或收款人在银行有开户，其账号也必须一并记录。

（3）款项的支付与领取应遵循特定流程。对于已在银行开户的收款人，汇入银行将直接将款项转入其账户，并发出收账通知。未开户的收款人领取款项时，需要出示有效身份证件，并在汇兑凭证上注明相关信息后签章领取。若需支取现金，应在汇兑凭证上明确标注"现金"及汇款金额。

（4）在款项撤销与退汇方面，汇款人可在款项未汇出前申请撤销，需要提供正式函件或身份证明及相关回单。已汇出的款项，汇款人可申请退汇。对于已在汇入银行开户的收款人，退汇由汇款人与收款人协商处理；未开户的收款人，需要汇款人提供相关证明，由汇出银行通知汇入银行后办理退汇。

（5）其他规定包括汇款人若禁止转汇，应在汇兑凭证上注明"不得转汇"。转汇银行不得处理汇款的撤销或退汇请求。若收款人拒绝接受汇款或汇入银行发出取款通知后两个月内未能交付，汇入银行应主动办理退汇。

（二）托收承付

1. 托收承付的含义

托收承付作为一种结算方式，广泛应用于异地商品交易及相关劳务款项的结算。在这种模式下，收款方依据购销合同，在完成货物交付后，委托银行向异地的购货单位收取相应的货款。购货单位在收到货物并进行必要的单证核对或验货程序后，向银行确认支付，完成交易的最终结算。这种方式的优势在于为异地交易提供了一种安全、规范的支付流程，确保了交易双方的权益得到妥善保护。同时，通过银行作为中介机构，增加了交易的信用度和安全性，降低了直接交易可能带来的风险。

2. 托收承付结算的基本规定

（1）托收承付结算方式适用于基于异地经济合同的商品交易及相关劳务款项结算，不适用于代销、寄销、赊销商品款项。适用单位需为国有企业、供销合作社及经营管理良好的城乡集体所有制工业企业，且必须经开户银行审查同意。办理托收承付结算的款项源于商品交易及相应劳务供应。

（2）签订购销合同时，双方必须确保合同符合《中华人民共和国民法典》规定，并明确采用异地托收承付结算方式。收款人办理托收时，需提供商品发运证明，如运输部门运单或邮局包裹回执等。

（3）托收承付结算每笔金额起点为 1 万元，新华书店系统为 1000 元。承付期限分为验单承付 3 天和验货承付 10 天。付款方在验单或验货时发现不符，可在承付期内提出拒付并办理相关手续。逾期付款将按相关规定处理，付款人开户银行将计算逾期付款赔偿金。信用管理规定，收款人或付款人若累计 3 次出现问题，开户银行将暂停其办理托收。结算凭证采用邮寄或电报方式划回，一式五联，包括必要凭证和通知。

（三）委托收款

1. 委托收款的含义

委托收款允许收款人委托银行或其他金融机构代为向付款人收取款项。在这一流程中，收款人仅需向受托机构提交必要的凭证和相关信息，机构便会负责完成款项的收取工作。凭借其灵活性和简便性，委托收款已成为商业交易和费用收取的首选结算方式。它不受地域限制，适用于各种款项的结算，包括但不限于单位和个体经济户的款项，以及水电、电话等日常劳务费用。委托收款的广泛应用，为资金流动提供了极大的便利，促进了经济活动的顺畅进行。

2. 委托收款结算的基本规定

（1）委托收款以其灵活性和便捷性，适用于各种金额规模的款项结算，无论是同城还是异地，均无金额限制。单位和个人可以通过商业汇票、国内信用证、储蓄存单、债券等债务证明，便捷地办理款项结算。在办理流程中，收款人向银行提交委托收款凭证及相关债务证明，银行审查无误后，根据付款人情况灵活安排付款时间，提供了更加个性化的服务。委托收款凭证需明确记载关键事项，包括"委托收款"字样、金额、付款人与收款人名称、凭据名称及附寄单证张数、委托日期和收款人签章。对于非银行单位或个人，还需要记载开户银行或被委托银行名称。

（2）付款人在付款期内应完成付款，如有异议，可通过填写拒绝付款理由书来办理拒付，银行将负责将拒付理由书和相关凭证转交给收款人。对于无款支付与逾期情况，银行将从通知发出的第 3 天起，每天处以罚金，并暂停付款人的相关结算业务，直至问题解决。

（3）同城特约委托收款为公用事业费收取提供了便利，但需要基于经济合同、付款人授权、开户银行同意及中国人民银行当地分支行的批准。

（四）国内信用证

1. 国内信用证的含义

国内信用证是国内贸易中一种重要的支付结算方式，由开证银行根据申请人的指示，向受益人提供的一种书面承诺。该承诺明确了信用证的金额、期限以及支付条件，确保了在符合规定单据的情况下，款项能够得到及时支付。

我国的信用证均为以人民币计价的不可撤销跟单信用证，它们为国内贸易提供了一个安全、可靠的结算保障。这种信用证的设计旨在通过限制现金交易，促进资金的透明和合规流动，同时保障交易双方的合法权益。

2. 国内信用证结算的基本规定

（1）国内信用证由购货方委托银行开立，向销货方提供支付承诺。开证申请人需要通过开户银行提交申请，并附上购销合同，银行审核后决定是否受理，并可能收取保证金。

（2）信用证内容需详尽明确，包括开证行信息、日期、编号等，并以中文开立，指定受益人和期限，列明所需单据和条件。受益人应在规定期限内提交相符单据，开证行确认无误后履行付款责任。信用证具有不可撤销性，保证了交易稳定性。在特定条件下，可进行转让和议付，主要适用于延期付款信用证。

（3）信用证还提供融资功能，支持交易双方在不同阶段获得资金支持。但在交易涉及欺诈时，可能根据"欺诈例外"原则进行止付，除非满足特定条件。

（4）国内信用证适用于企事业单位间的货物和服务贸易结算，不适用于个人。

第三节　商业银行代理业务

商业银行自动扣划学费安全吗?

一、商业银行代理业务的含义

商业银行代理业务构成了中间业务的核心部分，银行在这一业务中扮演着代理人的角色。接受各类金融机构、政府部门、企事业单位及个人的委托，商业银行代表委托人处理约定的经济事务，同时提供专业的金融服务。在代理过程中，银行依托其卓越的信誉、精湛的专业技能和丰富的信息资源，为客户提供监督管理服务，并相应收取服务费用。这种业务模式不仅增强了银行的服务功能，还为客户提供了便捷、高效的金融解决方案，进一步巩固了银行作为金融服务中介的地位。

二、商业银行代理收付业务

（一）代理收付业务的含义

商业银行的代理收付业务是一项利用其服务网络和结算系统的高效金融服务。这项服务使客户能够委托银行代为处理各种款项的收付，如工资发放、公共事业费用收取以及按揭贷款的自动扣款等。这种代理服务不仅提高了资金流动的效率，还为客户简化了财务管理流程，从而释放了他们的时间和精力，使他们能够更专注于核心业务活动。

（二）代理收付业务的特点

（1）商业银行的代理收付业务以其无与伦比的便捷性，为客户带来了省时、方便、快捷的金融服务。客户免去了前往银行或其他机构的奔波，通过银行的代理服务，轻松管理各类款项收付，显著提升了时间效率。

（2）银行严格遵循与客户约定的时间节点，及时执行资金结算，确保了款项的迅速到账，保障了参与双方的权益。同时，银行提供了丰富多彩的服务方式，如便捷的电话银行、高效的银行卡自动代扣服务，以及功能强大的多媒体自助终端，全方位满足客户的多元化需求。

（3）代理收付业务的广泛应用性渗透到社会生活的每一个角落，无论是日常生活的缴费需求，还是行政管理、邮政电信、交通运输、房地产交易以及工商企业的资金往来，都能通过这项服务得到高效处理。

（三）代理收付业务的原则

（1）银行严格遵守国家法律法规和监管要求，确保业务流程的合法合规。

（2）通过与客户签订详尽的经济合同或协议，银行界定了合作双方的责任和义务，从而避免经济纠纷。

（3）银行遵循公平原则，根据服务内容向客户收取合理的手续费，确保双方都能从合作中获益。

（4）银行实施严格的资金管理措施，确保客户资金在代理收付过程中的安全，防范任何挪用或盗用风险。

（5）银行致力于提供高标准的服务，以满足客户的多样化需求，提高客户的满意度和忠诚度。

三、商业银行代理银行业务

（一）代理中央银行业务

1. 代理中央银行业务的含义

代理中央银行业务是一项基于政策和法规要求的特殊金融服务。在这种模式下，商业银行受中央银行的指定或委托，承担起原本属于中央银行的职能。这种合作不仅使商业银行能够发挥其资源和网络优势，为中央银行提供必要的金融服务，而且提高了中央银行在货币政策执行和金融监管方面的效率，进一步保障了金融市场的稳定与活力。

2. 代理中央银行业务的种类

代理中央银行业务主要包括代理财政性存款、代理国库、代理金银等。

（二）代理政策性银行业务

1. 代理政策性银行业务的含义

商业银行代理政策性银行业务，是一项根据双方协议，由商业银行代为执行的政策性金融服务。这种合作模式适用于政策性银行因服务功能或网点布局限制而无法直接办理的业务场景。政策性银行作为政府支持的金融机构，其核心使命是响应和贯彻政府的社会经济发展策略。它们不以实现盈利为主要目标，而是通过在特定领域提供融资支持，如基础设施、农业、教育等，助力实现政府的政策目标和社会福祉。

通过商业银行的代理服务，政策性银行能够扩大其服务范围，更有效地服务于政府的政策导向，同时商业银行也能借此机会参与到更广泛的金融服务领域中，实现互利共赢。

2. 代理政策性银行业务的种类

（1）代理资金结算：利用其服务网络和结算系统，商业银行为政策性银行处理各类交易款项，确保资金流动的高效和安全。

（2）代理现金支付：在政策性银行服务网络受限的情况下，商业银行代为支付现金，扩大了政策性银行的服务范围。

（3）代理专项资金管理：商业银行提供专项资金的拨付、监管和报告服务，确保资金使用的合规性和效率。

（4）代理贷款项目管理：协助政策性银行进行贷款项目的全流程管理，提高管理质量和效率。

（5）其他代理业务：根据需求，商业银行还提供代理发行债券、代理收费等服务，拓宽了合作范围。

（三）代理商业银行业务

1. 代理商业银行业务的含义

代理商业银行业务是一种商业银行间相互协作的金融服务模式。在这种模式下，一家商业银行接受其他银行的委托，代表其处理特定的经济事务，并提供相应的金融服务，同时收取一定的服务费用。这种业务安排不仅优化了银行资源的利用，还增强了银行网络的协同效应，从而显著提高了金融服务的效率。

2. 代理商业银行业务的种类

（1）代理结算业务构成了商业银行代理业务的核心，包括但不限于银行汇票、汇兑、委托收款以及托收承付等多种结算方式的代理处理。在这些服务中，代理银行汇票业务尤为典型，它进一步细分为代理签发和兑付银行汇票的业务，为银行间的资金流动提供了便捷和高效的通道。

（2）随着国际贸易和跨境金融活动的日益频繁，代理外币清算业务的重要性不断上升。商业银行可以通过相互代理的方式进行外币清算，涵盖国际汇款、信用证项下的付款等关键金融活动。

（3）代理外币现钞业务则专注于外币现钞的存取、兑换和运输等服务。由于部分商业银行可能受到网点分布和外币库存的限制，它们可能需要依赖代理服务来提供全面的外币现钞服务，以满足客户的特定需求。

（4）除此之外，代理商业银行业务还可能包括一系列其他金融服务，如代理账户管理、信息查询、资金托管等。

四、商业银行代理证券业务

（一）代理证券业务的含义

商业银行代理证券业务是一项综合金融服务，依托银行的广泛网络、专业服务和卓越信誉，为证券市场的参与者提供全方位的服务。这些服务包括但不限于证券的发行、交易、托管以及清算等关键环节。通过代理证券业务，商业银行不仅能够进一步拓宽其业务范围,增加新的收入来源,还能够为证券市场的高效运作和稳定性作出贡献。

(二)代理证券业务的种类

(1)代理证券发行。代理发行政府债券,商业银行接受政府或相关机构的委托,负责国债、地方政府债等政府债券的发行工作,确保资金筹集的顺利进行。代理发行企业证券,为企业提供债券、股票等证券的发行服务,帮助企业通过资本市场筹集所需资金。

(2)代理证券买卖。代售证券,根据客户的委托,按照约定价格在公司柜台或证券交易所出售证券。代购证券,与客户达成协议,按照客户要求的价格,代为购买证券。代理异地证券(股票)买卖,代表客户在上海、深圳等交易所进行股票的买卖,提供便捷的异地交易服务。

(3)代理证券其他业务。代理证券托管与清算,包括为客户提供证券托管服务,确保证券资产的安全与完整,以及执行一级和二级清算业务,确保资金和证券的准确划转。代理债券兑付与还本付息,在债券到期时,代理发行单位进行债券的兑付工作,并向债券持有人支付本金和利息。

五、商业银行代理保险业务

(一)代理保险业务的含义

商业银行利用其丰富的客户资源、广泛的服务网络以及良好的市场信誉,商业银行为保险公司提供保险产品推广、销售以及相关的客户服务。这些服务包括代收保费、代付保险金和代理资金结算等,旨在为客户提供便捷、高效的保险服务体验。

在这一业务模式下,商业银行不仅能够扩展自身的服务范围,增加收入来源,还能够通过代理手续费的形式,为保险公司提供稳定的业务收入。此外,代理保险业务的开展,也有助于商业银行深化与保险公司的合作关系,共同开拓市场,实现互利共赢。

（二）代理保险业务的种类

（1）商业银行代理销售各类人寿保险产品，包括但不限于定期寿险、终身寿险和年金保险等。这些产品专注于提供生命和健康风险的长期保障，同时具备储蓄功能，为客户的未来提供稳定和安全的保障。

（2）在财产保险领域，商业银行同样提供代理服务，销售车险、家财险、责任险等财产保险产品。这些产品旨在减轻客户因意外事件导致的财产损失，为客户提供全面的财产保护。

（3）商业银行还提供代理收取保费的服务，客户可以通过银行柜台、网上银行或移动银行等多种渠道轻松缴纳保费，享受便捷高效的金融服务体验。

（4）在保险事故发生时，商业银行根据保险公司的委托，负责向客户支付各类保险金，包括人身伤害赔偿和财产损失赔偿等，确保客户在遭受损失时能够得到及时的经济补偿。

（5）此外，商业银行还为保险公司提供资金结算服务，涵盖保险费的归集、保险金的划付以及保险资金在银行账户间的划拨等。这些服务不仅提高了保险公司的资金运作效率，还降低了其运营成本，促进了保险行业的健康发展。

六、商业银行代理融通业务

（一）代理融通业务的含义

商业银行在代理融通业务中作为代理人，代客户收取应收账款，并在账款收回前提供资金融通。这种服务帮助企业加速资金周转，提高资金使用效率，同时降低企业因账款回收周期长而面临的资金压力。商业银行通过专业的风险管理能力，为企业提供灵活的融资解决方案，优化资金结构，增强市场竞争力。

（二）代理融通业务的种类

（1）根据委托人权益让渡程度不同。权益转让，在这种模式下，客户将应收账款的权益完全转让给商业银行，由银行负责收账并提供资金融通。权益售与，客户将应收账款出售给商业银行，银行获得应收账款的所有权，并承担相应的风险和收益。

（2）根据代理融通的商业银行是否出面收账。公开代理融通，商业银行直接出面向客户的债务人收账，这种方式较为直接和透明。隐蔽代理融通，商业银行不直接出面收账，而是由客户自行收账后再将款项转交给银行，这种方式更加灵活和隐蔽。

（3）根据代理融通的具体做法不同。定期融通，商业银行与客户约定一定的期限，在该期限内提供资金融通服务。定量融通，商业银行根据客户应收账款的总量或一定比例提供资金融通服务，这种方式更加灵活，可以根据客户的实际需求进行调整。

第四节 商业银行银行卡业务

一、银行卡的含义和功能

（一）银行卡的含义

银行卡是由商业银行及邮政金融机构发行的信用支付工具，其功能涵盖消费信用、转账结算、存取现金等。作为银行业务与现代科技的融合，银行卡不仅体现了金融创新的成果，还极大地便利了人们的经济活动。随着金融市场的持续发展，银行卡的种类和功能不断推陈出新，日益丰富和完善，满足了消费者多样化的金融服务需求。

（二）银行卡的功能

1. 支付功能

银行卡的支付功能有效替代了现金交易，减少了现金流通，降低了交易成本。持卡人可在特约商户轻松完成购物和消费，银行卡的结算功能覆盖了购物款项及各类服务性支出。

2. 储蓄功能

储蓄功能方面，银行卡允许持卡人随时在发卡机构的分支机构存取现金，为持卡人提供了便捷的资金管理方式。对于借记卡和准贷记卡，发卡机构还提供活期储蓄存款利息，增加了资金的增值潜力。

3. 转账结算功能

转账结算功能使持卡人能够通过银行柜面、自助终端或网上银行快速办理资金转账，实现了资金的即时划转和结算。

4. 消费信贷功能

信用卡的消费信贷功能为持卡人提供了短期透支的便利，这是发卡机构提供的一种灵活的消费信贷服务，满足了持卡人的即时资金需求。

5. 其他增值功能

随着金融市场的持续创新，银行卡还不断推出代收付、外汇买卖、投资理财、网上支付等增值服务，以满足客户日益增长的多样化需求，丰富了银行卡的使用场景和功能。

二、银行卡的主要品种

（一）按是否具有透支功能分类

1. 信用卡

信用卡是一种允许持卡人在发卡机构设定的信用额度内先消费后还款的银行卡，具备透支功能，分为贷记卡和准贷记卡两种类型。贷记卡直接提供信用额度供持卡人使用，准贷记卡则要求持卡人先存入一定金额的备用金，不足时方可透支。

2. 借记卡

借记卡与信用卡不同，它不提供透支功能，持卡人需先存款后使用。借记卡根据其功能可细分为转账卡、专用卡和储值卡。转账卡具备实时扣账功能，可用于转账结算、存取现金和消费。专用卡是在特定区域和用途内使用，主要提供转账结算和存取现金服务。储值卡是一种预付卡，持卡人的资金预先存入卡内，交易时直接扣款。

（二）按币种不同分类

1. 外币卡

外币卡是商业银行发行的，以某种可自由兑换货币（如美元、欧元等）作为结算货币的信用卡。由于大多数发展中国家的货币不可自由兑换，因此这些国家的发卡机构需要以国际通用的货币作为结算货币，以实现信用卡的国际通用性。

2. 人民币卡

人民币卡是一种仅以人民币为交易货币的银行卡，持卡人可以使用该卡在境内外的银联网络下进行消费、取现等交易。

（三）按发行对象分类

1. 单位卡

单位卡，通常指的是单位结算卡，是商业银行面向企业客户发行的一种专用银行卡，与企业银行基本账户相关联，用于提高企业客户支付结算的便利性。企业在银行柜面办理结算业务时，凭结算卡和密码即可直接办理，不需要购买和填写支票、电汇凭证，也不需要查验印鉴、核对单证，简化了手续。单位结算卡能实行"一卡多户"，即将企业在一家银行不同网点开立的活期、定期、保证金账户以及理财账户进行关联，便于就近办理业务，统一账户和财务管理。也可以是"一户多卡"，即在主卡之外配发多个副卡，并根据职级、岗位对持卡人设置不同的支付权限。

2. 个人卡

个人卡是商业银行专为个人客户设计的一种银行卡产品，与个人银行账户相关联，具有支付结算、转账汇款、现金存取等多种功能。

（四）按信息载体分类

1. 磁条卡

磁条卡是一种传统的银行卡类型，其特点是在卡片背面嵌入了一条磁条，用于存储持卡人的账户信息和交易数据。随着芯片卡和接触式智能卡的普及，磁条卡正逐渐被更安全、功能更丰富的银行卡所取代。

2. 芯片卡

芯片卡是一种采用集成电路技术作为介质的银行卡，与传统的磁条卡相比，它具有更高的安全性和更丰富的功能。芯片卡不仅具备了普通磁条银行卡的所有金融功能，还支持电子现金账户，能够实现脱机小额支付。此外，芯片卡可以使用非接触界面，实现快速支付和智能卡手机支付。

第五节　商业银行担保类业务与承诺类业务

担保类业务作为商业银行中间业务的重要组成部分，其核心在于为债务提供担保并承担相应的违约风险。通过这种方式，银行利用自身信誉为客户创造价值，实现双方的共赢。这种业务模式的优势在于，它不需要大量的有形资金投入，自20世纪80年代以来在全球范围内得到了迅速发展。

在西方，商业银行推出了多种创新的担保类业务，例如，备用信用证和资产证券化等，这些产品极大地丰富了银行的服务内容。相比之下，中国的担保类业务由于受到政策法规和经营环境的限制，主要集中在银行保函和备用信用证上。虽然种类上可能不如西方国家丰富，但这些业务在中国商业银行的中间业务中仍然占据着重要的位置。

一、银行保函

（一）银行保函的含义

银行保函，也称为"银行保证书"或"银行信用保证书"，简称"保证书"，是指银行作为保证人向受益人开立的保证文件。当被保证人未向受益人尽到某项义务时，银行将承担保函中所规定的付款责任。银行保函是银行信用的一种形式，为合同双方提供了经济交易中的保障措施。

（二）银行保函的种类

银行保函根据其在基础合同中所起的不同作用和担保人承担的担保职责，可以分为多种类型。

（1）履约保函。应劳务方和承包方（申请人）的请求，银行向工程的业主方（受益人）作出的一种履约保证承诺。若劳务方和承包方未能按时、按质、按量完成工程，银行将向业主方支付一定金额的款项。

（2）预付款保函。承包人要求银行向业主（发包人）出具的保证业主所支付的工程预付款用于实施项目的一种信用函件。如承包人不履约，业主可凭保函向担保银行索赔。

（3）投标保函。在招标投标中，招标人为防止中标者不签订合同而使其遭受损失，要求投标人提供的银行保函。保证投标人在投标有效期内不撤销投标，中标后按合同规定签订并履行合同。

（4）其他保函。预留金保函、税款保付反担保函、海关风险保证金保函、融资租赁保函、补偿贸易保函等，这些保函根据具体交易需求提供不同的担保服务。

（三）银行保函的特点

（1）独立性。银行保函虽然基于商务合同而开立，但它具有独立的法律地位。这意味着，即便在商务合同的履行过程中出现争议，只要受益人按照保函的要求提出合理索赔，担保银行就必须履行其付款义务，不受委托人意愿或合同实际履行情况的影响。

（2）无条件性。大多数银行保函属于"见索即付"类型，这是一种不可撤销的承诺。根据保函的规定，受益人只需提交符合要求的索赔文件，担保银行即应无条件地支付款项，不需要进一步证明申请人是否违约。

（3）银行信用。银行保函背后依托的是银行的信用，这使它在交易双方中更易于被接受。由于银行具有较高的信用等级，它们所提供的保函能够为交易双方提供强有力的信用支持，增强交易的安全性和可靠性。

（四）银行保函的交易程序

（1）申请人填写开立保函申请书并签章。申请人首先需填写开立保函的申请书，并进行签章，以正式向银行提出开立保函的请求。

（2）提交保函背景资料。为了使银行充分理解交易的背景和潜在风险，申请人需提交包括合同及相关批准文件在内的保函背景资料。

（3）提供保函格式并加盖公章。申请人应提供符合银行要求的保函格式，并加盖公章，以确保保函的正式性和准确性。

（4）提供财务报表和其他证明文件。银行可能要求申请人出具近期的财务报表和其他资信证明文件，用以评估申请人的财务状况和履行合约的能力。

（5）落实担保措施。申请人必须根据银行的要求，采取相应的担保措施，包括但不限于缴纳保证金、质押、抵押或获取第三方信用担保。

（6）银行审核并开立保函。银行将对申请人的资信、履约能力及项目的可行性进行综合评估。一旦审核通过，银行将正式开立保函。

二、备用信用证

（一）备用信用证的含义

备用信用证，也称为担保信用证，不同于传统的商业信用证，其核心目的在于提供贷款融资或担保债务偿还，而非清偿商品交易的价款。这种信用证是开证行基于申请人的请求，向受益人发出的一种承诺，承担特定的义务。

具体来说，开证行在备用信用证中承诺，一旦申请人未能履行其义务，受益人只需按照信用证条款，向开证行提交汇票（或在某些情况下，甚至不需要提交汇票）以及申请人违约的声明或证明文件，即可获得开证行的偿付。这一过程体现了备用信用证的"见索即付"特性。

备用信用证作为一种银行信用工具，对受益人而言，它是一种在开证申请人违约情况下获得补偿的备用手段，本质上具有担保的功能。这种信用证因其无条件性和独立性，为受益人提供了强有力的风险保障，增强了交易的安全性，从而在国际贸易和金融活动中发挥着重要作用。

（二）备用信用证的种类

（1）履约备用信用证。这类信用证专注于支持除金钱支付之外的义务履行，如服务的提供或货物的交付。它确保在申请人未能履行基础交易中的义务，导致受益人损失时，受益人可以根据备用信用证的规定，向开证行提出赔付要求。

（2）融资备用信用证。此类信用证主要用于担保申请人的融资活动，特别是与金钱给付义务相关的担保，如借款偿还。这种信用证实际上是一种担保工具，它不仅为借款人的融资活动提供信用支持，而且确保了贷款或融资款项的安全回收。

（3）直接付款备用信用证。用于担保到期的本金和利息支付，特别是当债务到期且没有发生违约时。这种信用证突破了传统备用信用证的担保性质，更多地用于企业发行债券或订立债务契约时的到期支付。它以债务的到期为支付标准，无论申请人是否违约，只要债务未得到清偿，受益人即可依据备用信用证要求开证行进行支付，为企业融资和债务管理提供了直接而有效的保障。

（三）备用信用证的特点

（1）独立性。备用信用证与基础交易合约相互独立，其支付义务完全依据开证行的不可撤销承诺和备用信用证条款下所提交单据的合规性。

（2）不可撤销性。开证行在备用信用证下的义务是不可撤销的，除非信用证条款中明确规定了撤销条件，或经对方当事人同意，否则开证行不得单方面修改或撤销其义务。

（3）跟单性。开证行的支付义务取决于受益人提交的单据是否符合备用信用证的要求，开证行仅对所提交单据进行表面审查，而不涉及基础交易的实质内容。

（4）强制性。一旦备用信用证开立，它就对开证行产生强制性约束力。无论申请人是否授权开立，开证行是否已收取费用，或受益人是否已收到信用证或基于信用证采取了行动，备用信用证对开证行均具有法律效力。

（5）多功能性。备用信用证集合了担保、融资、支付及相关服务功能，由于其用途多样和操作灵活，已成为国际商务中广泛使用的金融产品。

（四）备用信用证的交易程序

（1）协议签署。买卖双方经过深入协商，就备用信用证的具体使用条件和规定达成一致，并正式签署备用信用证协议，明确双方的权利和义务。

（2）申请提交。双方共同向信用证银行提出备用信用证的开立申请。在申请中详细列明备用信用证的金额、有效期限等关键信息，确保银行能够准确理解并满足交易需求。

（3）信用证开立。信用证银行依据提交的申请资料，严格审核后开立备用信用证。一旦信用证开立完成，银行将及时通知受益人，确保其了解信用证的详细条款和条件。

（4）信用证使用。在基础交易中，如果出现正式信用证无法履行的情况，受益人可以依据备用信用证的规定，向开证行提出支付要求。受益人需要按照信用证的要求，向开证行提交汇票（或在某些情况下不需要提交汇票），并附上申请人未履行义务的声明或证明文件，以便获得开证行的偿付。

三、贷款承诺

（一）贷款承诺的含义

贷款承诺是银行向借款人的一种承诺，即在约定的时期内或特定时间点，根据既定条件向借款人提供贷款。这种业务属于银行的表外项目，代表着银行对未来某一时刻进行的直接信贷承诺。贷款承诺为借款人提供了一种资金保障，确保其在资金需求出现时能够迅速获得必要的资金支持。这种承诺不仅增强了借款人在市场上的竞争优势，还为其提供了更多商业灵活性和策略规划的确定性。

（二）贷款承诺的类型

1. 根据承诺的可撤销性划分

（1）可撤销贷款承诺。在这种协议下，银行保留了在特定条件下撤销其贷款承诺的权利，为银行提供了一定的灵活性。

（2）不可撤销贷款承诺。银行一旦作出承诺，便承担了必须按照约定条件提供贷款的义务，不得无故撤销，为借款人提供了更为稳定的资金保障。

2. 根据利率的变动特性划分

（1）固定利率承诺。银行向借款人承诺以一个预先确定的利率提供贷款，使借款人能够预知其贷款成本，降低利率变动的风险。

（2）变动利率承诺。贷款利率与市场主导利率挂钩，并加上一个附加率，这意味着贷款利率会随市场利率的波动而调整。

3. 根据贷款金额的使用情况划分

（1）定期贷款承诺。银行承诺在约定的时间段内提供特定金额的贷款，满足了借款人对资金的定期需求。

（2）备用承诺。银行提供的一种贷款承诺，借款人在需要时可以提取贷款，但并非必须使用全部承诺金额，为借款人提供了灵活性。

（3）循环承诺。银行允许借款人在一定期限内多次借入和偿还资金，贷款额度可以在约定的条件下循环使用，为借款人提供了持续的资金流动性。

（三）贷款承诺的优点

（1）法律约束力。贷款承诺构成了银行与借款人之间的法律契约，双方都必须严格遵守协议条款，确保各自的承诺得到履行。

（2）资金需求满足。银行承诺在贷款承诺的有效期内，随时准备满足借款人的资金需求，为借款人提供了资金的即时可用性。

（3）承诺费用。即使借款人尚未使用银行已承诺的借款额度，也需要支付一定的承诺费。这笔费用通常基于承诺额度的百分比计算，范围在 0.25% ~ 0.75%，以补偿银行保持资金准备的成本。

（4）竞争优势增强。获得贷款承诺的借款人，由于确保了未来获得可靠现金来源的可能性，从而在市场竞争中获得了更强的竞争优势，增强了其商业策略的灵活性和确定性。

（四）贷款承诺的交易程序

（1）确定贷款需求。借款人应首先明确自己的资金需求，包括所需贷款的金额和用途，以便确定合适的贷款额度。

（2）选择合适的贷款机构。通过比较不同贷款机构提供的利率、贷款条件和服务质量，借款人可以选择最符合自己需求的贷款机构。

（3）提交申请资料。准备并提交必要的申请资料，如身份证明、收入证明、资产证明等，以便贷款机构进行审核。

（4）审核与评估。贷款机构将对借款人的信用记录、资产状况等进行详细审核和评估，以确定贷款的额度、利率和其他条件。

（5）签署贷款承诺书。一旦审核通过，借款人与贷款机构签署贷款承诺书，明确贷款的具体条款，包括金额、利率、还款期限等，并支付相关手续费，如适用，还需提供抵押物。

（6）贷款发放。在贷款承诺书签署后，贷款机构将贷款款项转入借款人指定的账户，确保资金的及时可用。

（7）还款与解除承诺。借款人需要按照约定的还款计划按时还款。一旦贷款全部还清，贷款承诺即告解除，贷款机构将解除抵押权并归还抵押物（若有）。

四、票据发行便利

（一）票据发行便利的含义

票据发行便利，也称为票据发行融资安排，是一种具有法律约束力的中期融资承诺，为企业提供周转性票据发行的便利。这种安排允许借款人在约定的期限内，以自身名义循环发行短期票据，实现以较低成本获取中长期资金的目的。

银行在这一过程中扮演着关键角色，承诺购买借款人未能按期售出的所有票据，或提供备用信贷支持。这一承诺确保了借款人的资金流动性和连续性，降低了融资的不确定性。这种融资方式特别适合那些信誉良好的大型企业，它们能够通过票据发行便利在资本市场上更有效地筹集资金。在欧洲货币市场，票据发行便利因其灵活性和成本效益而尤为流行。

（二）票据发行便利业务的种类

根据包销情况，票据发行便利主要分为两种类型。

1. 包销的票据发行便利

（1）循环包销便利。银行承诺购买客户在每期发行的短期票据，如果某期票据未能全部售出，银行将提供所需资金，确保客户能够获得全部发行金额。

（2）可转让的循环包销便利。在这种安排下，包销银行有权在协议有效期内，将其包销承诺的所有权利和义务转让给其他金融机构，提高了融资安排的灵活性。

（3）多元票据发行便利。这种便利允许借款人通过多种方式提取资金，如短期预支条款、摆动信贷、银行承兑票据等，为借款人提供了更大的灵活性，尤其是在资金提取的期限和币种选择上。

2. 无包销的票据发行便利

在这种形式下，银行不承诺购买未能售出的票据。这种方式通常适用于资信等级较高的企业，它们可以依靠自身的市场信誉完成票据发行，从而降低发行成本。

（三）票据发行便利的特点

（1）较低的便利成本。作为一种直接信用工具，票据发行便利主要涉及银行提供服务而非资金融通，因此其发行成本相对较低。此外，借款人通过循环发行短期票据，能够以短期利率获得中长期资金，有效降低整体资金成本。

（2）充分的灵活性。借款人可以根据自身需求决定发行金额、基础利率和循环发行次数，同时利率也可以根据市场状况和借款人信用等级进行调整，为借款人提供了极大的灵活性。

（3）广泛的资金来源。由于商业票据的期限较短，投资人面临的风险较低，这有助于吸引大量短期闲置资金，为借款人提供了广泛的资金来源。

（4）风险分散。与传统银行信贷不同，票据发行便利将风险分散给多个投资者。承购银行可能承担一定的中长期风险，而投资者则主要面临短期信用风险，这种分散有助于降低单一投资者的潜在损失。

（四）票据发行便利的交易程序

（1）选择包销人。企业会在与其有业务往来的银行中挑选合适的包销人，或者选择有能力承担融资业务的银行，以及投标小组成员。

（2）签订协议。发行人与选定的包销人和投标小组成员签订一系列法律文件，包括便利协议、票据发行与付款代理协议、投标小组协议等，确立各方的责任和权益。

（3）循环发行票据。在协议规定的期限内，企业可以根据自身的资金需求，循环发行短期票据。银行在此过程中承诺，对于未能及时售出的票据，将购买剩余部分或提供相应的备用信贷。

（4）票据兑付。票据到期时，企业必须按时支付票据的本金和利息。如果票据未能全部售出，包销银行则需根据协议条款，提供必要的资金支持或备用信贷。

第六节　商业银行财富管理业务

一、商业银行财富管理业务含义

财富管理是一项专业服务，其本质在于"受人之托，代人理财"。商业银行在这一领域的核心职责可以概括为价值管理和风险管理两个方面。价值管理旨在确保客户资产的保值和增值，力求实现高收益；风险管理则致力于将资产贬值的可能性控制在合理范围之内。

理财业务管理

商业银行的财富管理业务涉及向客户募集资金或接受客户委托，担任财富管理人的角色。银行以客户财产的保值和增值为目标，根据与客户的约定，对客户的资产进行专业的投资管理，并据此收取管理费用和业绩报酬。在这一过程中，投资人自行承担风险，并从中获得收益。通常，我国商业银行的财富管理业务主要通过为客户提供各类理财产品来实现。

理财业务是商业银行为满足消费者需求、增加资产收入而提供的一种专业服务。当商业银行接受客户委托进行财富管理时，其本身并不承担投资风险，财富管理业务也不体现在银行的资产负债表中，其本质属于中间业务。因此，商业银行在提供财富管理服务时，由投资人自行承担风险并获取收益，银行则从中获得约定的管理费用和业绩报酬。客户获得的收益率并无固定数额，商业银行也不对客户收益或本金提供任何形式的担保，这与传统的储蓄业务有明显区别。

二、商业银行财富管理业务的意义

从商业银行的层面看，发展财富管理业务可以推动银行业经营模式转型，构建银行业的新盈利模式，增强银行业经营的多元化程度和竞争力。具体来看，商业银行发展财富管理业务有以下重要意义。

（1）在利率市场化和金融脱媒的双重推动下，商业银行面临着存贷款利差持续收窄的严峻挑战，这迫切要求银行进行经营模式的根本性转变，转向"轻资本"业务模式。面对巨大的转型压力，商业银行必须摒弃以传统存贷款业务为主导的粗放型增长模式，转而大力发展中间业务，尤其是那些不占用或仅少量占用资本的业务。财富管理业务因其"轻资本"特性，成为商业银行实现集约化、资本节约型增长的重要途径。

（2）深化商业银行的综合化经营对释放规模经济和范围经济的潜力至关重要。这种经营模式不仅拓宽了银行的收入来源，更是提升其综合竞争力的关键。其核心在于以客户需求为中心，通过不断创新，提供多样化的金融产品，全面满足客户的金融需求，从而增强银行的市场竞争力。

财富管理业务作为一项高度综合性的服务，其运作涉及商业银行的多个环节。从分行到总行，从负债到资产，财富管理业务能够实现表内外的联动，为客户提供投融资的全面解决方案。此外，它还涉及与商业银行外部的其他金融机构的紧密合作，通过整合各方资源，实现金融服务的综合化经营。

通过这种综合化经营，商业银行能够更好地满足客户的个性化需求，提供更加精准和高效的服务。这不仅有助于提高客户满意度和忠诚度，还能够为银行带来更稳定和可持续的收入来源。同时，综合化经营还有助于银行更好地应对市场变化和风险挑战，提高其适应性和竞争力。

（3）在全球金融市场的激烈竞争中，商业银行的财富管理业务已经成为提升其投资管理能力和增强核心竞争力的关键领域。国际领先的商业银行利用其在信息科技、专业人才和研发能力方面的显著优势，不断深化和创新其财富管理服务。

这些业务为银行创造了可观的非利息收入，更重要的是，它们已成为银行构建和巩固其核心竞争力的重要基石。通过提供高质量的财富管理服务，商业银行能够吸引和保留高净值客户，同时提高其品牌价值和市场影响力。

此外，财富管理业务的成功也反映了银行在风险管理、资产配置和客户需求理解等方面的专业能力。通过综合运用先进的科技工具和深入的市场洞察，商业银行能够为客户提供个性化的解决方案，满足其多样化的财富管理需求。

三、商业银行财富管理业务的种类

商业银行财富管理业务涉及货币市场工具类产品、债权类资产、非标准化债权类资产、股票基金类产品、权益类投资、大宗商品、代客境外理财类产品、另类投资和结构性产品等诸多产品线，为企业和居民提供了较多的金融投融资选择。

（一）货币市场工具类产品

货币市场工具类产品因其灵活性和便捷性，已成为投资者现金管理的优选。这些产品允许投资者根据自己的资金需求，随时申购和赎回，赎回资金通常能够在交易日当天或次日快速到账。它们以安全性高、流动性强和收益稳定性著称。

（二）债权类资产

债权类资产属于固定收益类资产。债权类资产是在商业银行财富管理业务中需要重点配置的资产类型之一，在商业银行理财投资产品中的占比通常最高。债权类资产可分为标准化债权类资产（债券）和非标准化债权类资产。

（三）权益类投资

与固定收益类资产相比，权益类投资具有"高风险、高收益、高流动性"的特征。常见的权益类投资产品包括股票、股票基金、指数基金、FOF基金和阳光私募等。这些权益类投资产品主要投资于二级市场。

创新型权益类投资产品包括新股发行、定向增发和并购等，主要由机构投资者参与投资。这类产品的特点是中等风险、稳健收益、中低流动性，它在牺牲一定流动性的前提下，可以有效降低风险并获取收益。

（四）大宗商品

大宗商品是指可以进入流通领域，但非零售环节，具有商品属性并用于工农业生产与消费的大批量买卖品。对于大宗商品的涵盖范围，目前并没有绝对的共识，大家相对比较认可的大宗商品主要包括能源类、金属类（亦可扩展到原材料类）和农产品类。

具体说来，能源类大宗商品主要包括石油、煤、天然气等；金属类大宗商品可以分为基本金属（铜、铝、铅、锌和镍等）和贵金属（黄金、白银、铂金和钯金等）；农产品类大宗商品分为谷物（玉米、小麦、大豆等）、牲畜肉类（牛、羊等）和软商品（糖、咖啡、可可等）。其中，能源类大宗商品和金属类大宗商品易存储且与工业生产密切相关，所以具有很强的抗通货膨胀属性和周期属性。

（五）其他类理财产品（另类投资）

其他类理财产品，通常被称为另类投资，涵盖了一系列非传统的投资领域。这些产品通常包括艺术品、古董等独特资产。相较于传统的股票和债券投资，另类投资以其独特的投资结构和收益形式，为投资者提供了多样化的选择。

第七节　商业银行其他种类中间业务

一、咨询顾问类业务

（一）咨询顾问类业务的含义

咨询顾问类业务是商业银行利用其在信息、人才和信誉等方面的优势，为客户提供的专业服务。银行通过收集和整理相关信息，结合对资金运作的深入记录和分析，形成系统的资料和方案。这些服务活动旨在满足客户在业务经营管理或发展方面的特定需求，帮助他们作出更明智的决策。

（二）咨询顾问类业务的种类

目前，商业银行开办的咨询顾问类业务主要有企业信息咨询业务、资产管理顾问业务、财务顾问业务。

1. 企业信息咨询业务

企业信息咨询服务主要包括：①项目评估是商业银行信贷业务中的一项关键活动，涉及对拟建项目的全面审查和评价，为银行提供决策依据。这一过程确保了银行能够准确评估项目的可行性、风险和预期回报。②企业信用等级评估是根据既定标准，对企业的支付能力、还贷能力和偿债能力进行细致的评价和估测。这一评估有助于银行了解企业的财务健康状况，预测其偿还债务的能力。③验证企业注册资金是确保企业所声明的注册资本的真实性和合法性的过程。这为银行提供了额外的安全保障，确保其信贷决策建立在坚实的基础上。④资信咨询业务涉及提供企业的财务资料，并对其进行公正的评价，帮助企业了解交易对手的信用状况。这种服务满足了企业在商业交易中对信用信息的需求，降低了交易风险。

2. 资产管理顾问业务

为机构投资者和个人投资者提供全面的资产管理服务。这些服务通常包括以下方面：①投资组合建议，根据投资者的风险偏好、投资目标和市场情况，提供定制化的投资组合构建和管理建议。②投资分析，提供市场趋势分析、投资机会评估和资产配置策略，帮助投资者作出明智的投资决策。③税务服务，协助投资者进行税务规划，优化税务效率，确保投资活动符合相关税法规定。④信息提供，提供及时的市场信息、政策变动更新和投资相关的新闻资讯，帮助投资者保持信息优势。⑤风险控制，通过多元化投资、风险评估和监控机制，帮助投资者有效管理和控制投资风险。

3. 财务顾问业务

通过财务顾问业务，商业银行能够帮助客户更好地应对市场变化，把握发展机遇，实现可持续的财务健康和业务增长，具体包括：①政策法规咨询，是商业银行提供的一项关键服务，包括及时发布与资本运营相关的国家政策、法律法规，并为企业提供专业的法律、法规、政策咨询服务，帮助企业更好地理解和适应政策环境。②企业项目发布，利用银行的资源和网络，发布各类政府和企业在产权交易、投融资等资本运营方面的项目需求信息，为企业和投资者搭建一个信息交流和项目对接的平台。③财务咨询，旨在提升客户的财务管理能力，通过提供税务策划、融资安排等咨询服务，帮助客户降低财务成本，优化资本结构。④投融资咨询，在客户进行项目投资和重大资金运用时提供专业建议，帮助客户评估投资项目的可行性、风险和回报，制订合理的投融资方案。⑤产业、行业信息与业务指南服务，为客户提供宏观经济、产业发展的最新动态，以及行业信息和研究报告，帮助客户把握市场趋势，作出明智的业务决策。⑥专项顾问服务，针对客户的特定需求，提供深入的财务顾问服务，如年度财务分析报告、独立财务顾问报告、直接融资顾问、企业重组顾问等，为客户提供定制化的专业解决方案。

二、基金托管业务

基金托管业务是商业银行依托其专业能力和良好信誉，为基金资产提供的一项全面服务。这项业务涵盖了保管、清算、估值、核算和监督等方面，确保基金资产的安全和合规运作。证券投资基金托管，为各类证券投资基金提供专业的托管服务，保障基金资产的安全性和透明性。开放式基金托管，针对开放式基金的特点，提供灵活的托管解决方案，支持基金的日常申购和赎回操作。封闭式基金托管，为封闭式基金提供托管服务，确保基金运作的稳定性和合规性。其他基金托管业务，包括但不限于特定类型的基金产品，满足不同投资者的需求。此外，商业银行的托管业务还扩展到了其他领域。全国社会保障基金托管，为社会保障基金提供安全、高效的托管服务，确保国民福祉基金的稳健运作。证券公司受托投资托管，为证券公司的受托投资业务提供专业托管，增强投资运作的规范性和安全性。合格境外机构投资者（QFⅡ）证券投资托管，为QFⅡ提供的证券投资活动提供托管服务，促进资本市场的国际化和多元化。企业年金托管，为企业提供年金基金的托管服务，确保企业员工的退休福利基金安全、合规地运作。

三、电子银行业务

（一）电子银行业务的含义

电子银行业务通过整合先进的计算机技术和互联网资源，为客户提供了全面而高效的金融服务。这些服务包括网上银行、电话银行、手机银行以及自助终端服务，如ATM机等。网上银行允许客户通过计算机访问其银行账户，执行转账、支付和查询等操作。电话银行则通过电话连接，为客户提供语音指导的金融服务。手机银行利用移动通信技术，使客户能够通过智能手机进行金融交易和管理。自助终端则遍布于各个便利的地点，为客户提供 24 小时不间断的自助服务。

电子银行业务的推出，极大地提升了金融服务的可访问性和便捷性，无论是在家中、办公室还是旅途中，客户都能够轻松管理自己的财务。通过这些电子渠道，银行能够以更低的成本提供服务，同时客户也能享受到更加个性化和灵活的金融解决方案。

（二）电子银行业务的种类

1. 网上银行

网上银行，作为一种创新的金融服务模式，是商业银行运用互联网技术和通信网络为客户提供的便捷服务。这项服务突破了时间和地域的限制，实现了全天候、全地域的金融服务覆盖。客户只需通过个人电脑或其他智能设备，便能轻松访问银行的官方网站或使用银行提供的客户端软件。通过这些渠道，客户能够方便地完成一系列银行业务，包括但不限于账户查询、转账汇款、投资理财以及在线支付等。

网上银行以其显著的便捷性、高效性和安全性，赢得了广大用户的青睐，并迅速成为商业银行电子银行业务中不可或缺的一部分。它不仅极大地丰富了银行服务的渠道和形式，还为客户提供了更为个性化和灵活的金融服务体验。

随着科技的不断进步和用户需求的日益多样化，网上银行将继续在提升服务效率、保障交易安全以及推动金融创新等方面发挥关键作用，进一步巩固其在现代金融服务体系中的重要地位。

2. 电话银行

电话银行服务是商业银行利用电话和电信网络技术提供的一种便捷金融服务。客户通过拨打银行的客服热线，根据系统的语音提示或通过人工服务，可以轻松完成各种银行业务，包括账户查询、转账汇款、挂失解挂以及业务咨询等。

电话银行以其简便的操作流程和快速响应的特点，为客户提供了一种在无法上网或急需处理银行事务时的有效选择。这种服务模式不仅拓宽了银行服务的渠道，还使客户能够更加灵活地管理自己的财务需求。

随着移动通信技术的发展，电话银行服务也在不断地融合新的技术特性，如智能语音识别和处理，以提高服务的效率和质量。这使电话银行成为现代金融服务体系中一个重要的组成部分，为不同需求的客户提供了更加多样化的服务选项。

3. 手机银行

手机银行，也称为移动银行，是一种通过移动通信网络和移动设备进行银行业务的新方式。客户只需在智能手机上安装银行的应用程序或通过手机访问银行的 WAP 网站，就可以轻松地在任何时间、任何地点获取银行服务。手机银行的服务范围广泛，这些服务不仅极大地提升了客户的便利性，还使银行能够更加灵活地满足客户的多元化需求。

随着智能手机的普及和移动通信技术的不断进步，手机银行正逐渐成为商业银行电子银行业务增长的新动力。它不仅为客户提供了更加便捷的金融服务，还为银行带来了更广阔的市场机会和更高效的服务模式。手机银行的发展，标志着金融服务正朝着更加个性化、移动化和智能化的方向发展。

4. 自助终端

自助银行是商业银行利用先进的电子服务终端设备和广泛的服务网络，为客户提供的一种自助服务方式。在自助银行内，客户可以找到自助存取款机（ATM）、消费刷卡终端机（POS）、自助余额查询机、存折打印补登机等多种自助设备。

这些设备使客户能够在一天 24 小时内，不受时间和地点的限制，自由地完成存取款、转账汇款、余额查询等银行业务。自助银行的便捷性为客户提供了一种全新的金融服务体验，使银行服务更加灵活和易于访问。

自助银行的出现，不仅提高了银行服务的效率，还极大地方便了客户的日常生活，满足了现代社会对金融服务便捷性的高要求。随着技术的进步和客户习惯的变化，自助银行将继续在商业银行服务体系中扮演越来越重要的角色。

四、保管类业务

保管类业务是商业银行通过自身先进的保管设施（如专业保管箱和高级保管库），接受客户的委托，为客户保管各类珍贵物品，例如，贵金属、珠宝、古玩字画、有价证券、重要契约文件、保密档案资料以及设计图纸等，并依据服务内容收取相应的手续费。在我国，保管箱服务对存放物品有严格的限制规定，明确禁止存放任何可能对他人利益造成损害的物品，例如，液体、气体、枪支弹药、易燃易爆品和违禁品等。在费用方面，保管箱服务主要包括租金和保证金两项。租金以年为单位进行计算，保证金则需在申请租箱时一次性缴纳。保证金的主要用途是抵扣逾期租金及银行因特殊情况下需开启保管箱所产生的费用。租期通常设定为一年，即使实际使用时间不足一年，租金也将按照一年标准计收。客户在开户时需要一次性缴清所有费用，并同时支付与一年租金总额相等的保证金。

在国外及国内发达城市，银行普遍提供保管箱租赁服务，客户租用后可享有私人保险柜，自由存放物品，不需要担心财物安全及个人隐私受侵害，极大地增强了客户的安全感和隐私保护。

> 案例分析
>
> ## 线上体验金融产品精准营销
>
> 随着互联网的发展，银行业也逐渐向数字化转型。越来越多的银行开始利用线上渠道吸引新客户。以下是一些银行成功的线上营销案例。
>
> （1）招商银行的"一卡通"营销活动。招商银行在其官网和手机App上推出了"一卡通"营销活动，通过用户注册开卡，即可获得相应的优惠和奖励。此活动不仅有效提升了招商银行的用户数量，还促进了其线上客户转化率的提高。
>
> （2）民生银行的"民生e生活"服务。民生银行通过推出"民生e生活"服务，为用户提供了一系列生活服务，如订餐、叫车、购物等，从而吸引更多的用户使用其线上银行服务。此服务的推出，让用户能够在银行App上享受到更多的便利，也增强了他们对民生银行的忠诚度。
>
> （3）平安银行的"掌上银行"App。平安银行的"掌上银行"App功能齐全，为用户提供了一站式的金融服务，包括转账、缴费、理财等。此App的推出，让用户能够通过智能手机完成大部分银行业务，提高了用户的使用便利度和满意度。
>
> 总之，银行可以通过数字化渠道的营销手段，吸引更多的新客户，并提高线上客户的转化率和使用度。这也是银行数字化转型不可或缺的一部分。
>
> **分析该案例所蕴含的思政元素：**
>
> 科技创新带来时代变迁，经济转型带来人们消费方式的改变，随着互联网的迅猛发展，线上场景已经成为金融营销的重要渠道之一，商业银行可以利用互联网技术进行线上产品推广，增加品牌曝光度，利用大数据技术进行精准营销，不断开发新客户，提高客户黏性。
>
> 通过该案例，引导学生讨论金融机构可以从哪些方面进行线上营销，例如，可以发布金融知识和理财文章向客户传达品牌专业形象；可以通过举办线上讲座、投资咨询、线上问答积分等方式吸引客户参与，增加客户黏性；可以通过线上App营销推广金融产品、代理商品促销、提供附加服务，进一步扩大销售渠道；可以通过社交媒体平台（比如微信、朋友圈、微博、抖音等平台）进行线上营销推广，吸引用户点击。
>
> 因此，该案例所蕴含的思政元素是"服务意识""创新意识""科技意识"。

本章小结

资产、负债和中间业务构成了商业银行的三大核心业务。在全球范围内，商业银行的中间业务由于其较低的风险和较高的收益而迅速发展，其收入已成为银行主要的收入来源之一。随着商业银行经济活动范围的不断扩大，市场对信用服务形式的多样化需求不断增长，这促使中间业务和表外业务应运而生，并快速发展。

商业银行的中间业务，也称为无风险业务，是指银行在不直接动用自己的资金的情况下，代理客户处理的委托事务，并从中收取手续费。这些业务包括但不限于汇兑、承兑、代收等，它们为银行带来了非利息收入，涵盖了结算类、代理类、基金托管类、信托与租赁类以及咨询顾问类中间业务。

表外业务包括那些未直接反映在银行资产负债表上的业务，但在特定条件下可能对资产负债产生影响，甚至可能转化为表内业务。银行在开展表外业务时，可能以中间人的身份提供服务，也可能在特定条件下参与交易，从而可能导致资产负债表即表内业务量的变化。因此，表外业务有时也被称为或有资产和或有负债业务，主要包括担保类、承诺类和交易类表外业务。

通过这些业务的开展，商业银行能够为客户提供更加全面和多样化的金融服务，同时也为自身带来了更广阔的收入来源和市场机会。随着金融市场的发展和客户需求的变化，商业银行的中间业务和表外业务将继续发挥其重要作用，推动银行业务的创新和发展。

第六章 练习题

一、选择题与判断题

1. 商业银行（　　）的主要收入来源是手续费收入。[单选题]
  A. 贷款业务
  B. 票据贴现业务
  C. 同业拆借业务
  D. 支付结算业务

2. 传统的支付结算方式中，通常用（　　）。[单选题]
  A. 本票、汇款、信用证
  B. 本票、信用证、托收
  C. 汇款、信用证、托收
  D. 汇票、本票、支票

3. 下列选项中不属于代理银行业务的是（　　）。[单选题]
  A. 代理政策性银行业务
  B. 代理保险业务
  C. 代理商业银行业务
  D. 代理中央银行业务

4. 银行汇票结算方式的特点有（　　）。[多选题]
  A. 灵活性
  B. 及时性
  C. 兑现性强
  D. 运用广泛

5. 中间业务的特点包括（　　）。[多选题]
  A. 以收取手续费为主要目的
  B. 风险低
  C. 需要银行提供资金
  D. 以接受客户委托的方式开展业务

6. 按照支付结算的方式不同可以分为（　　）。[多选题]
  A. 同城结算

B. 现金结算
C. 转账结算
D. 异地结算

7. 商业银行发行理财产品，可以宣传理财产品预期收益率。（　　）[判断题]

8. 商业银行销售理财产品，应当向投资者充分披露信息和揭示风险。（　　）[判断题]

二、思考题
1. 商业银行中间业务新的发展方向是什么？
2. 金融机构分业经营具体是指什么？
3. 商业银行理财业务面临的挑战有哪些？

第七章　商业银行资本金管理

导言

在金融领域，商业银行的持续发展与稳健经营，必须建立在对信用风险、利率风险和汇率风险等多重风险的有效管理之上。银行资本的充足性不仅为其提供了吸收潜在经营损失的能力，确保了业务的持续运作，同时也是其风险抵御能力的重要保障。银行的资本状况，作为衡量其财务健康和市场竞争力的重要指标，对高负债银行来说，更是市场信心的基石，直接影响着其在金融市场中的稳健地位。

学习任务

①掌握银行资本的分类，包括一级资本（核心资本）和二级资本，以及它们在银行资本结构中的作用。②了解银行资本如何作为风险缓冲，保障银行在面临损失时的稳定性，以及它在支持银行业务扩展和满足监管要求中的关键角色。③学习《巴塞尔协议》及其对银行资本充足率的要求，理解其在全球金融稳定中的作用。④熟悉商业银行资本管理的策略，包括资本规划、风险评估、资本充足率监控和资本优化，以及如何通过资本管理支持银行的长期发展。⑤了解我国商业银行资本监管的框架，包括监管机构的职责、监管要求以及对银行资本充足性的监督和评估。

第一节　商业银行资本的界定及功能

商业银行资本是指商业银行自身拥有的或者是能永久支配使用的资金，它是银行从事经营活动必须注入的资金。这些资金不仅用于银行的注册、组织营业以及存款进入前的经营提供启动资金，还能够在银行经营过程中发挥重要作用，如吸收银行的经营亏损、缓冲意外损失、保护银行的正常经营等。同时，商业银行资本的构成复杂多样。

一、商业银行资本的含义

在市场经济体系中，资本是支撑个人或企业运营和发展的基石。资本不仅包括能够带来经济回报的各种资源，而且在西方经济学中，被视为劳动、土地、资本和企业家才能这四大生产要素之一。资本既可以表现为实物形态，如厂房、机器设备、动力燃料和原材料，也可以直接以货币形态存在。

《巴塞尔协议》中，产权资本大部分被视作核心资本，这凸显了产权资本在银行资本体系中的核心地位。债务资本，也称为非产权资本，是指在特定条件下可长期使用的借入资本，如可转换债券。在《巴塞尔协议》中，非产权资本全部被归类为附属资本，这反映了债务资本在资本体系中的辅助和补充性质。银行资本是一个复杂且不断发展的概念。商业银行在运用"资本"这一术语时，通常涵盖三个层面的含义：首先是财务会计意义上的账面资本；其次是外部监管视角下的监管资本；最后是内部管理视角下的经济资本。

（一）注册资本与实收资本

注册资本是商业银行设立的核心要素，它代表了银行在设立之初向政府主管机关登记注册的法定资金总额。这一资金是银行运营的基石，其数额必须满足或超过各国中央银行设定的最低资本要求，以确保银行的稳健运营和抵御风险能力。注册资本是银行公开声明的财产总额，不仅体现了银行的实力和信誉，还能让公众了解银行未来可能达到的经营规模。在开业时，银行实际募集到的资本金被称为实收资本，这是投资人已实际认购的股份所缴纳的金额。由于各种因素的影响，实收资本可能会与注册资本存在差异。但无论如何，银行都会通过各种方式努力增加实收资本，以扩大经营规模、提升业务能力和市场竞争力。

（二）会计资本

会计资本是依据普通会计原则来衡量和计算的，直接反映了银行按照账面价值计算的资本量。会计恒等式，资本等于总资产减去总负债，是会计资本的核心概念，明确展现了股东对银行资产的要求权。会计资本，也称为股东权益或净资产，其构成主要包括实收资本、资本公积以及盈余公积等部分。

银行资本的账面价值（即股东权益）= 银行总资产的账面价值 − 银行总负债的账面价值 = 股权资本 + 溢价（资本盈余）+ 未分配利润（留成盈余）+ 贷款损失准备金

会计资本在实际银行业务中被会计审计人员广泛应用，以提供银行财务状况的定量指标。然而，由于会计操作基于权责发生制原则，银行的资产负债账面价值与实际价值之间可能会出现差异，有时这种差异还可能相当显著。这揭示了会计资本在反映银行真实经济状况时存在一定的局限性。

（三）监管资本

监管资本是金融监管机构根据商业银行的业务特性和风险水平，依据统一的风险资本计量方法计算得出的一种资本要求。商业银行必须持有与其业务总体风险水平相匹配的资本，以确保其运营的稳健性。监管资本的核心作用在于吸收潜在损失、保障银行的持续稳定经营，其所有权并不作为监管的重点。

监管资本主要由两部分组成：核心资本和附属资本。核心资本通常包括普通股和留存收益；附属资本可能包括优先股、可转换债券等其他资本工具。监管机构对商业银行的资本充足率和杠杆率有明确的要求，以确保银行的资本水平与其风险承担能力相匹配。

此外，监管部门还会根据银行的业务规模、复杂性和风险状况，实施差异化的监管政策。这些政策有助于确保金融市场的整体稳定，同时保护存款人和投资者的利益。通过设定监管资本要求，监管部门能够有效地限制银行的过度风险承担，促进银行业的健康发展，维护金融市场的稳定运行。

监管资本的设定和监管，是金融监管体系中的重要组成部分，对防范金融风险、促进银行业稳健发展具有重要意义。

（四）经济资本

经济资本是商业银行根据自身的风险承受能力和业务发展需求，计算出的一种"虚拟资本"。它代表了银行为抵御非预期损失所需的资本额，旨在为债权人提供一定水平的"目标清偿能力"。经济资本并非实际的资金储备，而是银行根据自身风险管理需要，对所需资本的一种量化评估。

作为全面风险管理的核心，经济资本的计量、配置和评价对商业银行至关重要。通过对各分支机构、业务部门和产品等不同维度的经济资本需求进行评估，银行能够对风险资产进行有效的总量控制和组合管理。

二、商业银行资本的功能

（一）营业功能

资本对商业银行而言，不仅是其存在和发展业务的基石，更是其日常运营不可或缺的资金后盾。资本为银行的注册、组织营业以及在存款大量流入前的启动阶段提供必要的资金支持，确保银行能够顺利地开展各项业务活动。

资本的充足性是银行稳健经营的前提，不仅关系到银行自身的财务健康，还是银行信誉和竞争力的重要体现。通过确保资本的充足，银行能够在市场竞争中站稳脚跟，吸引更多的客户，扩大业务范围。

此外，资本还为银行提供了扩张和增长的空间。随着业务的发展和市场需求的变化，银行可以利用资本进行投资和创新，以适应不断变化的经济环境，实现可持续发展。

（二）保护功能

当商业银行面临经营亏损或不幸破产倒闭的情况时，资本作为一种关键的缓冲机制，能够发挥其保护作用，维护存款人和债权人的利益，减轻他们可能遭受的经济损失。

资本的存在不仅为银行提供了风险抵御的能力，而且对维护公众对银行乃至整个银行体系的信心具有至关重要的作用。这种信心是金融稳定的基石，确保了金融市场的正常运行和经济活动的顺畅进行。

在金融体系中，资本的充足性是评估银行稳健性的重要指标之一。通过保持足够的资本水平，银行能够向市场传递其抵御风险、持续经营的积极信号，从而增强存款人和其他利益相关者的信心。这种信任是维系金融秩序、促进经济健康发展的关键因素。

因此，商业银行必须重视资本的充足性和质量管理，通过合理配置资本、加强风险控制和优化业务结构，确保在面对经营挑战时能够保持稳定，保护客户利益，维护金融市场的稳定与繁荣。

（三）管理功能

商业银行的资本管理是金融监管当局严格监管的重点领域，涉及资本与资产或负债的比例、最低资本充足率等多项规定。这些规定的目的在于限制银行资产的无序扩张，确保银行业的金融安全和稳定。

资本管理不仅关乎风险控制，还体现在促进银行通过提高经营管理水平来增加盈利。这种盈利模式的转变，鼓励银行从依赖资产规模扩张转向提升经营效率和盈利能力，从而实现更高质量的发展。

通过资本管理，银行能够更有效地分配资源，优化资产结构，提高风险调整后的回报。这不仅有助于银行在竞争激烈的市场中保持竞争力，还能够为股东和社会创造更大的价值。

第二节 商业银行资本充足性及《巴塞尔协议》

《巴塞尔协议》的主要内容与我国银行业资本监管

资本充足性是银行稳健经营的核心。存款人依赖银行的资本以保护其债权；社会和监管者要求银行维持高水平的资本，以稳定金融系统。银行的充足资本金是其经营安全和发展的基础，也是风险管理和持续盈利的保障。监管机构的严格标准和市场信任度均与银行资本水平直接相关。银行必须维持充足的资本储备，以应对市场波动，确保稳健运营和持续盈利。

一、商业银行资本充足性

商业银行资本充足性包含两层含义：首先，银行资本需足以抵御涉险资产可能带来的风险，确保在风险转化为损失时，资本能够弥补这些损失。其次，资本要求需适度，过高会限制业务扩展，过低则增加经营风险，甚至可能导致银行倒闭。因此，商业银行资本充足至少满足两个要求：一是资本总量需达标，以保障风险抵御能力。二是资本结构需合理，以确保资本的有效利用和风险的合理分散。

（一）资本数量充足

资本金的充足性是商业银行稳健经营的关键。银行必须持有超过监管机构规定的最低资本金，以维持正常运营和信用。同时，遵循"适度资本"原则，避免"过度资本"带来的不必要成本。首先，资金过剩会增加成本，尤其是股权资本成本，因其缺乏避税效果，导致综合资本成本上升，可能增加存款成本，降低银行利润率。其次，过高的资本金可能使银行错失投资机会，影响业务扩展和长期发展。

（二）资本结构合理

合理配置资本结构是商业银行管理中的一项关键策略，通过在资本总额中平衡各类资本，旨在实现成本效益最大化和风险最小化，同时提升银行的经营灵活性和融资便利性。根据《巴塞尔协议》的要求，银行的核心资本应至少占到资本总额的一半，同时鼓励银行根据自身规模定制资本结构。对于规模较小的银行，发行普通股是吸引投资、增强灵活性的有效途径；而大型银行则可以通过发行资本性债券来有效降低融资成本。此外，银行还需根据市场条件的波动灵活调整资本结构，如在贷款需求低迷、存款充裕时增加附属资本，以适应市场变化，反之亦然。

二、《巴塞尔协议Ⅰ》

20世纪70年代，随着金融全球化的进程加速，各大银行纷纷在国外设立分支机构，跨境经营已成为常态。这种跨境经营的模式使银行面临着更为复杂和多样的风险环境。由于不同国家之间的金融监管制度存在差异，被监管的金融机构往往会利用这些差异进行监管套利，即将业务活动转向监管较为宽松的国家，从而导致监管失效。为了解决这一问题，需要建立一套国际通用的监管标准。

20世纪80年代初的拉美债务危机让银行家们意识到主权债务也存在风险。这一事件促使监管机构开始重新审视银行的风险管理策略，并考虑将国家风险纳入监管框架之中。巴塞尔委员会成立于1974年，由来自多个国家的银行监管当局组成。该委员会的主要任务是制定国际银行监管标准，以维护国际金融秩序的稳定。巴塞尔委员会通过召开会议、发布报告等方式推动各国监管当局之间的合作与交流，共同应对国际银行业面临的挑战。在巴塞尔委员会的推动下，各国监管当局逐渐认识到制定统一国际监管标准的重要性。

1988年7月，巴塞尔委员会通过了具有划时代意义的《巴塞尔协议Ⅰ》，这是国际银行监管领域的一个重大里程碑。该协议明确规定，银行必须根据自身的信用风险水平持有充足的资本，以构筑金融稳定的坚固防线。《巴塞尔协议Ⅰ》的出台，不仅为衡量银行乃至整个银行体系的稳健性提供了关键指标，还为全球银行监管机构提供了统一的资本监管标准，推动了全球资本监管的标准化和一致性进程。

（一）资本的构成

《巴塞尔协议Ⅰ》将银行资本分为两大类：一类是核心资本，又称一级资本；另一类是附属资本，又称二级资本。

1. 核心资本（一级资本）

核心资本是商业银行资本结构中最稳定的组成部分，主要由实收资本（或称为普通股）和公开储备构成。实收资本通常指股东对银行的初始投资；公开储备是银行从利润中提取的部分，用于补充资本基础。

这些资本形式因其高质量和永久性特点，为银行提供了持续的资金支持，增强了银行抵御风险的能力。核心资本的存在，不仅确保了银行能够满足监管要求，还是银行信誉和稳健经营的重要标志。

核心资本的充足程度直接关系到银行的资本充足率，这是衡量银行资本实力和风险承担能力的关键指标。通过维护高水平的核心资本，银行能够在经济波动和金融市场不确定性中保持稳定，为存款人和债权人提供信心保障。

2. 附属资本（二级资本）

附属资本作为商业银行资本结构的重要组成部分，包括未公开储备、资产重估储备、普通准备金、混合资本工具和长期次级债务等多种形式。虽然附属资本在损失吸收能力上不及核心资本，但它仍然在一定程度上提升了银行的资本实力和风险抵御能力。

未公开储备通常源于银行的超额收益；资产重估储备是在资产价值上升时所形成的资本公积；普通准备金是银行为应对潜在损失而设置的资金；混合资本工具和长期次级债务是银行通过发行金融工具筹集的、可用于补充资本的资金。

附属资本的存在，为银行提供了额外的财务弹性，有助于银行在面临经济下行或其他不利因素时，保持资本充足率的稳定。同时，附属资本也是银行进行资本规划和风险管理的重要工具，有助于银行优化资本结构，提高资本的使用效率。

商业银行应当重视附属资本的管理和运用，通过合理配置和有效运用，发挥其在增强银行资本实力和支持银行业务发展中的作用。

（二）风险权数系统

风险权数系统包括表内资产的风险权数和表外项目的信用转换系数两个部分。

1. 表内资产的风险权数

风险加权资产是银行资本充足性管理中的一个重要概念，根据资产和表外业务的风险特性，通过赋予不同的风险权重来衡量其对银行资本的影响。这些权重反映了不同类型资产的风险水平，通常分为0%、20%、50%和100%四个档次。0%风险权重：通常分配给风险极低的资产，如现金和现金等价物，以及政府债券等。20%风险权重：适用于风险相对较低的资产，如对金融机构的某些贷款。50%风险权重：用于风险中等的资产，如对企业或个人的贷款。100%风险权重：分配给风险较高的资产，如对非银行金融机构的贷款或某些类型的投资。

通过这种方式，风险加权资产的计算能够更准确地反映银行资产组合的真实风险状况。银行需要根据风险加权资产的总额来计算其资本充足率，确保其资本水平足以覆盖潜在的风险。这种方法有助于银行更有效地管理风险，同时也为监管机构提供了一个评估银行风险状况的标准化工具。

2. 表外项目的信用转换系数

银行的表外业务，包括担保、承诺等，虽然不直接反映在资产负债表上，但根据监管要求，需要通过"信用换算系数"转换为表内相应的项目。这一过程称为信用风险转换，其目的是将表外业务的潜在信用风险纳入资本充足性评估的范畴。

信用换算系数根据表外业务的类型和风险特征确定，它将表外业务的名义金额转换为一个等价的表内风险暴露金额。转换后的金额随后按照与表内资产相同的风险权重计算方法，计算其对应的风险加权资产。

这一做法确保了银行的资本充足性评估能够全面反映银行面临的所有风险，包括那些通过表外业务形式存在的风险。通过这种方式，监管机构可以更准确地评估银行的风险状况，并确保银行持有足够的资本来抵御潜在的损失。

（三）标准化比率

根据《巴塞尔协议Ⅰ》，到1992年年底，所有签约国从事国际业务的银行必须确保其资本与风险加权资产的比率达到至少8%，其中核心资本充足率不得低于4%。这一规定的核心目的在于建立一个全球统一的银行资本充足性标准，以增强银行的抗风险能力，保障金融系统的稳定性。

这一标准强调了资本充足性在银行稳健经营中的重要性，要求银行持有足够的高质量资本，以覆盖其业务活动中的潜在风险。通过设定最低资本充足率要求，监管机构能够促使银行加强风险管理，优化资本结构，从而提高整个银行业的安全性和可靠性。

（四）过渡期和实施安排

根据《巴塞尔协议Ⅰ》，巴塞尔委员会为全球银行业确立了中期目标，以实现全球资本充足性的统一标准。该目标要求，截至1990年，所有参与国的大规模银行必须计算并确保其资本对风险加权资产的比率达到7.25%这一最低门槛。此外，至1992年，所有成员国的国际银行都应达到此一资本充足率要求，以强化国际金融体系的稳定性和抵御风险的能力。

三、《巴塞尔协议Ⅱ》

随着金融全球化的不断深入，国际银行业所面临的风险类型变得越来越多样化。除传统的信用风险之外，市场风险和操作风险也日益成为银行风险管理中不可忽视的重要部分。金融创新的持续推进，尤其是衍生品市场的发展和复杂金融工具的出现，推动了风险计量技术的进步。这些技术使银行能够更加精确地识别和量化风险，为《巴塞尔协议Ⅱ》引入更为复杂和精细的风险计量方法提供了坚实的技术基础。

1997年亚洲金融危机的爆发，对全球银行业产生了深远的影响，暴露了国际银行业在风险管理方面的诸多不足。这场危机促使各国监管机构和银行业认识到加强风险管理和监管合作的紧迫性。虽然《巴塞尔协议Ⅰ》确立了国际通用的资本充足率标准，但其在风险计量的准确性和覆盖范围的全面性方面存在明显的局限性。亚洲金融危机的发生，进一步凸显了这些问题，促使巴塞尔银行监管委员会开始着手对协议进行修订。

1999年6月，巴塞尔委员会发布了《巴塞尔协议Ⅱ》的初步征求意见稿，标志着对原有协议的全面审视和更新。在随后的修订过程中，委员会广泛征求并吸纳了来自全球监管当局和银行业的意见和建议，以确保新协议能够更好地适应不同国家和地区的银行业实践，提高其适用性和可操作性。经过数年的讨论和完善，2006年，《巴塞尔协议Ⅱ》正式生效，为国际银行业的风险管理和资本监管提供了更为全面和先进的框架。

（一）第一支柱：最低资本要求

《巴塞尔协议Ⅱ》在继承《巴塞尔协议Ⅰ》对资本充足率的基本要求的基础上，进一步强化了银行资本管理的精细化和全面性。该协议规定，银行的总资本（包括核心资本和附属资本）与风险加权资产的比率应达到8%，其中核心资本充足率不得低于4%，以此确保银行具备足够的资本来抵御潜在风险。

与《巴塞尔协议Ⅰ》相比，《巴塞尔协议Ⅱ》在风险管理方面进行了显著扩展，将风险的考量从单一的信用风险扩展到了市场风险和操作风险。这要求银行在评估风险加权资产时，必须综合考虑信用风险、市场风险和操作风险，从而实现对银行风险的全面覆盖。

为了提高风险计量的准确性和适应性，《巴塞尔协议Ⅱ》为信用风险和操作风险的计量提供了多种方法：①标准法为银行提供了一种基于监管规定的标准化风险权重体系。②内部评级法分为初级和高级两种，允许银行使用自己的内部评级系统来评估信用风险。③基本指标法为操作风险的计量提供了一种基于银行收入的简化方法。④标准法和高级计量法为操作风险提供了更为复杂的计量方法，允许银行根据其内部模型来计算所需的资本。

这些方法的引入，使银行能够根据自身的风险管理能力和业务特点，选择最合适的风险计量方法。这不仅提高了风险计量的科学性和合理性，还增强了银行风险管理的灵活性和有效性。

（二）第二支柱：监督检查

《巴塞尔协议Ⅱ》在强化银行资本充足性要求的同时，特别强调监管当局需对银行的资本状况进行持续而全面的监督与检查。这一过程确保了银行拥有足够的资本来抵御各种潜在风险，维护金融系统的稳定性。

协议确立了一套针对银行风险监督检查的主要原则，提供了风险管理的指导方针，并建立了监督透明度和问责制度。这些原则的核心目的在于指导监管当局如何高效、一致、公正地进行银行监管，确保监管措施的有效执行。

《巴塞尔协议Ⅱ》特别关注银行账户中的利率风险、操作风险和信用风险等关键领域，并针对这些领域提出了具体的监管要求。①压力测试：要求银行进行压力测试，以评估在极端市场条件下的表现和韧性。②违约定义：明确了违约的界定标准，以统一风险识别的方法。③剩余风险：关注银行在传统信贷产品之外可能面临的其他风险。④贷款集中风险：指导银行如何管理和分散贷款集中带来的风险。⑤资产证券化：提供了资产证券化过程中的风险管理指引。此外，协议还强化了对银行内部控制和风险管理流程的要求，鼓励银行采用更为先进和敏感的风险评估工具，以适应不断变化的市场环境。

（三）第三支柱：市场约束

《巴塞尔协议Ⅱ》在提升银行风险管理标准的同时，特别强调了信息披露的重要性。该协议要求银行披露的内容不仅限于风险和资本充足状况的定量数据，更扩展到了风险评估、管理过程、资本结构以及风险与资本的匹配情况等多方面的详细信息。

这种披露要求既包括了核心的财务和风险指标，也涵盖了更广泛的定性信息，如风险管理策略、内部控制流程、公司治理结构等。这样的全面披露有助于市场参与者获得银行经营的全貌，包括其风险状况和资本实力。

通过加强信息披露，市场约束机制得以引入。市场参与者，包括投资者、信贷评级机构和其他利益相关者，能够更准确地评估银行的风险状况和经营能力，从而作出更为明智的投资和信贷决策。这种市场监督力量的引入，为银行提供了额外的激励，促使其不断提升风险管理水平和透明度。

四、《巴塞尔协议Ⅲ》

2008年金融危机揭示了原有国际银行业监管准则中的诸多不足，如核心资本充足率偏低、银行高杠杆经营、流动性监管标准缺失等。这些问题导致银行体系在面临系统性风险时显得尤为脆弱。金融危机后，国际社会开始深刻反思并认识到，加强银行业监管、提高银行体系稳健性对维护全球金融稳定至关重要。因此，巴塞尔委员会被赋予了修订和完善国际银行业监管标准的重任。

针对金融危机暴露出的问题以及国际银行业监管改革的需求，巴塞尔委员会于 2010 年 12 月正式发布了《全球更稳健的银行及银行体系监管框架》及《流动性风险计量标准及监管的国际框架》，即《巴塞尔协议Ⅲ》。该协议于 2013 年 1 月 1 日起实施。

（一）提高资本充足率要求

资本监管框架始终是巴塞尔委员会监管框架的核心，也是该轮金融监管改革的主要内容，《巴塞尔协议Ⅲ》全面强化了资本充足率监管的三个要素。

1. 加强资本质量

《巴塞尔协议Ⅲ》在资本充足性方面进行了重大调整，提高了对核心一级资本、一级资本和总资本的最低要求，特别是，它强调了核心一级资本的重要性，以增强银行在面临损失时的自我恢复能力。

2. 引入资本缓冲

《巴塞尔协议Ⅲ》引入了资本缓冲的概念，包括资本留存缓冲和逆周期资本缓冲。资本留存缓冲要求银行在经济好时期积累额外的资本，以备不时之需；逆周期资本缓冲是为了应对经济周期波动对银行资本充足率的影响，要求银行在信贷增长过快时增加资本储备。

3. 系统重要性银行附加资本要求

对于全球系统性重要银行，《巴塞尔协议Ⅲ》提出了更高的资本要求，包括附加的资本要求，以降低这些银行可能带来的系统性风险和道德风险，解决"大而不能倒"的问题。

（二）引入杠杆率监管标准

杠杆率是衡量银行资本充足性的一个关键指标，它定义为银行的资本与总资产的比率。《巴塞尔协议Ⅲ》将杠杆率纳入监管框架，旨在作为资本充足率的补充，提供一个更为直观的银行杠杆水平的度量。引入杠杆率监管的目的是限制银行体系的杠杆化程度，确保银行有足够的资本来支撑其资产规模，从而降低因过度扩张而带来的风险。这一监管工具特别关注银行的总杠杆水平，包括表内和表外资产，以提供一个更为全面的银行风险视图。

《巴塞尔协议Ⅲ》规定的杠杆率标准要求银行维持一个最低杠杆率水平，以确保它们在面对损失时能够保持稳定。这不仅有助于增强单个银行的稳健性，还有助于提升整个银行体系的抵御风险能力，防止金融系统的过度杠杆化，维护金融市场的稳定。

（三）建立流动性风险量化监管标准

《巴塞尔协议Ⅲ》提出了流动性覆盖率的要求，旨在确保银行在面临短期资金压力时，能够持有足够的高质量流动资产来覆盖其预计的流动性净流出。这一比率要求银行在极端压力情况下，至少拥有 30 天内的流动性缓冲，从而降低流动性风险。

作为长期流动性的监管工具，净稳定资金比率要求银行在一年或更长的期限内，确保其资产和业务运营得到稳定资金的充分支持。这一比率强调资金来源的稳定性，鼓励银行使用长期和稳定的资金来源，以支持其长期资产，从而提高银行的流动性风险管理能力。

第三节 商业银行资本的管理

一家稳健运营的银行，为了维持资本充足率，必须随着资产的增长和业务的扩展而不断增加资本。银行需要准确评估其资本需求，并通过内部积累和外部融资两种方式来充实资本,这通常被称为"分子策略"。通过内部积累,银行可以利用其自身的盈利来增加资本;外部融资则可能包括发行新股或债务工具。此外,为了实现至少8%的资本充足率目标,银行还可以采取"分母策略",通过降低加权风险资产的规模来优化资本结构。这可以通过优化贷款组合、减少对高风险资产的投资或加强风险管理等措施来实现。

一、商业银行资本需要量的影响因素及估算

(一)商业银行资本需要量的影响因素

商业银行所需资本的数量,并非完全可以由主观来决定。在商业银行业务经营与管理的过程中,一系列的因素影响着商业银行资本的需要量。

1. 有关法律规定

金融监管部门在各国均通过法律框架强化对商业银行的监管,以维护其稳健性。这些法规不仅严格规定了银行的设立条件,包括资质审核、地理位置选择和分支机构的设立,还对银行的注册资本提出了明确的最低要求。未达到规定注册资本额度的银行,通常不会被批准注册,从而确保只有符合标准的金融机构才能够进入市场。

2. 经济发展情况

银行的资本需求与宏观经济周期呈现高度的相关性。在经济增长的繁荣阶段,市场活力充沛,资金流动性强,银行能够轻松吸纳资金,挤兑风险降至最低。随着债务违约风险的降低,银行所承担的整体风险相应减少,使它们可以持有相对较低水平的资本。相反,在经济萧条期,信贷市场紧张,银行面临的风险激增,这就要求它们必须积累更多的资本以抵御风险。对于区域性商业银行,确定资本需求时,除了需从宏观经济视角进行分析,还必须深入考虑本地区的经济状况。

3. 银行资产与负债构成

银行的负债结构与其资本金需求紧密相关,流动性差异要求银行进行精准的资

本调整。若银行负债中活期存款比例较高，银行需保持充足的资本储备，以防范流动性风险；而定期存款等流动性较低的负债占比较高时，银行可相对降低资本储备。"资产结构"深刻反映了银行资产的质量和配置。当银行资产表现优异，收益稳定且风险可控时，其收入足以覆盖潜在损失，银行可采取较为保守的资本持有策略。然而，一旦资产质量下降，银行则需要提升资本水平，确保对风险事件具备足够的抵御力，以维护银行的稳健运营和长期发展。

4. 银行的声誉

银行的资本实力直接塑造了其信用等级，而这一信用等级又反过来决定了银行所需要的资本金水平。在银行经营状况良好、享有高度信誉的情况下，它能够吸引更多的资本，从而在资本层面上，即便资本金不是过量的，银行也能够保持其稳健的运营和卓越的信誉。相对地，对于那些信誉受损或面临运营挑战的银行，增强资本储备变得尤为关键，以提升其信用等级并确保其长期的稳定发展。

（二）商业银行资本需要量的估算

银行在估算资本需求时，需考虑多方面因素。静态上，资本需求与加权风险资产总额紧密相关；而动态上，则受利润增长目标、分红政策和资产结构变动等因素影响。银行需综合考虑这些因素，确保资本水平既充足又合理。

二、分子策略

分子策略的实施旨在通过增强银行的资本基础，提高其整体的金融稳定性。这一策略的执行可以通过两种互补的途径：一是内部资本的积累，即通过银行自身的盈利活动来增加资本储备。二是外部资本的引入，这可能涉及通过资本市场发行股票、债券或其他金融工具来吸引外部投资者。

（一）商业银行资本的内部筹集

1. 内部筹集的方法

商业银行资本的内部筹集主要通过增加各种准备金和收益留存的方法来实现。

（1）增加准备金。商业银行通过提升准备金率，将一定比例的利润转化为准备金，这一策略有效地增强了银行的资本实力。此举不仅提高了银行的资本充足率，增加了对未预见损失的吸收能力，而且为银行奠定了更为坚实的财务基础。

（2）留存盈余。商业银行通过将税后净利转入留存盈余账户，实现了资本的内部积累，这一做法是银行增强资本实力的关键途径。这种策略不仅提升了银行的资本充足率，而且为银行提供了额外的财务缓冲，以应对潜在的市场波动和信用风险，确保了银行的稳健经营和长期发展。

2. 内部筹集资本的优缺点

内部筹集资本的优点如下。

（1）内部资本筹集策略允许银行在不涉及公开市场发行的情况下增加资本，从而显著降低了与股票或债券发行相关的发行费用和其他成本。

（2）通过内部途径筹集资本，银行能够确保不引入新的股东，进而维护了原有股东的控制权，避免了股权结构的变动。

（3）留存盈余的再投资通常享有税收上的优惠，股东不需要为这部分资本缴纳个人所得税，这为内部资本筹集提供了额外的激励。

（4）与固定股息或利息支付的股票和债券不同，内部资本筹集不要求银行承担固定的支付压力，同时没有严格的偿还期限，这为银行的财务管理提供了更大的灵活性，有助于减轻其财务负担。

内部筹集资本的缺点如下。

（1）内部资本筹集的规模受到银行净利润和股利分配政策的显著影响，这可能导致其筹集的资本量不足以满足银行在大规模扩张或风险管理方面的需求。

（2）银行在通过内部途径筹资本时，必须遵守政府和监管机构对资本规模的限制，这可能会对其资本扩张能力产生影响。

（3）内部资本筹集的可行性和效果高度依赖于银行的盈利能力。银行盈利能力的任何下降都可能对内部资本筹集的数量和质量产生负面影响。

(二)商业银行资本的外部筹集

当银行的内部资本筹集不足以满足其资本需求时,商业银行将转向外部筹资以支持其资产增长。外部筹资方式多样,包括发行普通股、优先股以及中长期债券等。

1. 发行普通股

普通股是股份有限公司发行的基本股票,象征着股东对公司的所有权,是公司资本结构的核心组成部分。持有普通股的股东享有一系列基本权利,如参与公司治理、分享利润和资产分配,以及优先认购新股的权利。在公司的利润和资产分配顺序中,普通股股东位于债权人和优先股股东之后,这意味着他们在公司清算时的权利保障顺序较后,面临的风险也相对较大。尽管如此,普通股股东也拥有通过公司盈利增长和股价上涨获得高投资回报的潜力。商业银行采用普通股融资有以下优点。

(1)普通股没有固定的偿还期限,商业银行可以持续利用这些资金,不必担心本金的偿还问题,这为银行的长期发展提供了稳定的资金支持。

(2)普通股股息的支付不是强制性的,商业银行可以根据自身的经营状况和发展战略灵活决定股息的支付,为银行的财务管理提供了更大的灵活性。

(3)普通股是股票市场的核心组成部分,拥有广泛的投资者基础和便利的交易条件,使普通股的发行和流通相对容易。同时,普通股通常提供较高的收益率,这增加了其对投资者的吸引力。

(4)通过发行普通股,商业银行能够吸引众多股东,不仅有助于提高银行的市场知名度,还能增强其在投资者和客户中的信誉度。

(5)普通股股本的增加意味着银行对债权人的保障程度提高,有助于银行以较低的成本获取资金,从而增强其财务实力和市场竞争力。

商业银行发行普通股融资存在以下缺点。

(1)普通股的发行涉及一系列复杂的法律和财务程序,包括法律审查、审计和承销等,导致其发行成本较高。

(2)新增普通股的发行可能会稀释现有股东的权益,影响他们在银行中的控制力和投资回报。

（3）普通股的发行受市场波动的影响较大，需要银行在市场条件有利时谨慎选择发行时机。

（4）普通股的资金成本较高，因为股息支付发生在税后，这增加了银行的财务负担，要求银行具备较强的盈利能力以满足股东的期望。

2. 发行优先股

优先股是一种特殊类型的股份，它在普通股之外，具有特定的权益安排。优先股股东在公司分配利润和剩余财产时享有优先权，但相较于普通股股东，他们在公司决策和管理方面的参与权受到限制。对商业银行来说，优先股也是一种筹资方式，其具有以下优点。

（1）优先股提供的固定股息为商业银行带来了稳定的收益流，有助于银行在财务规划和风险管理中保持稳健。

（2）优先股的发行不会削弱原有股东的控制权，因为优先股股东通常不享有投票权，这保护了银行的治理结构和主要股东的利益。

（3）在盈利状况良好时，优先股的固定股息支出有助于银行利用财务杠杆，提升普通股股东的收益率，优化整体资本回报。

（4）优先股的资金使用权若无赎回条款，则为商业银行提供了长期且灵活的资金来源，增强了银行的资金使用效率和财务自主性。

商业银行采用优先股筹资，存在以下缺点。

（1）优先股的股息支付要求商业银行在税后利润中进行，这增加了银行的资金成本，对银行的财务健康和盈利能力构成挑战。

（2）优先股的转换特性为股东提供了市场变动时的灵活性，但同时也为银行的资本结构稳定性和经营策略带来了一定程度的不确定性。

（3）大量发行优先股可能会影响商业银行的再融资能力，因为优先股股东的优先权可能会降低其他投资者对银行股票或债券的兴趣，从而限制银行筹集新资本的途径。

3. 发行中长期债券

中长期债券是指偿还期限在 1 年以上，一般在 3 年至 10 年的债券，如中期国债、企业债券和中长期金融债等。发行中长期债券的主要目的是获得长期稳定的资金，以满足商业银行长期发展的资金需求。

发行中长期债券具有以下优点。

（1）中长期债券以其较低的发行成本，成为商业银行在资本市场上筹集资金的高效选择。

（2）这些债券的长期融资特性，使商业银行能够更有效地满足其长期资金需求，实现资产与负债的期限匹配。

（3）债券利息的税前扣除特性，为商业银行提供了财务杠杆的优化空间，增强了其资本运作的灵活性和效率。

发行中长期债券也有以下缺点。

（1）发行中长期债券后，商业银行需承担定期还本付息的义务，这可能对其现金流管理和财务规划带来挑战。

（2）债券的市场价值易受市场利率波动的影响，利率上升可能削弱债券的市场吸引力，对银行的资本价值产生负面影响。

（3）债券发行过程中的信用评级和担保要求等条件限制，可能对商业银行的融资策略和灵活性造成一定制约。

三、分母策略

分母策略着眼于降低风险权数较高的资产在银行资产组合中的比例，以此减少银行的整体风险负担。通过管理表外业务，选择风险权数较低的资产，分母策略有助于银行优化资产组合，提高资产质量。该策略通过缩减风险资产规模，有效降低银行的风险敞口，增强风险抵御能力。最终，分母策略通过降低风险资产比重，提升资本充足率，确保银行满足监管要求，同时在市场中保持竞争力。

（一）减少银行的资产规模

通过出售那些风险权数较高且市场价值显著的资产，银行能够压缩资产规模，同时为更有利可图的投资释放资金，这有助于优化银行的风险资产结构。

在维护必要流动性的前提下，银行可以审慎地减少现金及现金等价物的持有量，这不仅能够降低银行的非盈利资产比例，还能提升资本的利用效率，增强银行的盈利潜力。

（二）调整银行资产结构

商业银行通过优化贷款结构，减少高风险贷款的比重，同时增加低风险贷款的比例，以降低整体风险水平，确保贷款业务的稳健发展。通过对贷款产品的风险权重进行细致评估，银行能够有针对性地调整其贷款组合，选择风险较低的贷款产品，实现风险与收益的最优平衡。

增加对国债、地方政府债等低风险、高信用等级金融证券的投资，不仅有助于降低银行的风险加权资产总额，还能提高资产的流动性和稳定性。通过多元化投资策略，银行能够降低对单一资产的依赖，提高资产组合的整体稳定性，增强风险抵御能力。

（三）加强表外业务管理

银行应加强表外业务的管理，选择那些风险权数较小的资产，以降低对资本充足率的不利影响，同时保持业务的稳健增长。通过完善表外业务风险管理体系，银行能够更有效地控制和管理风险，确保业务的可持续发展。

银行应实施风险分散策略，避免表外业务风险的集中，提高整体资产组合的抗风险能力。提升表外业务的透明度是银行赢得市场信任和监管合规的关键，银行应确保所有相关活动都能够接受监管和公众的审查。

银行可以将部分贷款或其他资产进行证券化处理，将资产转移到表外以释放资本。这不仅可以降低银行的风险加权资产总额，还可以为银行提供新的资金来源渠道。

为了满足资本充足要求，商业银行可以采取分子策略和分母策略，或二者并用，以降低经营风险和财务风险，增强银行的安全性和流动性。然而，盈利性、安全性和流动性三者之间往往存在内在的矛盾。因此，银行在制订和实施这些策略时，必须审慎权衡，确保在风险控制和盈利追求之间找到恰当的平衡点，以实现银行业务的稳健发展。

第四节　我国商业银行的资本监管

一、我国银行业实施《巴塞尔协议》的意义

《巴塞尔协议》标志着国际金融监管的新纪元，深刻重塑了现代银行业的经营哲学，引领了一场银行业的革新浪潮。该协议突破了传统以资产规模为银行实力衡量标准的观念，转而从资本充足率的角度，对银行的稳健性和风险抵御能力进行了全新评估。国际大型银行被要求在规定时间内达到资本充足率的严格标准，这一变革促使商业银行从规模扩张转向更加注重质量和稳健的经营模式，推动了银行在资本管理和风险控制方面的策略调整。

《巴塞尔协议》进一步创新了资产负债管理的理念，构建了一个全面覆盖表外业务的监管框架，超越了以往仅限于资产负债表内项目的监管局限，显著提升了银行风险管理的广度和深度。作为一项全球性的金融规范，《巴塞尔协议》在全球金融体系中发挥着重要作用。

在我国，随着金融体制改革的不断深入，国有大型商业银行作为国际金融业务的重要参与者，正越来越多地融入国际市场。《巴塞尔协议》在中国银行业的实施，对提升我国银行业的国际地位、加快国际化步伐具有深远的意义。这不仅有助于增强我国银行业的国际信誉，促进其与国际标准的接轨，而且有助于我国银行业吸收国际先进的管理经验，加强风险管理，确保安全稳健运营。同时，这也是我国银行业在国际竞争中提升自身实力、吸引外资、提高资信等级以及加强对外资银行监管的重要举措。

二、我国商业银行的资本监管

自全球金融危机以来，金融监管改革已成为全球经济治理的关键领域。二十国集团、金融稳定理事会和巴塞尔银行监管委员会等国际组织在推动金融监管体系改革方面发挥了重要作用。中国作为这些组织的正式成员，实施新的银行业监管标准，既是履行国际义务，也是推动国内银行业健康发展的重要举措。

第七章　商业银行资本金管理

中国经济金融形势和商业银行业务模式的显著变化，要求我们对资本监管进行新的调整，以应对新的挑战。《商业银行资本管理办法（试行）》在过去发挥了重要作用，现在需要根据新的经济金融环境进行修订和完善。

2023年11月1日，国家金融监督管理总局发布的《商业银行资本管理办法》（以下简称《办法》）标志着中国银行业监管开启了新篇章。该办法自2024年1月1日起施行，旨在引导银行优化资产结构，提升对实体经济的服务力度和质效。《办法》通过调整风险加权资产计量规则等措施，有助于降低优质企业和中小企业的资本占用成本，促进银行业更有效地支持实体经济的发展，体现了监管机构对经济高质量发展的积极贡献。

（一）资本充足率定义

资本充足率是评估商业银行资本状况和风险承受能力的首要指标，通过比较银行的资本净额与风险加权资产来衡量。这一比率的高低直接反映了银行的资本充足程度，是银行稳健经营和长期发展的关键保障。一个较高的资本充足率意味着银行具备更强的风险抵御能力，能够在面对市场波动和不确定性时保持稳定。

（二）资本充足率监管要求

核心一级资本充足率是银行资本充足性的基本保障，其规定不得低于5%。这一指标体现了银行资本中最为核心和高质量的部分，主要由普通股和留存收益构成，是银行稳健运营的基石。

一级资本充足率则进一步扩展至包括核心一级资本和其他一级资本（如优先股等），其最低标准为不得低于6%。这一指标增强了银行资本的多样性，提升了银行的风险吸收能力。

资本充足率是衡量银行整体资本充足程度的全面指标，其最低要求为不得低于8%。这一比率涵盖了银行的总资本，包括核心一级资本、其他一级资本和二级资本，是银行风险管理能力的直接体现。

系统重要性银行作为金融体系的核心支柱，除了遵守标准的最低资本充足率要求,还需满足更为严格的附加资本条件。这些附加资本要求被设计来提升系统重要性银行的风险抵御能力,确保它们能够在市场压力下保持稳健,降低对整个金融系统的潜在负面影响。

(三)资本定义

我国商业银行总资本包括核心一级资本、其他一级资本和二级资本。

1. 核心一级资本

核心一级资本是银行资本结构中最核心和最高质量的部分,其组成主要包括以下方面。

(1)实收资本或普通股:这是银行资本的基础,由股东实际投入的资金组成。

(2)资本公积:反映银行在运营过程中形成的资本增值部分。

(3)盈余公积:根据法律规定或公司章程,从净利润中提取的部分,用于弥补未来可能出现的亏损。

(4)一般风险准备:银行为应对潜在风险而设立的准备金。

(5)未分配利润:银行历年积累下来的净利润,在未进行分配之前形成的资本。

(6)累计其他综合收益:包括某些未实现的利得和损失,对银行资本有一定补充作用。

(7)少数股东资本可计入部分:指在合并报表中,少数股东权益中可计入银行核心一级资本的部分。

2. 其他一级资本

(1)其他一级资本工具及其溢价:除了普通股之外的其他资本工具,如优先股等,以及这些工具发行时的溢价部分。

(2)少数股东资本可计入部分:同样指在合并报表中,少数股东权益中可计入其他一级资本的部分。

3. 二级资本

（1）二级资本工具及其溢价：用于补充银行资本的次级债务工具，以及这些工具的溢价。

（2）超额损失准备：超出正常风险准备的额外损失准备，用于增强银行的风险抵御能力。

（3）少数股东资本可计入部分：在二级资本中，少数股东权益的相应部分。

（四）资本扣除项

在计算资本充足率时，商业银行必须从核心一级资本中扣除商誉、其他无形资产（不包括土地使用权）、由经营亏损引起的净递延税资产等项目，以确保资本充足率的真实性和准确性。

损失准备缺口的计算依据银行采用的信用风险计量方法而有所不同，无论是权重法还是内部评级法，都需要从核心一级资本中扣除相应的缺口部分。

资产证券化销售利得、确定受益类的养老金资产净额、持有本银行的股票等项目也需要从核心一级资本中扣除，以避免资本的高估。

对于现金流储备和未实现损益，商业银行需要根据其正值或负值进行相应的扣除或加回，以反映资产和负债的真实经济价值。

审慎估值调整是确保资本充足率计算准确性的重要步骤，商业银行需要对资产和负债的估值进行适当的调整。

（五）当前资本充足率水平

金融监管总局公布的最新数据显示，我国商业银行在2024年第一季度末的资本充足率整体保持在较高水平，其中整体资本充足率为15.43%，远超监管要求的最低标准。

一级资本充足率与核心一级资本充足率分别达到了12.35%和10.77%，这两个关键指标的高水平进一步印证了我国商业银行在资本管理方面的稳健性。

这些数据不仅凸显了我国商业银行在资本充足性方面的强大实力，还为银行业的持续健康发展奠定了坚实的资本基础。

案例分析

《巴塞尔协议》是否过时

对于《巴塞尔协议》及相关监管规定的时效性与合理性，学术界和金融业界有着不同的声音。一方面，有观点认为，随着金融市场的演进，监管框架亟须更新以适应新的市场环境；另一方面，也有观点坚持认为，这些规定对维护金融稳定至关重要。

兴业银行首席经济学家鲁政委强调，当前全球主要经济体的商业银行普遍采纳了巴塞尔委员会的监管准则。这一统一的监管框架确保了各国监管体系在整体上的一致性和可比性，不仅便利了国际的横向比较，还促进了不同国家商业银行在国际市场上的公平竞争。从我国银行业积极追求国际化的视角来看，《巴塞尔协议》无疑是一项必须得到认同和遵守的基本规范。该协议不断更新的版本，正是其与时俱进特性的体现，这得益于巴塞尔委员会始终紧跟全球银行业的新动态和风险新特征，对监管原则、范围和指标进行适时的调整和优化。国家金融与发展实验室副主任曾刚指出，《巴塞尔协议》深刻认识到银行业固有的风险特性。为了有效管控风险，特别是预防系统性金融风险的爆发，它倡导在商业银行所承担的风险与其自有资本之间建立一种合理的适配关系，这正是资本充足率监管框架的核心所在。整体来看，《巴塞尔协议》围绕一个核心理念不断发展演进，监管策略也根据实际情况持续更新，因此，它并非一成不变，更非陈旧过时。自从巴塞尔监管框架实施以来，中国银行体系的稳健性得到了显著提升，经营状况不断向好，宏观经济的波动也在一定程度上得到了有效抑制。尤为值得一提的是，商业银行在应对风险方面的韧性显著增强，整个银行业已逐渐转向一种资本集约化、高效能的经营模式，不再仅仅追求规模扩张。

分析该案例所蕴含的思政元素：

通过该案例，引导学生讨论《巴塞尔协议》是否过时的问题，要从《巴塞尔协议》诞生的背景来分析。20世纪70年代的经济全球化浪潮、金融自由化趋势以及新技术革命，推动了传统银行业向国际化的转型。然而，随之而来的全球性通货膨胀和利率波动，为银行业带来了前所未有的挑战。1974年，国际金融

第七章　商业银行资本金管理

市场见证了两家大型商业银行的倒闭，这一事件不仅暴露了国际业务风险的传染性，还凸显了加强国际银行监管协作的必要性。为了应对这些挑战，1974年9月，来自西方金融界"十国集团"的中央银行代表在瑞士巴塞尔聚集，共同探讨跨国银行的国际监督问题。次年2月，巴塞尔委员会的成立，标志着国际银行监管合作开启了新纪元。巴塞尔委员会的成立不仅是对银行监管国际合作的一次重要启示，还为学生提供了理解金融监管重要性的实践案例，激发了对经济和金融全球化问题的深入思考，并在此过程中培育了对构建人类命运共同体的共识。

引导学生理解银行资本的作用，即银行资本给银行经营带来的"收益"和"成本"。银行资本是银行股东投入银行的货币资金或保留在银行的收益，是银行最基本的资金来源。银行资本充足可以防范银行倒闭及无法履行支付义务而被迫停业的风险（即"收益"）；但是银行资本规模又会影响股东回报率，即每单位股东资本的税后净利润，银行股东都希望投入越少的资本赚取越多的利润（即"成本"）。因此，在确定银行资本规模时，银行管理层需要权衡他们愿意在多大程度上用安全性的提高（即银行资本规模的提高），来换取股东回报率的降低。如果纯粹依靠银行家自己去确定银行资本规模，就会出现为了追求高的股东回报率而减少银行资本投入，让银行处于一个危险的状态。这时就需要一个第三方中立机构来强制规定银行资本规模，这个第三方中立机构就是银行监管机构，其中银行资本充足率就是最重要的监管指标，让银行资本充足率维持在一个安全的范围，以控制银行的扩张能力，提高抗风险能力。

将《巴塞尔协议》和银行资本充足率联系起来。巴塞尔委员会成立后，先后制定了若干银行监管的文件，其核心的文件为：《巴塞尔协议Ⅰ》《巴塞尔协议Ⅱ》《巴塞尔协议Ⅲ》，形成了银行监管的"巴塞尔协议体系"，建立了资本充足率的最低标准，弥补监管上的漏洞，提高监管水平，提高全球监管质量。每次《巴塞尔协议》的调整都是受到国际金融危机的直接推动，对重大国际银行倒闭事件和金融危机采取积极的应对，让《巴塞尔协议》的监管框架更加成熟、更加完善。因此，要看到《巴塞尔协议》不是垂暮老人，而是一个与时俱进、聪明睿智、深谋远虑、成熟稳重的中年人。《巴塞尔协议》在防范金融风险，强化全局观念、系统思维、风险底线和前瞻意识方面作出了重要贡献。

因此，该案例所蕴含的思政元素是"全局观念""系统思维""风险底线""前瞻意识"。

本章小结

商业银行的资本金是其业务活动的根本,不仅为银行的日常运营提供支持,还是银行在风险面前的重要防线。商业银行资本由核心资本和附属资本构成,其中核心资本是银行资本的主体,附属资本则为银行提供了额外的资本补充。

资本充足率的高低直接关系到银行的稳健性,它要求银行资本不仅要数量充足,更要结构合理,以适应不同的经营和风险管理需求。

《巴塞尔协议》为商业银行资本管理提供了宏观审慎的监管框架,强调了风险识别和准确计量的重要性。商业银行资本的筹集方式多样,银行需根据实际情况灵活选择,以确保资本的充足性和有效性。

第七章　练习题

一、选择题与判断题

1. 银行资本发挥的作用比一般企业资本发挥的作用更为重要，下列不属于银行资本作用的是（　　）。[单选题]
A. 避免损失
B. 维持市场信心
C. 限制业务过度扩张
D. 满足银行正常经营对资金的需要

2. 按照《巴塞尔协议》的要求，商业银行的资本充足率至少要达到（　　）。[单选题]
A. 6%
B. 7%
C. 8%
D. 10%

3. 存款保险制度是一项关键的金融稳定机制，它通过各类存款性金融机构的共同努力，创建了一个集中的保险机构，以共同分担风险。各存款机构需根据其存款规模，按照既定的比例缴纳保险费，建立（　　）。[单选题]
A. 风险准备金
B. 保险金
C. 存款保险准备金
D. 存款保证金

4. 《巴塞尔协议 I》的主要内容有（　　）。[多选题]
A. 关于跨国银行业的监管
B. 统一了监管资本定义
C. 确定了资本充足率的监管标准
D. 建立了资产风险的衡量体系
E. 正式监管权力

5. 《巴塞尔协议 II》"第一支柱"的要求，资本要全面覆盖（　　）。[多选题]
A. 声誉风险
B. 市场风险
C. 操作风险

D. 流动性风险

E. 信用风险

6.《巴塞尔协议Ⅲ》提出了两个流动性量化监管指标：流动性覆盖率（LCR）和净稳定融资比率（NSFR），确保银行两个指标均不低于100%，增强金融稳定性。（　　）[判断题]

7. 住房抵押贷款证券化占到整个资产证券化市场的绝大部分。（　　）[判断题]

二、思考题

1. 三版《巴塞尔协议》的重要内容是什么？
2. 为何《巴塞尔协议》有关银行资本规定对国际银行间的公平竞争具有特别重要的意义？
3. 如何看待银行间的并购问题？

第八章 商业银行风险管理

导言

商业银行通过建立风险治理架构、培育审慎文化、制订策略和偏好、执行政策，结合定性与定量方法，全面管理各类风险，支持经营战略目标。2008年金融危机后，构建系统性风险管理框架成为监管重点。

学习任务

①掌握商业银行风险的定义和种类。②学习风险管理策略和实践。③熟悉内部控制目标和措施。④了解相关法规，确保业务合规。⑤认识风险文化的重要性。⑥适应金融科技，掌握创新风险管理方法。⑦保持学习，适应金融环境变化。

第一节　商业银行风险概述

一、商业银行风险的含义

从"巴林银行倒闭"案例看商业银行风险管理

风险是经济活动中固有的组成部分，无论是微观经济主体还是宏观经济活动，都不可避免地伴随着风险的存在。商业银行在运营过程中，经常面临着国家宏观政策变动、利率和汇率波动以及国际金融环境不稳定等风险因素，这些都可能对其稳健经营构成挑战。

银行风险主要源于经营活动中的不确定性，这些不确定性因素难以预先识别和量化。当不确定性因素导致业绩与预期目标显著偏差，银行可能面临直接损失和盈利机会的丧失。商业银行必须建立有效的风险管理机制，包括风险的识别、评估、监控和控制，以确保业务稳健和持续发展。

二、商业银行风险的种类

作为专门经营风险的特殊企业，商业银行为确保风险的有效识别与管理，必须对其所面临的风险进行明确分类。

依据《有效银行监管的核心原则》，根据风险的不同表现形式，商业银行的风险可被细分为以下八类。

（一）信用风险

商业银行信用风险是指在经营活动中，由于债务人或交易对手的信用状况变化，可能导致银行损失或错失收益的风险。这种风险主要源于合同义务未得到履行，或信用质量的不利变动，影响金融产品价值，对银行或金融产品持有人造成经济损害。

在我国，信贷资产在商业银行的资产结构中占据约 90% 的比重，使贷款风险成为商业银行的主要风险点。金融创新和市场发展使商业银行面临的信用风险日益多样化，不仅限于贷款，还包括其他信用产品的风险暴露。信用风险因其复杂性，在金融领域中属于最难管理的风险类型，它波及个人与企业客户，以违约风险和结算风险为主要表现形式，对金融机构的资金安全造成严峻挑战。

信用风险的非系统性特点意味着其风险源头多元且难以预测，难以通过常规市场机制进行有效分散和对冲。与市场风险不同，信用风险的数据稀缺且难以捕捉，违约事件的偶然性和非标准化使信用风险的量化评估和预测工作充满挑战。

（二）市场风险

市场风险，源自金融资产及商品在市场价格上的波动，对银行的资产负债表内外业务均可能造成损失。其显著的数据特征和量化的便利性，为风险的识别和度量提供了可能。借助现代金融技术和风险管理工具，市场风险得以被有效监控和控制，从而降低其对银行业务的潜在影响。

市场风险的可量化特性，为银行提供了通过数学模型和量化分析工具进行风险评估和定价的机会。同时，通过衍生工具和风险对冲策略，银行能够主动管理市场风险，保护资产价值免受市场波动的不利影响。

（三）操作风险

操作风险是银行在运营过程中可能遭遇的一种风险，通常由流程不完善、人为失误、系统故障或外部因素引起，导致经济损失。根据《巴塞尔协议Ⅱ》，巴塞尔委员会将操作风险定义为由内部流程、员工行为、信息科技系统或外部事件引起的损失风险，这一定义强调了风险管理在银行运营中的重要性。

作为一种普遍存在且管理难度较高的风险，操作风险贯穿于商业银行的各个业务和管理环节。鉴于其对银行稳健运营可能带来的负面影响，商业银行需在成本效益原则下，采取一系列风险管理措施，以降低操作风险的发生概率和潜在损失。

（四）流动性风险

流动性风险是银行在短期资金筹集方面可能遇到的风险，当银行无法有效应对负债减少或资产增加时，可能面临流动性短缺的问题。这种风险要求银行在资金管理上保持高度警觉，确保拥有充足的流动性储备，以应对突发的资金需求。

在流动性紧张的情况下，银行往往难以迅速扩大负债规模或将资产快速变现，这对银行的盈利模式和财务稳定构成了直接威胁。流动性风险可以进一步细化为资产流动性风险和负债流动性风险两个维度。相较于其他类型的风险，流动性风险的形成更为错综复杂，它牵涉到广泛的内外部因素，是一种多维度的复合风险。

（五）国家风险

国家风险，即在跨境经济和金融交易中因债务国经济、政治或社会环境的不可预见变化而产生的风险，是国际交易中不可忽视的因素。这种风险通常由债务国的政策调整或行为引起，对债权人而言，往往难以预防和控制。

国家风险是国际交易中不可避免的一部分，它超越国界，普遍存在于全球经济和金融活动中。这种风险的影响广泛而深远，影响着从国家政府到商业银行，再到个人投资者等所有参与国际交易的主体，使它们都可能面临经济损失的风险。因此，对所有参与国际交易的各方来说，全面评估并有效管理国家风险，是确保交易安全和保护经济利益的关键步骤。

（六）声誉风险

商业银行的声誉是其关键的无形资产，需要与各方利益相关者共同培育。声誉风险可能因负面信息迅速扩散而产生，对银行品牌和价值造成损害。市场传言和公众印象在声誉风险中扮演核心角色，它们对银行声誉的影响力极为显著。因此，商业银行必须采取积极的沟通策略、透明的信息披露和有效的危机应对措施，以维护和增强其声誉资产。

（七）法律风险

信用和法律构成了现代经济的框架，商业银行在其日常运营中必须严格遵循这些规则和法律。法律风险产生于银行未能满足或违反法律规定，导致合同无法履行，可能引发纠纷和诉讼。为了避免法律风险，商业银行需要加强合规管理，确保所有业务活动都在法律允许的范围内进行。

（八）战略风险

战略风险源于商业银行在融合短期利益与长期愿景的系统管理中，可能因缺乏恰当的发展规划或战略决策而遭遇的潜在不利影响。其成因主要包括：战略目标与实际执行的不一致性、商业战略的内在缺陷、关键资源的匮乏，以及战略执行过程中的管理疏漏。

有效的战略风险管理对商业银行至关重要，不仅涉及对银行发展战略的全面审视，还包括对外部环境和内部资源的深入分析，以确保战略目标与发展计划的可行性和实施效果。此外，战略风险管理还需从宏观层面对信用风险、市场风险和操作风险进行综合考量，充分预见并应对突发事件和不确定性，从而在战略高度上实现风险控制。

第二节 商业银行风险管理

商业银行的核心功能是风险管理，这一职能贯穿其日常经营与管理的全过程。商业银行本质上是经营和管理风险的机构，其盈利能力根植于对风险的有效控制。风险不仅是商业银行利润的来源，还是其存在的根本。虽然高风险可能带来高收益，但风险的最终结果——损失或盈利——完全取决于银行对风险的管理能力。

风险本身仅代表盈利的潜在可能，而这种可能性的实现，依赖银行积极和有效的风险管理。因此，高效的风险管理是商业银行持续稳健运营，实现生存和发展的关键。

一、商业银行风险管理的含义

商业银行风险管理就是运用系统、规范的方法，精确地识别、合理地评价和科学地应对商业银行日常经营管理中遇到的各种风险。其目的在于降低或避免可能的经济损失、保障资金安全。风险管理包含三层含义。

（1）风险是可控制的。风险所固有的不确定性以及信息的非对称性，使其难以完全消除。然而，商业银行却可以采取一系列的风险管理措施，对其进行有效的防范、控制与规避。

（2）风险管理的核心是如何选择最优的风险管理方案。风险管理的目的是确保银行业务的安全和稳定，这需要精心选择和执行一套高效的风险管理方案，并采取针对性的风险缓解措施。一个全面的风险管理计划涵盖风险识别、评估、度量、控制和效果评估五个关键环节，是一个复杂的系统工程。

（3）风险管理是要付出成本的。作为商业银行的核心管理活动，风险管理在实施过程中需要投入显著的资源，包括人力、财力和物力，因此必然伴随成本。评估一个风险管理计划的可行性时，成本效益分析是首要考量因素。

二、商业银行风险管理的意义

商业银行风险管理对经济发展有着十分重要的意义。

（1）商业银行风险管理是稳健经营的前提。商业银行是国家金融体系的核心，其健康运营对经济繁荣至关重要。它们在促进经济增长方面发挥着不可或缺的作用。相反，如果商业银行经营不善，不仅会制约经济发展，还可能对其他金融机构产生连锁反应，损害公众对金融稳定性的信心，严重时甚至可能诱发金融危机。因此，各国金融监管机构对商业银行实施了严密的监管政策，以确保它们的稳定与健康发展。

此外，商业银行也在不遗余力地推进风险管理策略，坚守"安全至上"的原则，努力在增强自身抗风险能力的同时，提升金融系统的整体稳定性。这种前瞻性的风险管理不仅有助于防范和缓解潜在的金融风险，还能有效避免一家银行的破产所可能引发的更广泛的市场动荡。

（2）商业银行风险管理有利于提高商业银行的竞争力。风险管理策略在银行运营中扮演着至关重要的角色，它不仅能够显著降低银行的运营风险与成本，还能够通过有效控制和减少潜在损失，为银行带来更高的财务稳定性和持续的盈利能力。

这种策略的实施，使银行在面对市场波动和不确定性时，能够更加稳健地运营，减少不利因素的影响，从而保护其资产和收益的稳定性。

进一步来说，风险管理不仅关乎银行的财务健康，还对其市场形象和客户关系有着深远的影响。一个能够有效管理风险的银行，往往能够给市场传递出一种稳健、可信赖的形象。这种正面形象的塑造，对增强客户信任、吸引新客户以及保持现有客户的忠诚度都至关重要。在竞争激烈的金融市场中，客户信任是银行最宝贵的资产之一，它直接关系到银行的市场份额和长期发展潜力。

此外，有效的风险管理策略还能够提升银行的整体竞争力。在面对监管要求、市场竞争以及客户需求不断变化的环境中，银行需要不断适应和调整其风险管理策略，以确保在保持合规的同时，也能够灵活应对各种挑战。

（3）商业银行风险管理能促进商业银行国际化经营。《巴塞尔协议》已成为国际银行业普遍遵循的重要准则，确立了银行业跨国经营的基本规范。资本充足率的计算，基于风险资产与总资产的比值，是评估银行资本实力的关键指标。执行"分母策略"的要旨，在于深化对资产风险的管控。这涵盖了对资产风险的精确识别、公允评估、严格监管和有效处置，旨在有效降低总体风险暴露。商业银行通过这些措施，不仅能够增强自身的资本充足率，还能在激烈的国际金融市场中提升竞争力，进一步推动其全球业务的拓展和深化。

三、商业银行风险管理的流程

在完善的公司治理和内部控制体系支持下，商业银行的风险管理流程通过风险识别、风险计量、风险监测和风险控制四个步骤执行。风险管理委员会承担风险控制的最终责任，制订风险管理策略，确保风险得到有效的管理和控制。这一流程确保了商业银行能够有效应对各种风险挑战，维护银行的稳健运营和长期发展。

（一）风险识别

风险识别构成了商业银行风险管理策略的基石，要求银行对其所处的内外部经营环境进行全面审视，以便发现可能引发不利影响并导致非预期损失的潜在风险因素。在这一过程中，风险感知起着至关重要的作用，涉及对银行面临的风险类型和性质进行细致的系统化分析。进一步的风险分析则深入挖掘这些风险因素的根源，探究其内在联系和作用机制。市场风险因素，包括利率和汇率波动，以及宏观经济指标，如国内生产总值、失业率和消费者信心指数，都对银行的金融产品和信贷业务有着深远的影响。因此，商业银行必须运用科学严谨的方法来识别和评估这些风险，确保风险管理的客观性和有效性，避免陷入简单化和主观性的误区。

常用的风险识别方法有以下六种。

1. 专家意见法

专家意见法通过聘请领域专家，依据调查表中的问题收集他们的专业意见，并通过反复的反馈和讨论，逐步达成共识。这种方法充分发挥了专家的专长，提高了风险识别和评估的准确性，为银行的风险管理提供了可靠的支持。通过多轮的迭代过程，不同的观点得以整合，最终形成一个综合了多方智慧的风险评估结果。

2. 资产财务状况分析法

资产财务状况分析法是风险管理人员通过实地调研和详尽分析商业银行的财务报表（如资产负债表、利润表）及财产目录等关键财务资料，以揭示和识别潜在风险。

3. 情景分析法

情景分析法通过模拟银行未来发展的多种情景，结合数据和视觉工具，全面识别潜在风险因素。此方法允许银行预测不同情景下的风险范围和结果，为制订风险管理策略提供了有力的支持。通过情景分析，银行能够提前规划和准备，以应对未来可能出现的各种风险，确保业务的稳健和持续发展。这种方法强调了风险管理的主动性和适应性，帮助银行在不断变化的市场环境中保持灵活性和竞争力。

4. 制作风险清单

风险清单的编制为银行提供了一种直观的风险识别手段，使银行能够根据自身的业务和环境特点，识别潜在风险。通过列出包括信用风险、市场风险、操作风险和流动性风险在内的风险类型，银行能够更清晰地理解所面临的风险全景。这种方法为风险管理策略的制订打下了坚实的数据基础，帮助银行采取适当的预防和缓解措施。

5. 风险树搜寻法

风险树搜寻法通过细致分解银行的主要风险，将其拆解为更小的风险单元，或逐层探究风险成因，排除干扰因素，以精确定位对银行产生实质影响的风险点。这种方法采用图解形式，将风险及其成因以直观的方式展现出来，增强了风险管理者对风险结构和动态的理解。通过风险树的直观展示，风险管理者能够更清晰地识别风险之间的相互关系，制订更为精准的应对策略。

6. 筛选—监测—诊断法

筛选—监测—诊断方法为银行提供了一种结构化的风险识别流程，使风险管理人员能够系统地识别和评估潜在风险。在筛选阶段，风险管理人员对银行面临的各种风险因素进行分类和筛选，以确定需要重点关注的风险。监测阶段涉及对筛选出的风险因素进行持续的观测和分析，确保风险管理人员能够及时捕捉到风险的变化。诊断阶段则是对监测结果的深入分析，帮助风险管理者准确识别银行的经营风险，并为风险管理策略的制订提供决策支持。这种方法确保了风险识别的全面性和系统性，有助于银行构建更为稳健的风险管理体系。

（二）风险计量

风险计量是在风险识别的基础上，对风险发生的可能性、风险将导致的后果及严重程度进行充分分析和评估，从而确定风险水平的过程。例如，信用风险计量通常涉及贷款违约或债务人信用状况的变化，银行通过内部评级法和外部评级法来评估借款人的信用状况。市场风险计量则采用风险价值模型、敏感性分析等方法，预测市场波动对银行资产价值的影响。操作风险计量侧重于识别和量化日常操作中的潜在损失，而流动性风险计量则关注银行在资金压力下的资金调配能力。通过这些方法，银行能够构建起一个全面的风险管理框架，有效应对各种风险挑战。

（三）风险监测

风险监测是商业银行维护金融稳定的重要组成部分，它要求银行对各类风险因素进行连续和动态的监测，确保能够及时捕捉到风险的发展趋势。这一过程包含两个核心要素。

一是风险监测不仅涉及对可量化风险指标的观察，还包括对那些难以量化的风险因素的洞察，目的是在风险积聚至临界点之前，向相关决策层提供预警信息，促使其采取预防性措施。

二是银行必须对自身的风险状况进行全面的定性和定量评估，并对所实施的风险管理策略进行持续的效果跟踪。风险监测报告的编制是一项挑战，因为它需要满足不同管理层和业务部门的具体需求。高层管理者倾向获得宏观层面的综合风险概览，而前线交易人员则需要详细的实时数据来指导交易。同时，风险管理委员会也需要风险管理机构提供最优的避险策略，以实现更高效的风险控制。

因此，构建一个全面、实时、互动的风险监测和报告系统，对提升商业银行的风险管理水平至关重要。

（四）风险控制

风险控制是指通过分散、对冲、转移、规避与补偿等手段，对已识别并计量的风险实施有效的管理与控制。风险管理和其执行的控制措施应达到下列目标。

（1）保证商业银行风险管理策略与经营目标高度契合，以保证风险管理和业务发展的协同效应。

（2）确保各项风险管理措施与已制订之风险管理策略及战略相一致，并充分考虑成本效益，以维持其有效运作。

（3）深入剖析风险诱发因素，识别和纠正风险管理流程中的问题，持续改进风险管理过程。

商业银行的风险管理三级架构是一个多层级风险控制体系，它通过明确各级机构的职责与权限，确保风险管理工作的连贯性和有效性。

首先是总行级，其职责包括负责制订全面的风险管理策略，为全行的风险管理工作提供方向和框架。总行还需监督分行和支行的执行情况，确保风险管理政策得到有效实施，并不断完善风险管理的组织架构，以保持风险管理的专业性与独立性。总行设置风险管理委员会，作为银行风险管理的最高决策机构，负责制订风险管理策略，监督其执行情况。风险管理部门，负责日常的风险监测、评估、报告和控制工作，确保风险管理工作的具体执行。

其次是分行级，其职责包括分行需将总行的风险管理政策和策略具体化，确保这些政策和策略能够在分行层面得到有效执行。分行还需对辖下支行的风险管理工作进行监督和指导，建立和完善分行级的风险管理机制，提升风险管理的效率和效果。分行风险总监或风险管理负责人负责分行的风险管理工作，确保风险管理措施得到有效执行。

最后是支行级，支行作为风险管理的具体操作层面，负责实施总行和分行制订的风险管理措施。支行还需对日常业务中的风险进行识别和初步评估，及时报告潜在风险，并配合上级机构进行风险监测和控制工作。支行风险经理或内控专员负责支行的风险管理工作，确保风险管理措施得到有效执行。

通过三级架构，商业银行能够构建起一个从宏观到微观、从策略到执行的风险管理网络，确保银行业务的稳健运行和风险的及时控制。这一体系不仅提高了风险管理的效率，还加强了银行对各类风险的应对能力，保障了银行的长期稳定发展。

四、商业银行风险管理的方法

商业银行通过精心制订和执行风险管理策略，确保了稳健运营和市场竞争力的提升，这些策略覆盖了风险的全生命周期。风险管理的核心在于采取精准策略和有效措施，旨在减少损失、提升收益，并降低风险对银行业务的不利影响。常用的风险控制方法，如风险分散、对冲、转移、规避、抑制和补偿，共同构成了商业银行综合风险管理的框架。

（一）风险分散

商业银行风险分散策略的核心在于通过扩大风险承担的主体和数量，降低整体风险的集中度，使风险损失得到有效控制。具体实施时，银行将资金或信贷资源分配到不同的借款人、行业、地区或金融产品，以此来规避因集中于单一因素而可能产生的大规模损失。

风险分散策略的理论基础是资产组合理论，该理论最初由英国经济学家哈里·马科维茨提出，并在其著作《证券组合的选择》中进行了深入阐述。资产组合理论指出，不同资产的风险通常不是完全相关的，通过构建包含多种资产的组合，可以在一定程度上降低整体风险，同时维持或提升组合的预期收益。组合中资产风险的相互抵消作用，有助于减少整个投资组合的波动性。

在实践中，商业银行采取以下方式进行风险分散。根据借款人信用状况、还款能力和行业前景，构建多元化的贷款组合，降低单一借款人违约的风险。考虑市场情况和风险收益特征，将资金分散投资于多种证券和金融产品，优化风险收益比。通过海外分支机构和国际金融市场交易，实现地域风险分散，增强全球业务的稳定性和盈利能力。

随着金融科技的进步，商业银行利用大数据、人工智能等技术提高风险分散的效率和准确性，例如利用数据分析评估借款人信用状况，实现精准的信贷风险分散。通过智能投顾技术为客户提供个性化投资建议，实现科学的投资风险分散。

（二）风险对冲

商业银行的风险对冲策略利用衍生产品的特性，通过与标的资产收益波动负相关的投资，有效降低潜在的市场风险损失，为银行在波动市场中保持财务稳定提供了一种强有力的工具。这一策略的核心在于对冲原理，即通过构建与风险资产收益反向变动的头寸，实现损失的抵消，确保银行经营的稳健性。资产组合理论为风险对冲提供了理论基础，强调通过资产多元化来分散风险，而风险对冲则是这一理念在金融衍生品领域的深化与实践。风险对冲不仅是一种风险管理工具，还是银行适应市场变化、优化资产配置、提升风险调整后收益的重要手段。

商业银行在实践中广泛应用风险对冲策略，具体做法包括：①商业银行通过细致的风险敞口识别，确立了对冲策略的实施基础，确保了风险管理的针对性和有效性。②在选择对冲工具时，银行审慎匹配风险敞口与衍生产品的特性，以实现市场波动下的有效风险对冲。③构建对冲头寸时，银行精心计算对冲比例和期限，力求最大化对冲效果，同时保持策略的灵活性。④在对冲策略执行期间，银行通过持续的市场监控和及时的头寸调整，确保对冲策略的适应性和有效性。⑤银行在实施风险对冲策略时，不忘合规与风险管理的重要性，确保对冲活动在严格的监管和内部控制下进行。

（三）风险转移

商业银行风险转移是指商业银行通过购买某种金融产品或采取其他合法的经济措施，将其面临的风险转移给其他经济主体（如保险公司、投资者、担保机构等）的一种风险管理方法。这种策略旨在降低银行自身承担的风险水平，提高整体的风险管理能力。

金融市场的发展为风险转移提供了丰富的工具和渠道。例如，通过金融市场中的保险、担保、资产证券化等金融产品，商业银行可以将其面临的风险转移给其他经济主体。这些金融产品的设计和运作都遵循着金融市场的基本理论和原则。

在实践中，商业银行风险转移的应用非常广泛，主要包括以下方式。

（1）商业银行可以通过购买保险的方式将其面临的某些风险转移给保险公司。以信用保险为例，当银行向借款人发放贷款时，可以购买信用保险来保障贷款的安全性。如果借款人违约导致贷款无法收回，保险公司将按照保险合同的约定向银行进行赔付。

（2）在贷款业务中，商业银行可以要求借款人提供第三方担保作为还款保障。这样，一旦借款人无法按时还款，银行可以向担保人追索债务。通过这种方式，银行将部分信用风险转移给了担保人。

（3）资产证券化是一种将缺乏流动性的资产转化为可流通证券的过程。商业银行可以将其持有的贷款、应收账款等资产打包成证券化产品出售给投资者。通过这种方式，银行将资产的所有权和风险同时转移给了投资者。

（四）风险规避

商业银行风险规避是一种前瞻性的风险管理策略，它涉及银行在识别到潜在风险时，主动选择不参与或退出某些可能带来负面影响的业务或市场活动。这种策略不仅体现了银行在风险管理上的主动性和预防性思维,而且有助于维护银行的资本安全和盈利能力。通过规避那些风险较高的业务或市场,商业银行能够有效减少对金融体系不稳定因素的贡献,从而降低整个金融系统出现系统性风险的可能性。

在实践中,商业银行风险规避的应用非常广泛,主要包括以下方面。

(1)银行在考虑新业务时,进行全面的风险评估,对于风险超出承受能力的情况,选择不参与或谨慎进入。对于新兴行业或不稳定市场,银行可能保持观望或退出,以避免潜在风险。

(2)当现有业务或市场的风险显著增加,如市场动荡或政策变化,银行可能决定退出,以避免进一步损失。

(3)通过设定业务风险限额,银行控制整体风险水平。对超出限额的业务,采取风险规避措施,如调整授信额度或交易策略。

(4)银行根据业务的风险和收益配置经济资本。对风险高且收益不确定的业务,减少或不配置经济资本,实现风险规避。

商业银行风险规避策略是维护银行稳健经营的关键,尤其在面对复杂多变的市场环境。然而,风险规避策略的过度应用可能会限制银行的增长潜力,导致错失市场机遇和市场份额的减少。银行必须审慎评估风险规避的利弊,平衡风险管理与业务发展的需求,确保策略的合理性和有效性。

(五)风险抑制

商业银行风险抑制策略强调在风险承担后,通过不断加强风险监测,实现问题的早期发现和及时应对。这种策略通过积极主动的管理手段,旨在在风险事件实际发生之前,采取措施阻止情况恶化,或在风险发生后,减少损失到最低。风险抑制不仅体现了银行对风险管理的重视,还是银行维护资产安全和稳健运营的重要保障。

在商业银行的运营实践中,风险抑制的应用主要体现在以下方面。

(1)商业银行通过建立全面的风险预警系统,实现对风险指标的实时监控和自动预警,为风险抑制提供及时的反应机制。

(2)银行运用综合评估方法,对风险进行深入分析,确保风险管理决策的科学性和有效性。

（3）针对各类风险，银行制订具有针对性的应对措施和预案，以降低风险影响并提高风险管理的适应性。

（4）通过强化内部控制和提升员工风险管理能力，银行确保风险管理措施的有效执行和风险管理水平的整体提升。

（六）风险补偿

商业银行风险补偿策略允许银行在面对难以通过传统风险管理手段控制的风险时，通过在交易价格中加入额外的风险溢价来实现经济补偿。这种方法通过提高风险回报，银行能够在承担风险的同时获得相应的价格补偿，从而平衡潜在的损失。风险补偿体现了银行对风险定价的深刻理解，通过价格机制来覆盖风险敞口，确保业务活动的可持续性。

商业银行风险补偿的实践应用主要体现在以下方面。

（1）在贷款业务中，商业银行会根据借款人的信用等级、还款能力、抵押物价值等因素，对贷款进行风险定价。对于信用等级较高、还款能力强的优质客户，银行可能会给予较低的利率优惠；对于信用等级较低、风险较高的客户，银行会在基准利率的基础上上调利率，以获取更高的风险溢价，从而补偿潜在的信贷风险。

（2）除贷款业务外，商业银行在销售其他金融产品（如理财产品、结构性存款等）时，也会充分考虑产品所蕴含的风险因素，并在产品定价中体现这些风险。通过提高产品的预期收益率或设置相应的风险溢价，银行能够吸引愿意承担更高风险的投资者，并同时获得相应的风险补偿。

（3）风险准备金制度是银行稳健风险管理的重要组成部分，通过预先准备资金，银行能够有效应对风险事件，保护自身免受损失。

第三节　商业银行内部控制

良好的内部控制是商业银行风险管理的基础，也是商业银行经营管理目标实现的重要保证。

一、商业银行内部控制的含义与目标

（一）商业银行内部控制的含义

1992 年，美国反虚假财务报告委员会下属发起人委员会（Committee of Sponsoring Organizations of the Treadway Commission，COSO）发布的《内部控制——整合框架》是内部控制理论发展的重要里程碑，首次将内部控制定义为一个综合的、相互关联的要素系统，强调了控制的整体性和系统性。1998 年，巴塞尔委员会发布的《内部控制系统评估框架（征求意见稿）》进一步提升了对商业银行内部控制的要求，细化了控制的细节，为银行业务的全面风险管理提供了权威的指导。这两个框架的发布，不仅推动了内部控制理论的发展，还为银行业内部控制系统的建设与评估提供了重要的理论基础和实践指导。

商业银行内部控制是商业银行为实现其经营目标，通过制定和实施一系列制度、程序和方法，对风险进行事前防范、事中控制、事后监督和纠正的动态过程和机制。这一机制是商业银行内部管理的核心组成部分，对保障银行稳健运营、防范金融风险具有重要意义。

这一机制的核心在于执行国家法律和银行规章，同时保障风险管理体系的有效性，维护信息的真实性和完整性。内部控制是一个不断进化的过程，它随着银行业务和市场环境的变化而调整，确保管理的时效性和适应性。银行的每个部门和岗位都应纳入内部控制的范畴，形成一个无缝隙的管理体系，以提升整体的风险管理能力。风险防控是内部控制的关键，通过持续的风险管理活动，银行能够保护资产安全，维护业务的稳定。监督与纠正机制是内部控制的重要组成部分，通过定期的检查和评估，银行能够及时发现并解决管理中的问题，提升内部控制的质量。

随着金融行业的快速发展，商业银行面临的业务复杂性和风险性日益增加。为了保障银行体系的安全稳健运行，防范金融风险，建立健全内部控制体系成为商业银行的迫切需求。我国银行业充分吸收了国际先进经验，经过长时间的筹备和论证，于2014年9月12日，中国银行业监督管理委员会印发修订了《商业银行内部控制指引》。

（二）商业银行内部控制的目标

（1）确保法规与规章制度的贯彻执行。商业银行内部控制的首要目标是确保国家法律法规和监管要求，以及银行内部的规章制度得到全面、准确的贯彻执行。这要求银行在日常运营中，严格遵守相关法律法规，确保所有业务活动都在法律框架内进行。

（2）保障发展战略与经营目标的实现。内部控制旨在保障商业银行制订的发展战略和经营目标能够得到有效实施。通过内部控制，银行可以确保各项业务活动都围绕其发展战略和经营目标展开，从而实现长期稳健的发展。

（3）确保风险管理体系的有效性。商业银行面临多种风险，包括信用风险、市场风险、操作风险等。内部控制的重要目标之一是确保银行的风险管理体系能够有效识别、评估、监控和应对这些风险，以保障银行资产的安全和完整。

（4）保障业务记录、财务信息和管理信息的真实性与完整性。内部控制要求商业银行的业务记录、财务信息和管理信息必须真实、准确、完整。这有助于银行管理层和监管机构准确了解银行的经营状况和风险状况，作出科学的决策。

（5）提高运营效率与服务质量。通过内部控制，商业银行可以优化业务流程，提高运营效率，同时确保服务质量。这有助于银行在竞争激烈的市场环境中保持竞争优势，提升客户满意度。

二、商业银行内部控制要素

根据《商业银行内部控制指引》，商业银行内部控制要素主要包括以下方面。

（一）内部控制环境

内部控制环境影响着整个银行的风险管理和运营效率。内部控制环境的关键方面如下。

（1）公司治理结构。商业银行应建立一个清晰、高效的公司治理结构，其中包括独立且相互制衡的董事会、监事会和高级管理层。董事会负责制订银行的战略方向和风险管理策略；监事会负责监督董事会和管理层的行为，确保合规性；高级管理层负责日常运营和执行董事会的决策，同时确保内部控制系统的有效实施。

（2）内部组织结构。商业银行的内部组织结构应设计得既灵活又高效，以支持业务流程的顺畅运作和风险管理的需要。各部门和岗位的职责和权限应明确划分，以减少职责重叠和避免管理盲点。

（3）企业文化。商业银行应培养一种以风险意识和合规意识为核心的企业文化，鼓励员工积极参与内部控制和风险管理。通过培训和教育，增强员工对银行政策、程序和道德标准的理解和遵守。

（二）风险评估

风险评估是内部控制的重要环节，有助于银行及时发现和应对潜在风险。通过科学的风险评估方法，银行可以准确识别、评估和控制风险，保障资产的安全和完整。风险评估主要包括以下方面。

（1）风险识别。通过收集和分析内外部信息，识别银行面临的各类风险，包括信用风险、市场风险、操作风险等。对风险进行持续监控，确保及时发现新出现的风险。

（2）风险评估。对识别出的风险进行评估，确定风险的重要性、可能性和影响程度。采用定性与定量相结合的方法，建立风险评估模型，提高评估的准确性。

（3）风险应对。根据风险评估结果，制订相应的风险控制措施，包括风险规避、风险降低、风险分担和风险承受等策略。确保控制措施的有效实施，降低风险对银行的影响。

（三）控制活动

控制活动是内部控制的具体实施过程，确保银行内部控制措施得到有效执行。通过制订和执行一系列控制策略和程序，银行可以规范业务活动，降低风险发生的可能性。控制活动主要包括以下方面。

（1）业务流程控制。对银行各项业务流程进行规范和控制，确保业务活动按照既定的程序和规则进行。制订详细的业务操作手册和指南，明确业务处理的步骤和要求。

（2）岗位职责控制。明确各岗位的职责和权限，确保不相容职务相互分离、相互制约。实施岗位轮换和强制休假制度，降低内部欺诈风险。

（3）授权审批控制。建立严格的授权审批制度，明确各级管理人员的审批权限和范围。对重大事项实行集体决策或联签制度，确保决策的科学性和合理性。

（四）信息与沟通

信息与沟通是内部控制的重要组成部分，它确保银行内部信息的及时传递和有效沟通。通过加强信息与沟通建设，银行可以提高内部控制的效率和效果。信息与沟通主要包括以下方面。

（1）信息收集与处理。及时、准确地收集银行内部和外部的相关信息，为内部控制提供数据支持。对收集到的信息进行整理和分析，提取有价值的信息用于决策和监控。

（2）信息传递与共享。建立有效的信息传递机制，确保信息在银行内部各部门、各岗位之间及时传递。采用现代信息技术手段，提高信息传递的速度和准确性。实现信息的共享和协同工作，提升内部控制的整体效能。

（3）内外部沟通。加强银行与监管机构、客户、供应商等外部利益相关者的沟通与合作。定期披露内部控制信息，提高信息透明度和社会公信力。

（五）内部监督

内部监督是内部控制的保障环节，确保内部控制体系得到有效执行和持续改进。通过加强内部监督建设，银行可以发现和纠正内部控制中存在的问题和不足。内部监督主要包括以下方面。

（1）持续监督。对内部控制活动的过程实施不间断的监督，确保控制措施的有效执行。通过日常检查、内部审计等方式，对内部控制进行持续监控和评估。

（2）个别评估。对内部控制的特定事件或结果进行的控制性评价，确保关键控制点的有效性。对重大风险事项进行专项审计和评估，提出改进建议。

（3）缺陷整改与反馈。对发现的内部控制缺陷进行及时整改和纠正，确保内部控制体系的不断完善。建立内部控制缺陷整改反馈机制，对整改情况进行跟踪和评估。

三、商业银行内部控制的基本内容

商业银行内部控制从类型角度来看，主要有以下方面。

（一）业务控制

在商业银行中，业务控制是确保各项具体业务活动合规、高效运行的关键环节，涵盖了信贷、存款、投资、中间业务等所有业务领域，旨在防止操作错误和舞弊行为，确保业务活动严格按照既定政策和程序进行。为实现这一目标，商业银行需要建立完善的业务操作流程和内部控制机制，对业务活动进行持续监督和评估，及时发现并纠正操作中的问题，以保障银行业务的稳健发展。

（二）财务控制

商业银行的财务控制是对其财务状况和财务活动进行全面管理和控制的重要环节，包括预算管理、成本控制、财务分析等方面，旨在确保财务信息的准确性和可靠性，以及财务活动的合规性和有效性。通过严格的财务控制，商业银行能够合理调配资金，优化资本结构，降低运营成本，提高盈利能力，从而保障银行的财务稳健和可持续发展。

（三）会计控制

会计控制在商业银行中扮演着至关重要的角色，通过会计制度和会计程序对银行经济活动进行监督和控制，确保会计信息的真实、完整和合法。会计控制的有效性直接关系到商业银行的财务透明度和信誉度。因此，商业银行需要建立完善的会计制度和内部控制机制，对会计信息的采集、处理、记录和报告进行严格把控，以防止会计信息失真和舞弊行为的发生。

（四）审计控制

审计控制是商业银行内部控制体系的重要组成部分，通过内部审计活动对银行内部控制体系的有效性进行评估和监督，发现问题并提出改进建议。审计控制有助于商业银行及时发现并纠正内部控制体系中的漏洞和缺陷，提高风险管理能力和运营效率。因此，商业银行需要建立独立的内部审计部门或聘请外部审计机构，定期对内部控制体系进行审计和评估。

（五）物品控制

在商业银行中，物品控制是对银行资产和物品的采购、保管、使用等环节进行的全面控制，旨在确保资产的安全和完整，防止资产的损失和浪费。通过严格的物品控制，商业银行能够合理调配和使用资产，提高资产的使用效率和效益，从而保障银行的资产安全和稳健运营。

（六）人事控制

人事控制是商业银行内部控制体系中的关键环节之一，涵盖了员工的招聘、培训、考核、晋升等人事活动。通过有效的人事控制，商业银行能够吸引和留住优秀人才，提高员工的素质和工作效率，从而保障银行业务的稳健发展和竞争优势。因此，商业银行需要建立完善的人事管理制度和内部控制机制，对人事活动进行严格把控和管理。

（七）组织控制

组织控制是商业银行优化内部控制体系、提高整体效能的重要手段。它通过优化组织结构、明确职责权限等方式，确保内部控制体系的协调和高效运作。通过组织控制，商业银行能够建立有效的沟通和协作机制，提高风险管理能力和运营效率。因此，商业银行需要不断优化组织结构，完善内部控制体系，以适应银行业务发展的需要和市场环境的变化。

四、商业银行内部控制的过程

商业银行内部控制的过程是一个系统而全面的管理活动，旨在确保银行经营目标的实现和各项业务的稳健运行。

（一）设定内部控制目标

商业银行内部控制的核心任务是确立清晰、具体且可执行的控制目标，这些目标确保银行运营与外部监管要求和内部管理规定相一致，同时通过持续的员工培训与考核，提升对规范的理解和执行力。内部控制不仅助力银行发展战略和经营目标的全面实施，还通过定期评估战略执行情况，动态调整控制策略，以确保战略目标的实现。此外，内部控制致力于构建全面的风险管理体系，有效识别、评估、监控各类风险，并通过风险量化和限额设定，将风险控制在可承受范围内。内部控制确保业务记录和财务信息的准确性、完整性和真实性，通过建立信息报告和数据质量控制机制，提高信息透明度和可信度，为银行决策提供坚实的信息基础。

（二）建立内部控制体系

为实现内部控制目标，商业银行必须构建一个全面、科学且符合自身特色的内部控制体系。这要求银行首先明确内部控制的基本原则、目标和要求，确保控制政策与银行战略、业务特性和风险偏好相契合。紧接着，银行需要全面识别和深入分析各类风险，评估其等级和影响，为设计控制措施奠定基础。随后，根据风险特性设计有效的控制措施，涵盖制度、流程和系统等方面，确保这些措施既能降低风险又能实际操作。最终，建立一个持续的监控和报告机制，对内部控制的执行情况进行跟踪和评估，并向管理层和监管机构报告关键风险指标、控制缺陷及改进措施，以确保内部控制体系的透明度和持续改进。

（三）实施内部控制活动

内部控制活动的实施是内部控制过程的核心环节，涉及银行业务的各个方面和环节。在业务活动开始前，要通过制订详细的业务规则和流程、明确职责权限等方式，预防潜在风险的发生，并对新业务、新产品进行风险评估和内部控制审查，确保其符合内部控制要求后再推出；在业务活动进行过程中，要通过实时监控、审批授权、复核检查等方式，确保业务活动按照既定规则和流程进行，并对异常交易、高风险业务进行重点关注和审查，以确保业务活动的合规性和安全性；在业务活动结束后，要通过审计、评估、整改等方式，对业务活动的合规性和效果进行评价和改进，并对发现的问题和不足进行及时整改和纠正，防止类似问题再次发生。

（四）监督与评估

商业银行还需要建立有效的监督和评估机制，对内部控制的实施情况进行持续跟踪和评估。这包括通过内部审计部门对内部控制体系的有效性进行独立评估和审计，发现问题并提出改进建议，且内部审计应覆盖银行的所有业务部门和分支机构，以确保内部控制的全面性和一致性；聘请外部审计机构对银行的财务报表和内部控制体系进行审计，以确保外部审计的独立性和客观性，并将外部审计结果作为银行改进内部控制的重要参考；高级管理层应定期对内部控制体系进行评估和改进，以确保内部控制体系与银行业务发展和监管要求保持一致，且管理层评估应关注内部控制的有效性、合规性和效率等方面。

（五）持续改进与优化

商业银行内部控制是一个持续改进和优化的过程。银行应根据业务发展和监管要求的变化，及时调整内部控制目标和政策；针对内部控制实施中存在的问题和不足，及时采取改进措施；同时加强内部控制培训和教育，提高全员的风险意识和内部控制意识。具体来说，要根据银行业务发展和市场环境的变化，动态调整内部控制目标和政策，以确保内部控制的适应性和有效性；要针对内部审计、外部审计和管理层评估中发现的内部控制缺陷，及时制订并实施改进措施，以确保内部控制的完整性和有效性；要定期开展内部控制培训和教育活动，提高全员对内部控制的认识和理解，并培养员工的风险意识和内部控制意识，通过案例分析、模拟演练等方式，提高员工在实际工作中的内部控制能力和应对风险的能力。

案例分析

硅谷银行：从辉煌到陨落的风险管理警示

硅谷银行是一家位于美国硅谷的知名私人商业银行，曾是众多科技和生命科学初创公司的首选金融机构。它曾助力脸书（Facebook）、推特（Twitter，现更名为X）等公司的成长，为创新企业提供了坚实的金融支持。然而，2023年3月，硅谷银行宣布倒闭，成为自2008年金融危机后美国最大的银行倒闭案例，震惊了金融界，并引发了人们对银行风险管理重要性的深刻反思。

硅谷银行公开信息显示，首席风险官劳拉·伊苏列塔于2022年4月停止履职，10月正式离职。直到2023年1月，硅谷银行才任命新的首席风险官。在这段"风险官真空期"中，金融市场发生了巨大变化，然而硅谷银行未能及时调整风险策略以应对这些变化。这不仅反映了硅谷银行对风险治理的漠视，也为其后续危机埋下了隐患。

早在2021年年底，监管机构就已发现硅谷银行在流动性管理方面存在严重缺陷，涉及流动性压力测试、应急资金和流动性风险控制等六项关键指标。然而，硅谷银行并未对此予以充分重视与有效改进。2022年5月，监管机构将硅谷银行的管理评级下调至"一般"，明确指出其存在董事会监督不力、风险管理薄弱和内部审计职能不足等问题。这些监管警告本应促使硅谷银行加强风险管理，遗憾的是，硅谷银行并未采取有效措施加以改进。

2022年10月，监管机构再次向硅谷银行发出警告，对其利率风险状况表示担忧，并出具了利率风险管理的评估结果。硅谷银行的风险管理部和风险战略委员会本应对其资产和负债的结构、期限、主体类别以及周期风险有清晰的认识，并制订相应的风险分析、预警和预案。然而，硅谷银行未能有效识别和管理潜在风险。

股东对管理层风险监控履职的不认可也在后续的诉讼中有所体现。2023年3月13日，股东对硅谷银行前首席执行官格雷格·贝克尔和首席财务官丹尼尔·贝克提起诉讼，指控硅谷银行的财务报告未考虑美联储加息警告，并要求赔偿。这一举动不仅表明股东对管理层风险监控履职的不满，也揭示了硅谷银行在风险管理方面存在严重问题。

硅谷银行的风险管理体系存在另一个严重问题：过度依赖定量和定性风险模型，缺少对模型的动态调整与模型分析结果的专家校准环节。风险模型虽对风险管理有积极参考作用，但其基于历史数据预测未来的原理易使分析结果与现实出现偏差。若僵化地套用风险模型进行风险管理，将导致内部管理的诸多环节失去科学性和可靠性，使风险管理流于形式，无法真正实现风险治理的本质目的。

作为经营风险的高杠杆企业，银行具有天然的"脆弱性"，其风险偏好影响着风险策略的有效性，因此必须结合宏观经济状况和银行风险承担能力进行设定，并持续监测和传导。然而，硅谷银行在风险偏好设定上却显得过于激进。在利率下行周期中，为获取更高收益，硅谷银行将大量新增存款配置于长久期的住房抵押类证券（MBS）。这种激进的风险偏好使硅谷银行的资产负债结构严重失衡，面临巨大的流动性风险。

当美联储在2022年3月启动加息周期时，硅谷银行未及时调整风险偏好和风险策略以应对债券价格下跌的宏观外部环境。在此后近一年时间，硅谷银行未能有效应对这一风险，最终导致巨额浮亏。当硅谷银行因流动性短缺而不得不折价出售债券资产时，大额浮亏计入当期损益，引发市场恐慌和储户信心下降。存款挤兑加剧，流动性瞬间蒸发，最终导致硅谷银行倒闭。

除风险偏好激进外，硅谷银行的经营策略还导致风险集中度较高。这种高集中度主要体现在两个方面：一是客户集中度较高，资产端和负债端客户高度重叠。二是资产集中度较高，主要表现为资产种类和期限结构的高度集中。

硅谷银行专注服务私募股权和风险投资（PE/VC）机构和初创企业的融资需求，其经营状况与高科技企业以及风险投资领域密切相关。截至2022年年末，PE/VC机构和初创企业约占硅谷银行存款客户的43%，约占贷款客户结构的73%。这种高度重叠的客户结构使硅谷银行在宏观经济疲弱、科创企业经营整体下滑时面临巨大风险。当这些公司大量提取存款以维持生存时，硅谷银行的负债端稳定性下降；同时，初创企业估值下降也对贷款偿还能力产生不利影响。这使硅谷银行的经营稳定性受到较大冲击。

在资产集中度方面，硅谷银行的贷款净额资产占比约为33%，固定收益类证券占比约为55%，其中，美国国债和MBS在固定收益类证券中的比重分别为

14%和55%。而流动性较高的1年期内资产占比仅为23%，资产期限结构多集中于5年以上。这种高度集中的资产结构使硅谷银行在面临利率风险时尤为脆弱。债券价格对利率高度敏感，但硅谷银行却未能开发有效的利率风险衡量工具、模型和指标管理这一风险。因此，在美联储开启加息周期后，债券价格下跌导致硅谷银行遭受了巨额浮亏。

除风险管理方面的问题外，硅谷银行在合规经营方面也存在"失策"。虽然其核心一级资本充足率为15.44%，高于行业中位数水平11.05%，但从更深层次观察，硅谷银行在推进《巴塞尔协议Ⅲ》实施方面并未达到预期。这种失策一方面与硅谷银行自身经营不善有关，另一方面与美国在执行《巴塞尔协议Ⅲ》时的自由裁量权有关。

2018年，美联储根据《经济增长、监管放松和消费者保护法案》对金融机构监管标准进行修订，大幅降低了对总资产低于2500亿美元的银行的监管力度。硅谷银行作为全美排名第16名的银行被划分为第四档银行，成为监管放松的最大"受益者"之一。然而，这种监管放松却为硅谷银行的危机事件埋下了隐患。监管分类下限阈值提高、资本金和流动性要求放松，导致美联储对硅谷银行的监管逐渐薄弱，增加了其陷入风险的可能性。。

此外，硅谷银行在推进《巴塞尔协议Ⅲ》第二支柱和第三支柱的实施方面存在不足。第二支柱要求商业银行合理设定风险偏好，定期开展压力测试，做好集中度风险管理，科学规划和配置资本。然而，硅谷银行在风险偏好设定、集中度管理和资本管理等方面与监管要求存在一定差距。第三支柱要求商业银行披露与风险管理相关的信息，以增强银行的透明度和稳定性。但硅谷银行在信息披露方面存在颗粒度较粗与及时性、完整性、有效性不高的问题，导致市场透明度低，投资者信心不足。这也是导致硅谷银行发生银行挤兑的直接原因之一。

分析该案例所蕴含的思政元素：

为了有效进行风险管理，银行必须确立一个有效的风险治理框架。该框架应以激励相容性、体系完整性及明确的职责分工为基础。董事会和高级管理层应对风险管理的有效性承担最终且直接的责任，并应积极参与风险管理的实践。另外，他们需要确保风险偏好的设定科学，风险策略合理且有效。

> 在银行的日常运营中，必须始终遵循安全性、流动性和盈利性三个基本原则。硅谷银行的案例表明，过度追求盈利性而忽视安全性和流动性，可能引发危机。因此，商业银行在风险管理的整个流程中，应将安全性和流动性作为首要任务，并在此基础上满足盈利性，确保收益与风险相匹配。
>
> 银行的存贷款业务天然存在约束错配和期限错配的风险。在不利的经营环境中，过于激进的风险偏好可能会暴露银行的脆弱性。因此，设定稳健的风险偏好至关重要。在满足资本约束的前提下，银行应合理预测经营环境，并根据资产负债组合管理需要，设定合理的风险结构和最优边界，以平衡风险与收益、短期利润与长期价值。硅谷银行在货币宽松时期选择了过于激进的风险偏好，这在初期并未出现问题；然而，随着美联储加息并收紧货币政策，因未能及时调整风险偏好，最终导致问题暴露，引发流动性危机。商业银行应在稳健的风险偏好指导下，持续优化风险管理架构，制订合理的风险策略。
>
> 因此，该案例所蕴含的思政元素是"风险意识""合规管理""审慎经营"。

本章小结

商业银行面临的风险源于经营过程中的多种不确定性因素，这些因素可能导致银行实际收益与预期发生偏差，从而带来经济损失或额外盈利的机会。

有效的风险管理对商业银行至关重要，它不仅能够增强金融体系的安全性，提升市场竞争力，还能推动银行的国际化经营。商业银行的风险管理流程通常包括风险识别、风险计量、风险监测和风险控制四个关键步骤。风险管理部门负责风险的识别、计量和监测，风险管理委员会则承担风险控制和管理决策的最终责任，确保银行在风险可控的前提下稳健发展。

商业银行的内部控制目标明确且全面，首先，其首要目标是确保国家法律法规和银行内部规章制度的严格执行。其次，内部控制致力于确保银行发展战略和经营目标的实施与实现。此外，内部控制还关注风险管理体系的有效性，通过持续监控和评估，确保风险得到有效控制。最后，内部控制强调业务记录、财务信息和其他管理信息的及时性、真实性和完整性，为银行决策提供准确的数据支持。

第八章 练习题

一、选择题与判断题

1. 风险管理流程可以概括为（　　）四个主要步骤。[单选题]
   A. 风险识别、风险计量、风险监测和风险控制
   B. 风险计量、风险识别、风险控制和风险监测
   C. 风险控制、风险监测、风险计量和风险识别
   D. 风险监测、风险控制、风险计量和风险识别

2. 接受信贷者不能按约偿付贷款的可能性是（　　）。[单选题]
   A. 流动性风险
   B. 信贷风险
   C. 利率风险
   D. 资本风险

3. 1995年9月26日，日本大和银行纽约分行的一名高级交易员因伪造账目，隐瞒了11年的未授权交易亏损，总计达11亿美元。其主要原因是（　　）。[单选题]
   A. 缺乏必要的法律
   B. 缺乏内部控制
   C. 管理素质低下
   D. 市场变化难以预

4. 银行识别风险的方法很多，常见的方法是（　　）。[多选题]
   A. 专家意见法
   B. 资产财务状况分析法
   C. 情景分析法
   D. 制作风险清单
   E. 风险树搜寻法

5. 商业银行的下列业务中，存在信用风险的有（　　）。[多选题]
   A. 债券投资业务
   B. 贷款承诺业务
   C. 贸易融资业务
   D. 信用担保业务
   E. 金融衍生业务

6. 商业银行从事中间业务时不会面临信用风险。（　　）[判断题]

7. 信用风险的产生既有借款方自身经营失败的主观原因，也有经济周期的客观原因。（　　）[判断题]

8. 由于目前我国的利率没有市场化，所以国际市场利率变化还不足以使我国商业银行产生利率风险。（　　）[判断题]

二、思考题

1. 请查阅相关资料了解汇丰银行风险管理文化和风险管理体系。
2. 从风险管理的角度分析"巴林银行"倒闭的原因。
3. 如何利用先进的技术和工具，如大数据分析、人工智能等，提高商业银行风险管理的效率和准确性？

第九章 商业银行金融科技业务

导言

随着科技的飞速发展,金融业正经历着前所未有的变革。商业银行作为金融业的核心力量,如何抓住这一历史机遇,运用科技手段提升业务水平、优化用户体验、增强风险控制能力,已成为行业关注的焦点。在此过程中,商业银行如何充分利用大数据、人工智能、云计算、区块链等技术开展金融业务?

学习任务

①掌握商业银行在金融科技领域追求的核心目标,如提高效率、降低成本、增强风险管理等。②学习商业银行在应用金融科技时遵循的基本原则,包括合规性、安全性、客户隐私保护等。③了解金融科技的主要特征,如自动化、智能化、去中心化等,并理解这些特征如何影响银行业务。④掌握金融科技在商业银行中的应用。⑤理解如何将金融科技与银行业务相结合,以创新产品和服务,提升客户体验。⑥熟知金融科技对商业银行发展的影响,包括正面的业务模式创新和潜在的风险挑战。

第一节　商业银行金融科技业务概述

一、金融科技业务的目标与原则

（一）金融科技业务的目标

金融科技即利用各类科技手段创新传统金融行业所提供的产品和服务，以提升效率并有效降低运营成本。金融科技是技术驱动的金融创新，旨在通过现代科技成果改造或创新金融产品、经营模式和业务流程，推动金融发展提质增效。目前，金融科技已逐步成为我国数字经济产业的重要组成部分，以及商业银行进行数字化转型的重要引擎。商业银行通过开展金融科技业务，能够不断推动数字化金融产品和服务方式的创新，增强个性化、差异化、定制化产品和服务的开发能力，逐步建成数字化经营管理体系，有效提升自身的科技赋能金融能力、风险管理水平以及金融服务的质量和效率。

（1）在金融科技业务的驱动下，商业银行应全力加速整体数字化转型的步伐，实现多点突破并逐步深化发展，为商业银行的未来发展奠定坚实基础。银行不断强化数据能力建设，提升数据治理的精细化和高效化水平，构建一个全面的金融数据全生命周期管理体系。同时，应积极推动跨机构、跨地域、跨行业的数据共享，促进金融数据与社会民生领域数据的深度融合应用。

（2）商业银行应当持续优化数字普惠金融和无障碍服务体系，确保智慧金融服务与生产、生活场景实现无缝对接与深度融合。通过科技赋能，金融资源将能够更精准、高效地服务于经济社会发展，从而显著提升金融服务实体经济的能力，为实体经济注入强劲动力。

（3）商业银行应当持续优化并完善其现代化科技治理架构，以显著提升科技伦理水平，并确保监管科技应用水平和数字化监管能力得到持续增强。这将有助于商业银行在科技驱动下实现稳健运营，确保金融科技的创新发展与社会责任、道德标准相契合。

（二）金融科技业务的原则

（1）数字驱动原则。金融科技以其创新性为核心，通过数字技术的深度应用，彻底改变了金融业务和服务模式，提高了金融行业的运行效率。商业银行在推进金融科技业务时，必须紧跟数字经济的新趋势，充分发挥数据的倍增效应，将数字化元素全面融入金融服务全流程。同时，商业银行需强化科技助力，提升对金融风险特别是数据风险的识别、分析和预警能力，防范数据和网络安全风险。通过这些措施，商业银行可以共同构建一个稳固的数字安全生态，为金融行业的可持续发展提供坚实保障。

（2）绿色低碳原则。商业银行应坚定树立绿色发展理念，以碳达峰和碳中和为长远目标，深化金融科技业务与绿色金融的有机融合。通过创新手段，积极发展数字绿色金融，利用科技力量推动绿色低碳金融产品和服务的稳步开发。同时，商业银行应致力于提升金融服务在绿色产业中的覆盖广度和精准度，为实体经济的绿色转型和低碳可持续发展提供强有力的金融支撑，共同助力构建绿色低碳的美好未来。

（3）公平普惠原则。金融科技以其创新优势，降低了金融服务的门槛，为公众提供了更多样化、更高质量的普惠金融服务。商业银行在发展金融科技业务时，应以公平原则为基础，以普惠金融为理念，合理运用科技手段，丰富市场层次，优化产品供给。此外，商业银行应努力扩大金融服务的覆盖范围，缩短服务触达半径，以弥补数字鸿沟，确保金融科技成果能够公平地惠及每一个人。通过这些努力，商业银行将为推动共同富裕的目标贡献金融力量，确保金融科技的发展能够造福更广泛的社会群体。

二、金融科技业务的特征

（一）融合性

金融科技与传统商业银行业务的根本区别之一在于其以大数据、云计算、人工智能、区块链、5G等新兴技术为基石，通过新兴网络作为媒介。金融科技的显著特点在于金融业务与技术的深度融合，其中技术在金融服务的运营过程中扮演着核心角色，其贡献度和影响力已远超传统的人力和场地等生产要素，深刻推动着商业银行的业务变革。通过新技术的协同与融合，这些前沿技术不断被应用于商业银行业务中，使银行业务与技术发展逐步展现出深度融合的趋势。这一趋势极大地降低了运营成本，提高了服务效率，优化了客户体验，并革新了业务理念。例如，商业银行的无人网点便是金融科技在银行业务中的典型应用。这些网点实现了全程不需要银行员工现场办理业务的高度场景化和智能化。通过充分运用生物识别、语音识别、大数据、云计算等金融科技的最新成果，并结合 AI 机器人、VR、AR、人脸识别、语音导航、全息投影等前沿科技元素，为客户提供了一个以智慧、共享、体验、创新为特色的全自助智能服务平台。这一创新不仅提升了服务的便捷性和效率，也为商业银行带来了业务模式的全新变革。

（二）综合性

金融科技业务不仅涵盖了传统的个人和企业金融服务，如存款、贷款和信用卡等，更通过新兴技术和一体化信息网络，实现了对客户和市场需求的精准把握。基于客户属性和市场需求，金融科技业务在重新组合传统商业银行业务的基础上，构建了综合性服务平台，从而极大地简化了业务流程，并提供了专业、个性化的综合服务。

以零接触金融服务为例，金融科技通过智慧网点、无人网点、网上银行、手机银行、小程序等多渠道，为客户提供"技术驱动＋服务协同＋场景链接＋生态融合"四位一体的全方位金融服务。这一创新模式推动了手机银行、物理网点、远程客服之间的功能互联互通和服务协同，显著提升了客户体验。在支付清算领域，金融科技依托数字账户，不断升级消费、旅游、社交等生活场景，极大地提升了用户支付的便捷性。同时，通过与政府共享渠道资源，金融科技创新了移动支付、刷脸支付、无感支付、超级账户等多种支付服务，广泛应用于公用事业及其他行业。在信贷服务方面，金融科技通过搭建融资平台，实现了投融资需求的精准对接，从而重构了信贷业务模式，提高了融资效率。在理财服务领域，金融科技利用大数据、云计算、智能客服、智能投顾等先进技术，为客户提供了"无处不在"的理财服务。这些服务不仅覆盖了广泛的客户群体，还逐渐将服务范围扩展至下沉市场，为更多人提供了优质的理财体验。

(三）通用性

在数字化和金融科技快速发展的今天，开放、通用和普惠已成为现代金融平台的三大鲜明特征。与此形成鲜明对比的是，传统商业银行业务和服务往往强调专业化与特殊性，每个业务和服务各自独立，拥有独特的软硬件设备、信息收集规则、数据处理方法和操作安排，导致底层软硬件设备与具体业务应用相对孤立和封闭。这种孤立性不仅增加了建设成本，也限制了服务覆盖的客户群体。然而，在"互联网+"和科技赋能金融的时代背景下，大量"长尾客户"的金融服务需求逐渐浮出水面。为了满足这一市场需求，商业银行积极利用金融科技，搭建起开放、通用、共享的商业银行金融平台。这一平台通过实现系统功能模块化、业务产品配置化以及对外接口标准化，有效打破了传统业务间的壁垒，使金融服务更加灵活、高效。

例如，商业银行提供的 API 服务接口，通过标准化和开放化的方式，极大地缩短了场景服务与资金对接的周期，降低了经营成本，同时提升了服务效率。这一创新不仅满足了不同场景下的金融服务需求，也为商业银行带来了更广泛的客户群体和更丰富的业务机会。

第二节　商业银行金融科技的应用

一、商业银行对大数据技术的应用

大数据技术在客服、风控、反欺诈、营销等业务方面得到了广泛应用，有效提升了商业银行的资源配置效率，促进了金融科技业务的创新发展。

（一）大数据客服

在传统呼叫中心时期，金融服务受限于人工一对一模式，效率受限。技术进步带来了网页端在线客服，实现了一对多服务，提升了效率。智能客服系统的出现，利用大数据技术，构建了全面的知识库，部分替代了人工客服，满足了客户的个性化需求。商业银行的大数据系统能够迅速识别客户需求，自动提供答案，甚至执行操作，基于海量数据和先进的数据处理技术。智能客服系统不仅提升了服务效率，还实现了服务的全天候覆盖，无论何时何地，客户都能享受到不间断的高质量服务。

（二）大数据营销

随着互联网的迅猛发展和消费者需求日趋个性化和多样化，银行业迎来了新的用户群体及更为广泛的服务需求，同时也积累了大量数据。传统的粗放式营销模式已无法满足现代化商业银行的发展需求。因此，商业银行必须秉持"以客户为中心"的营销理念，精准地在客户需要的时候提供相应的产品和服务，以更好地捕捉市场动态变化，并提升产品和服务的营销效率。为实现这一目标，商业银行通过建立大数据平台，运用海量的数据集和先进的大数据处理分析技术，对目标客户数据进行深入挖掘、持续追踪和科学分析。这一过程包括对不同客户群体进行聚类，深入分析客户的消费习惯、偏好、水平、兴趣以及风险收益偏好等信息，从而制订以客户为中心的产品设计和营销方案，为各类细分客户提供针对性强、效果显著的产品和服务，实现个性化的智慧营销。

大数据营销的核心在于为合适的用户提供恰当的产品和服务。为此，商业银行利用大数据技术，整合用户的学历、年龄、职业、家庭状况、网络浏览记录及交易信息等特定数据，通过大数据分析模型，精准地构建用户画像。基于这些用户画像，商业银行能够实施更为精准的营销策略，如实时营销、交叉营销及个性化推荐。实时营销是指商业银行根据客户的实时状态，如特定日期、所在地、消费动态等信息，进行有针对性的营销活动。交叉营销则是商业银行根据不同业务或产品之间的关联性，进行交叉推荐，例如，招商银行可以通过分析客户交易记录，有效识别小微企业客户，进而利用远程银行服务实施交叉营销。个性化推荐则是基于客户的年龄、职业、资产状况及偏好等信息，深度分析其金融服务需求，从而进行个性化的产品和服务推荐。

（三）大数据反欺诈

商业银行在运营过程中，面临着来自多方面的欺诈风险，这些风险主要源自借记卡和信用卡的身份盗用、持卡人欺诈、第三人欺诈、商户欺诈，以及针对电子渠道的钓鱼网站、中间人欺诈、木马欺诈等。随着技术的不断进步，欺诈手段也日益呈现出专业化、产业化、隐蔽化和场景化的特点，这对商业银行的欺诈风险监控提出了更高的挑战。传统的商业银行在防控欺诈风险时，往往依赖于专家经验和黑名单等方式，但这些方法维度单一、效率低下、覆盖范围有限，难以有效应对不断变化的欺诈风险。为了应对这一挑战，商业银行需要借助大数据技术的力量。大数据技术可以通过与第三方数据的交叉验证，有效识别客户信息的真伪。同时，利用机器学习或深度学习算法对历史欺诈数据进行训练，可以实现智能化的监控，大大提升反欺诈的效率和准确性。

商业银行的大数据平台具有实时反欺诈的功能。通过对客户的自然属性、行为属性、信用度、资产负债状况、交易环境等信息进行实时监测，结合交易记录、频度、位置等数据，可以实时分析并判断交易风险。一旦发现疑似欺诈交易，系统将根据不同的类别和级别进行相应处理，将传统的风险事后跟踪转变为事中控制，有效减少欺诈行为对银行和客户造成的损失。此外，实时反欺诈大数据分析还能够统一管理商业银行内部的多源异构数据，并结合外部征信数据，构建完善的风险防范体系，为商业银行的稳健运营提供有力保障。

（四）大数据风控

传统的信贷风险控制主要依赖于信用评分模型，该模型通过分析历史数据，对目标客户的收入水平、支付能力及信用程度等关键指标进行量化评估，并基于各指标档次赋予相应分值，结合权重计算得出贷款申请者的信用评分。然而，与这一传统模型相比，大数据风控技术展现出更为广泛和深入的风险评估能力。大数据风控不仅涵盖了传统的结构化数据，还广泛汲取了用户行为、社会属性、金融产品评价、图片、语音、地理位置等半结构化和非结构化数据。其数据挖掘的核心在于数据间的相关关系，而非传统风控中强调的因果关系，这使其能够从更多维度和层面洞察风险。

大数据风控技术在信贷流程的各个阶段均发挥重要作用。以贷前风控为例，它主要包括四个关键环节：首先，数据采集，通过系统日志、网络数据和数据库接入等方式，全面收集用户的多样化信息，构建多维度数据集。其次，数据建模，将结构化、非结构化和半结构化数据统一整合至数据模型中，实现内外部数据的精准匹配，并在此基础上设定建模假设和目标，实现对现有客户更全面、深入地分析。再次，客户画像，运用大数据技术，根据用户基本信息或企业的生产、流通、销售、财务等数据，绘制详细的客户画像，并根据画像结果对目标客户进行有效分类。最后，风险定价，基于客户画像，精准刻画其信用水平，并根据信用水平灵活调整个人和企业的贷款利率，对高信用风险用户收取相应的高水平利率。此外，大数据风控还具有动态监测和风险预警的功能，能够根据用户信息的实时变化灵活调整风控模型和客户画像，及时发现异常行为或金融产品的异常表现，为商业银行提供及时止损的决策支持。

二、商业银行对人工智能技术的应用

人工智能技术能够为商业银行的数字化转型提供全流程的业务技术支持。在前台，人工智能技术能帮助商业银行向客户提供更加智能化、精细化、专业化、人性化的服务。在中台，人工智能技术能在金融交易和授信审批等领域为商业银行提供决策支持。在后台，人工智能技术可用于提升商业银行的风险防控能力。从具体的应用场景来看，目前人工智能技术在商业银行的业务应用主要包括智能客服、智能营销、智能投研、智能投顾、机器人流程自动化等方面。

（一）智能客服

商业银行通过将人工智能技术融入智能客服领域，不仅能显著降低人工服务成本，更能实现向客户提供大规模个性化、人性化服务的目标，从而极大提升客户体验。智能客服是建立在自然语言处理、语音技术和知识图谱等技术基础上的新型服务方式。它能够自动捕捉用户特征和知识库信息，精准理解客户意图，并迅速协助客户解决问题。具体来说，智能客服系统利用自然语言处理技术来捕捉和分析客户的需求信息，借助知识图谱构建起完善的客服机器人回应机制。同时，该系统还能通过文本、语音等多种交互方式与客户进行沟通，实现菜单结构的简化，最终为客户提供个性化、便捷的服务体验。与传统的人工服务相比，智能客服在提升客户满意度方面展现出显著优势。

（二）智能营销

商业银行借助人工智能技术开展智能营销，能够更精确地描绘客户画像，从而有效识别并满足客户需求，实现精准的市场推广。基于可量化的数据，智能营销利用机器学习和大数据分析技术，深入剖析金融消费者的消费特性和金融行为，进而合理细分客户群体。这种方法能够精准锁定目标客户，为消费者提供定制化和个性化的产品推荐。与传统的线下营销模式相比，智能营销不仅降低了服务成本，还提高了准确性和时效性，为商业银行带来了显著的营销优势。

（三）智能投研

传统投研业务往往需要商业银行投入大量的人力、物力和财力来搜集资料、进行深度数据分析和撰写详尽的投研报告。然而，随着技术的进步，智能投研的出现彻底改变了这一局面。智能投研通过综合运用机器学习、知识图谱和大数据技术，能够智能地关联和分析各类数据，并在此基础上自动生成文档乃至完整的投研报告，为投资者和分析师提供便利。这种技术不仅将数据、信息和决策过程智能整合，而且极大地降低了商业银行的运营和服务成本。更为重要的是，智能投研为商业银行和客户的投资决策提供了强有力的辅助。它能够大幅提高决策效率和准确性，帮助商业银行更精准地把握市场脉动，优化投资策略，从而在激烈的市场竞争中脱颖而出。

（四）智能投顾

智能投顾，也称为机器人投顾，是一种先进的投资管理服务。它综合考虑投资者的财务状况、投资风格、风险偏好和理财目标等多方面信息，利用投资组合理论和智能算法技术，为客户提供个性化的投资决策参考。具体来说，智能投顾基于马科维茨的现代资产组合理论,借助机器学习技术构建出标准化的投资模型。通过网络平台,它能够为客户提供便捷的在线投资顾问服务,并根据金融市场的实时动态,为客户提供针对性的资产管理及配置优化建议。与传统的投资顾问服务相比,智能投顾具有显著的优势。它能够以更低的成本替代高昂的人工服务,帮助商业银行降低服务成本、减少服务门槛,从而提高投顾服务的普及性和可及性。在投资配置和交易执行方面,智能投顾通过标准化、批量化和规范化的处理流程,有效帮助客户克服情绪化的决策弱点。此外,通过实施科学的资产分散投资策略,智能投顾使商业银行具备处理大量客户投顾方案的服务能力,进一步提升了服务效率和质量。

(五)机器人流程自动化

机器人流程自动化(RPA)是一种创新业务模式,它通过机器人技术自动执行大规模且高度重复的工作任务。随着商业银行建成数百乃至上千套信息系统,系统间及数据间的割裂问题日益凸显,需要人工操作来"衔接"这些分离的工作流程。RPA 的引入,正是为了高效解决业务场景中普遍存在的高流量、高重复性和高失误率等问题。RPA 广泛应用于商业银行的各个业务环节,从前台到后台,无所不包。例如,企业征信查询机器人能够自动登录外部征信系统,快速获取、整合并保存查询结果,这不仅提高了授信审批的工作效率,还确保了征信数据的完整性和准确性。另一个典型应用是财务报表机器人,它运用 OCR 技术将纸质财务报表迅速转化为电子文件,并借助自然语言处理技术进行同义词识别,实现了信息的自动化采集和尽职调查报告的自动生成。在 RPA 的助力下,商业银行的财务报表分析时间从数小时缩短至 10 分钟以内,极大提升了经营效率。

三、商业银行对云计算技术的应用

云计算技术以其多样化的服务模式,为信息技术服务提供了前所未有的灵活性。软件即服务(SaaS)模式中,云服务商为客户提供了基于云的应用软件,使用户能够通过互联网轻松访问和使用,不需要自行开发或购买。平台即服务(PaaS)模式提供了软件开发和运行的环境,赋予客户在云平台上构建和部署个性化软件的能力。

基础设施即服务（IaaS）模式则为客户提供了网络、存储和计算资源，以及访问云基础设施的接口，使用户能够自由部署所需的各种软件和系统。这三种服务模式共同构成了云计算的核心，为不同需求的客户提供了定制化、高效能的解决方案。

云计算技术根据云资源归属方、控制方的区别，以及平台客户范围的差异，一般分为公有云、私有云、行业云和混合云四种部署模型。其中，公有云是指云服务可为任意云平台客户提供，资源由云服务提供者控制的一种云计算部署模型。私有云是指云服务只对某个云服务客户提供，且资源被该客户控制的一类云部署模型。在行业云部署模型中，云服务由一组特定云服务客户共享、使用。混合云至少包含两种不同云计算部署模型。商业银行在应用云计算技术时，主要选择私有云和行业云两种部署模型。其中，商业银行部署私有云一般通过购买硬件产品和解决方案、自建基础设施的途径搭建，主要用于存储敏感数据、运行重要业务系统，在系统运维上主要采用自主运维或外包驻场运维的方式。商业银行部署行业云主要依靠银行间合作，通过资源共享在行业内形成技术公共服务，主要用于对银行外部客户提供数据处理服务，或为一定区域内的金融机构及其垂直机构提供资源共享服务。云服务能够广泛应用于商业银行的以下业务场景。

（一）分行交互应用场景

在传统的总分行运营模式下，各分行通常需要独立配置包括服务器、存储以及安全防护设备等在内的完整资源体系。然而，由于属地运维管理人员的技术水平参差不齐，这种分散化的模式在推进商业银行IT基础设施的标准化和集约化方面面临显著挑战。特别是在传统商业银行拓展线上分行特色业务时，为确保金融服务的安全性，互联网访问的入口往往被限定在总行层面，这无疑对分行的服务效率和响应速度造成了严重制约。为了克服这些难题，一种有效的解决方案是在总行层面构建基础云环境架构，通过总行向分行提供统一标准的网络和系统运维管理服务。这种集中化的管理方式使分行能够专注于其核心业务的开发和部署，而无需分心于烦琐的IT基础设施运维工作。通过这种方式，商业银行不仅能够提高IT基础设施的标准化和集约化水平，还能有效解决分行在开展特色业务时面临的互联网交互难题，从而全面提升其服务效率和客户满意度。

（二）普惠金融支持场景

中小微企业因抵押物不足和信息缺乏，常常面临商业银行服务时的信息不对称挑战，这极大地阻碍了其获取必要的金融服务。然而，随着信息技术的飞速发展，众多中小微企业在第三方平台上留下了丰富的信息足迹。遗憾的是，这些数据与商业银行的金融服务系统之间尚未实现顺畅的对接。为了解决这一难题，商业银行可以积极利用云计算技术，为中小微企业提供符合其金融业务特点的云计算服务。通过云计算，银行能够更高效地整合、分析这些分散在第三方平台上的数据，从而更准确地评估中小微企业的信用风险，为其提供更精准的金融服务。这不仅有助于解决信息不对称问题，还能推动中小微企业金融服务的普及和深化。

四、商业银行对区块链技术的应用

（一）支付结算业务

支付结算业务是商业银行早期采纳区块链技术的关键领域之一。区块链技术以其点对点交易的特性，在资金转移，特别是支付结算业务中，展现出显著的成本降低优势。当商业银行运用区块链技术处理结算业务时，通过分布式记账法，实现了支付结算的去中心化，从而有效避免了中间环节的冗余成本。更为重要的是，这种技术确保了交易数据的不可篡改性，为商业银行提供了强大的信用风险防护机制。具体而言，区块链技术不仅降低了商业银行间的对账成本和争议解决成本，还显著提升了结算速度，进而降低了整体交易成本。这种技术的引入不仅优化了结算业务流程，更极大地改善了支付业务的运营效率，为商业银行带来了前所未有的竞争优势。

（二）供应链金融业务

供应链金融业务是商业银行针对供应链中具有产业优势的企业所设计的一种金融服务模式。该模式通过掌控与管理供应链上下游企业的信息流、资金流和物流，为这些融资企业提供必要的金融支持。然而，传统的供应链金融业务常受制于信息不对称、信用无法顺畅传递、商票难以拆分支付以及支付结算不能如约自动执行等问题，这在一定程度上导致了融资过程缓慢、融资难度大以及融资成本高昂的困境。"区块链+供应链金融"这一创新模式为上述问题提供了有效的解决方案。通过将分类账上的货物转移记录为交易信息，该模式能够明确供应链上各参与方的身份以及产品的详细数据，如生产日期、原产地、质量标准和价格等。此外，借助去中心化的系统实现信息共享，并按照预设时间自动执行支付操作，这一模式不仅显著提升了业务处理的效率，同时也大幅减少了潜在的交易失误。因此，"区块链+供应链金融"为产业链上急需资金支持的企业提供了切实有效的融资解决方案。

（三）数字资产

区块链技术革命性地整合了包括票据、股票、债券、仓单和收益凭证等在内的各类资产，将其转化为链上数字资产，从而实现了客户不需要中介机构参与的直接交易。通过构建连接托管库与分布式账本的无缝桥梁，分布式账本平台上的客户能够安全地访问并操作托管库中可靠且受信任的数字资产。为满足客户多样化的需求，资产发行可以灵活选择公开或保密的方式。以数字票据业务为例，区块链的分布式架构赋予了数字票据系统出色的容错性，显著降低了中心化风险。此外，时间戳机制的应用确保了数字票据系统中信息的完整性和交易流程的透明度，有效防范了票据伪造的风险，为市场参与者提供了更高的安全保障。

（四）贸易金融

传统的国际信用证、福费廷、保函等金融业务往往交织着复杂的交易链条，涉及多家金融机构，因此，其交易过程不仅时间成本高昂，财务成本亦相当可观。而区块链技术，作为加密算法、点对点传输及分布式数据存储等技术的集大成者，以其开放共享、信任共识、不可篡改等独特优势，为跨境支付和贸易融资带来了颠覆性的变革。

在跨境支付领域，商业银行借助区块链技术，能够显著简化支付流程，极大提升跨境支付效率，同时有效降低跨境支付风险。这不仅解决了传统模式下流程烦琐、成本高昂的问题，还解决了风险难以识别与管理的痛点。在贸易融资方面，单据造假一直是商业银行开展业务时面临的棘手问题。区块链技术的引入，凭借其公开透明和不可篡改的技术特性，有效提升了业务信息的可信度，打破了跨部门之间的信息壁垒，降低了各方沟通成本，进而提升了商业银行的整体风控水平。

第三节　金融科技对商业银行发展的影响

一、未来商业银行是更具专业性的"智能银行"

金融科技与商业银行的发展

身处社交网络蓬勃发展的时代，价值互联网方兴未艾。若商业银行仅满足于传统的信用中介和融资中介角色，显然无法满足时代的需求。未来的商业银行必须摒弃 20 世纪的传统模式，超越简单的信贷服务，向现代化、多元化、专业化和智能化的方向迈进，致力于成为价值系统的整合者。

通过利用大数据、云计算等尖端技术，商业银行能够精准地筛选客户群体、锁定目标市场、精准匹配客户需求，甚至主动创造新的需求。它们通过深度整合价值与信息，提供个性化、专业化和智能化的金融服务及产品，为客户创造更多附加价值，不仅涵盖财富管理，也涉及风险管理，从而避免陷入传统的资产端与负债端的低效竞争漩涡中。

二、未来商业银行是更具即时性的"移动银行"

在移动互联时代，人们已深刻体验到随时随地、点对点价值互换的高效与便捷。在中国，商业银行凭借第三方支付和移动支付技术，显著提升了服务的即时性。然而，展望未来，商业银行的即时性和移动化仍有巨大的提升空间。区块链技术的崛起，有望将传统商业银行的批量处理后台系统革新为实时的分布式总账系统，实现近乎零成本的即时价值交换。这种共享、即时的"移动银行"将打破物理时空的界限，无拘无束地为客户提供所需的金融服务，真正实现金融服务的无缝连接与无限可能。

三、未来商业银行是更具普惠性的"价值银行"

商业银行通过金融科技实践普惠金融战略,涵盖了两个方面:首先,是针对传统金融体系未能触及的客户群体进行深度覆盖与获取。以"长尾"小微企业为例,金融科技的应用使商业银行能够以低成本、高效率的方式优化资源配置,为这些企业提供量身定制的金融服务。这不仅展现了商业银行在普惠性"广度"上的拓展,即通过金融科技挖掘和吸引新客户,拓宽业务范畴。其次,商业银行致力于对既有或主流金融产品和服务进行费用优化,实现低收费甚至免费,体现了普惠性的"深度"。在这一模式下,客户在支付等各个环节不需要承担额外费用,实现"产品或服务本身免费"的承诺。而商业银行则通过提供附加价值创造盈利点,确保可持续的商业模式。

展望未来,商业银行将在广度和深度两个维度上持续深化普惠金融战略,打造更具普惠性、更具个性化服务的"价值银行"。它们将成为真正的价值与信息整合者,通过金融科技的力量,让金融服务更广泛、更深入地惠及社会的每一个角落。

案例分析

数字人民币为经济添活力

在 2022 年北京冬奥会和冬残奥会的赛场上，数字人民币的支付方式成为金融服务的一大亮点，显著提升了消费者的支付体验。随着这种新型支付方式逐渐渗透到日常生活中，它对日常支付活动以及经济社会发展会产生哪些积极影响？

2022 年 2 月 4 日，盛大的北京冬奥会开幕式在宏伟的国家体育场拉开帷幕。当天，众多观众在国家体育场的冬奥会特许商品店使用数字人民币购买了冬奥会吉祥物"冰墩墩"。"我没有 VISA 卡，幸好我早已下载了数字人民币的应用程序，没想到这让我在这里大展身手"，来自北京市海淀区的王女士兴奋地分享道。另一边，位于国家体育场内的数字人民币服务台吸引了大量人流。"一进入体育场，我就直奔这里，想亲身体验一下数字人民币硬钱包的便利"，科技爱好者董先生说道。他早早便下载了数字人民币的应用程序，并在服务台换取了冬奥主题的数字人民币硬钱包——"雪环"。在中国银行工作人员的悉心指导下，董先生使用"贴一贴"功能，将"雪环"绑定为软钱包的硬件子钱包。"这样我就能在手机上查看'雪环'的余额了，非常方便"，他说。

根据国际奥委会规定，作为全球奥运合作伙伴，VISA 作为 2022 年北京冬奥会和冬残奥会的官方独家支付服务供应商，享有一定的排他性权益。这意味着在冬奥会和冬残奥会的竞赛场馆、开闭幕式场所、媒体村、冬奥村、训练区域等划定的"红线"区域内，只能使用 VISA 卡和人民币现金（包括实体人民币和数字人民币）进行支付，而无法使用微信、支付宝等其他移动支付工具。

数字人民币与我们习以为常的移动支付方式极为相似，它不但保障了用户的消费需求，而且适应了用户的支付习惯，给习惯了移动支付的用户带来了巨大的便利，同时也为外国友人给予了更多的支付选择。

"作为一种现金形式，数字人民币由中国人民银行发行，具备法定货币的地位，所以不受上述限制。这不但为习惯移动支付的用户提供便利，也为外国友人带来了更多的支付选择"，招联金融首席研究员、复旦大学金融研究院兼职研究员董希淼解释道。

中国人民银行数字货币研究所创新部总经理吕远透露，在北京冬奥会和冬残奥会期间，不论是中国居民还是外国访客，都能够在境内享有多种数字人民币产品，感受便捷的小额移动支付。"红线"内的商户以及冬奥签约酒店、定点医院都支持使用数字人民币支付。在"红线"区域之外，贴有数字人民币标识的商户也能够接受数字人民币支付。

分析该案例所蕴含的思政元素：

数字经济正日益成为全球经济增长的核心驱动力，研发数字人民币是顺应这一趋势、为数字经济发展提供强有力支持的关键举措。数字人民币既能满足公众在数字经济时代的新需求，又提升了零售支付的便捷性、安全性和防伪水平，为我国数字经济注入新活力。

从中国人民银行成立并发行第一套人民币，到如今数字人民币的新时代，这一历程见证了我国货币体系的不断演进。讲述商业银行的起源与职能，可引导学生展望未来，构想多样化的支付交易场景，感受我国商业银行的未来发展趋势。这既能增强学生的民族自豪感，又能激励他们树立实现中华民族伟大复兴的崇高理想。

通过该案例中数字人民币的研发与应用，使学生感受我国综合国力的提升和国际影响力的增强。同时，启发学生关注金融科技的发展与金融安全的重要性，培养他们的创新意识。让学生感受我国金融科技与经济社会发展的紧密融合，激发他们的爱国情怀和民族自豪感，成为具有国际视野、创新精神和民族自信的新时代青年。

因此，该案例所蕴含的思政元素是"民族自信""创新意识"。

本章小结

金融科技作为金融创新的前沿力量,正在以其技术驱动的特性深刻地改变着金融市场和金融服务业务。商业银行在这一变革中扮演着至关重要的角色,通过结合自身的业务特性和经营实况,坚持"数字驱动、绿色低碳、公平普惠"的原则,致力于深化金融数据应用,加速数字化转型。商业银行应构建完善的科技治理架构,加强数字基础设施建设,引领技术创新,激发数字化经营的活力,同时加强审慎监管,并积极推动数字普惠金融的实践。在这一过程中,商业银行需将数字元素全面融入金融服务流程,确保数字思维贯穿业务运营的始终,并充分发挥科技驱动与数据赋能的双重作用,以实现金融科技与业务发展的深度融合。

金融科技业务展现出融合性、综合性与通用性的鲜明特征。大数据技术已在客服、风控、反欺诈、营销等多个业务环节广泛应用,显著提升了商业银行的资源配置效率,并助推了金融科技业务的创新步伐。

人工智能技术为商业银行的数字化转型提供了全方位的业务技术支撑。无论是在前台提供智能化、精细化、专业化、人性化的客户服务,还是在中台为金融交易和授信审批提供决策辅助,乃至在后台增强风险防控能力,人工智能都发挥着不可或缺的作用。

云计算技术依据云服务商提供的资源类型差异,主要划分为软件即服务(SaaS)、平台即服务(PaaS)和基础设施即服务(IaaS)三种服务模式。

区块链技术在商业银行的应用主要聚焦支付结算、供应链金融、数字资产及贸易金融等领域。

第九章 练习题

一、思考题
1. 金融科技对商业银行的传统业务模式产生了哪些影响?
2. 金融科技在提升用户体验方面有哪些成功案例?其背后的原理是什么?
3. 金融科技如何助力商业银行更好地服务实体经济?有哪些具体措施和案例?

第十章　政府对银行业的监管

导言

商业银行通过吸收存款向公众提供贷款，并提供其他金融服务。商业银行作为现代金融体系的核心，其稳健运行对保障国家经济安全、推动实体经济发展具有举足轻重的作用。因此，政府对银行业的监管成为一项至关重要的任务。

学习任务

①掌握政府监管银行业的基本原因，如保护消费者和稳定金融系统。②学习中国银行业的主要监管机构和关键监管规则。③了解全球银行业监管的普遍趋势和影响因素。④理解数字人民币对监管的潜在影响及其在金融科技中的作用。⑤通过全球视角，了解不同国家的监管差异和国际合作的重要性。

第一节 政府对银行业的监管概述

一、政府对银行业监管的原因

（一）为了保护存款人的利益

商业银行作为公众储蓄的主要吸纳者，承担着管理个人和家庭存款的重要职责。这些存款往往具有较短的期限和较高的流动性。商业银行的稳定运营对经济和社会的稳定至关重要。一旦银行发生倒闭，不仅储户的资金安全受到威胁，还可能引发连锁反应，导致更广泛的经济和社会问题。然而，普通储户通常缺乏必要的金融专业知识和信息获取渠道，难以全面了解并准确评估银行的经营状况，这导致了储户与银行之间存在显著的信息不对称性。为了维护储户的利益、防范金融风险并确保银行业的健康发展，政府对银行业的监管显得尤为必要。政府监管的职责包括但不限于：定期对商业银行进行审查和审计，确保其合规经营；收集并分析银行的经营数据，评估其财务状况的真实性和稳健性；在商业银行面临财务困境时，提供必要的财政支持，以稳定市场信心并防止风险扩散。

（二）银行是信用货币的创造者

在信用驱动的经济体系中，货币供应量的多寡对经济发展具有深远的影响，直接关系到一个国家的经济增长速度、就业水平以及物价稳定。中央银行作为宏观经济调控的关键机构，拥有运用货币政策工具调节货币供应量的能力，以此影响经济活动。然而，商业银行在这一过程中扮演着至关重要的角色，它们是中央银行货币政策传导至整个经济体系的核心环节。因此，中央银行必须对商业银行的运营状况和风险管理能力保持高度的警觉和关注。

（三）金融服务具有准公共产品的属性

公共产品在消费上具有两个基本属性（即非竞争性和非排他性），但在现实中，大多数公共产品兼具私人产品与公共产品的双重属性，我们称之为准公共产品。为了避免商业银行在对公众授信的过程中因年龄、地域、职业等因素存在歧视，政府应该对银行业进行监管，以保证普惠金融的实现。

（四）各国银行业都有综合化发展的趋势

证券业和保险业的业务不断被纳入商业银行的业务中，并且随着全球化的发展，商业银行也在不断走向国际化，这些都对政府针对银行业实施监管提出了挑战。2008年国际金融危机的发生促使各国加强了政府对银行业的监管，也促使各国在银行业监管领域开展国际合作，银行业的监管标准正在不断完善更新，以便更有效地发挥作用。

二、市场准入监管与退出监管

（一）市场准入监管

商业银行市场准入监管是确保金融市场稳定和保护消费者权益的关键环节。它涉及对新设立商业银行及其业务范围的全面审查和批准，确保其符合法律法规和监管要求。具体监管内容主要包括以下方面。

（1）机构设立监管。确保商业银行具备充足的资本金以抵御经营风险，并参照国际标准如《巴塞尔协议》进行资本充足率的明确规定。同时，对管理人员进行深入审查，评估其专业能力和职业操守。此外，监管机构将细致评估商业银行的业务计划和内部控制制度，确保其合理性、可行性及风险控制能力。

（2）业务范围监管。审批商业银行的业务范围，确保其符合法律法规和监管政策。同时，对高风险业务进行限制或禁止，以防止引发系统性风险。

（3）其他相关监管要求。商业银行需选择合适的组织形式并制订章程，监管机构将审查其合规性和稳健性。明确经营方针，确保其指导日常经营活动的合规性和稳健性。营业场所的选址和设施也需要满足监管要求，以提供优质的服务。商业银行在设立后必须获得经营许可证，这是确保其合规经营和监管机构有效监管的重要手段。

根据《中华人民共和国商业银行法》及相关法律规定，商业银行的设立需满足一系列严格条件，确保其合法性、稳定性和专业性。首先，银行必须拥有符合法律规定的章程，明确其运营和治理结构。其次，注册资本需达到法定最低限额，全国性商业银行至少十亿元人民币，城市商业银行至少一亿元人民币，农村商业银行至少五千万元人民币，且资本必须为实缴。此外，银行的董事和高级管理人员需具备相应的专业知识和业务经验，以保证银行管理的专业性和有效性。银行还需建立健全的组织机构和管理制度，确保运营规范和风险控制。营业场所及其安全防范措施也必须符合规定的要求，保障银行业务的顺利进行。最后，商业银行的设立必须经过国务院银行业监督管理机构的审查和批准。未经批准，任何单位和个人不得开展商业银行业务，也不得在名称中使用"银行"字样。这些规定共同构成了商业银行设立的法律基础，旨在维护金融市场秩序，保护存款人利益，推动银行业的稳健发展。

（二）市场退出监管

商业银行退出监管是金融监管机构对问题银行进行风险管理和处置的重要环节。这一过程涉及对银行的风险状况进行评估，并根据评估结果采取相应的救助或惩罚措施。救助措施主要包括接管、兼并或收购，目的是帮助银行恢复健康运营，维护其服务功能，防止风险扩散。惩罚措施则针对那些严重违规或无法挽救的银行，如吊销执照和清算，以维护市场纪律和金融稳定。

监管机构在执行退出监管时，必须综合考虑多种因素，包括银行的风险程度、市场影响，以及对消费者权益的保护。这一过程需要严格遵守法律法规，确保程序的公正性和透明度，同时平衡市场纪律和银行的合法权益。通过有效的商业银行退出监管，可以促进银行业的健康发展，提高金融体系的整体韧性和稳定性。

当商业银行面临无法维持正常运营的情况时，监管机构会采取一系列措施以确保金融系统的稳定和保护各方利益。以下是商业银行退出监管的主要方式。

（1）接管。在商业银行出现信用危机，可能严重损害存款人利益时，监管机构如中国银行保险监督管理委员会可能会实行接管。接管的目的是利用外部力量对银行进行整顿和改组，以恢复其经营能力。接管过程包括接管决定的作出、接管组织的成立、接管措施的实施，以及接管状态的终止。接管期间，接管组织将负责银行的日常经营管理，并采取必要措施稳定局势和恢复经营活动。

（2）解散。商业银行可能因分立、合并或公司章程规定的其他解散事由而需要停止运营。解散的目的是结束银行的法人资格，并清理其债权债务关系。在解散前，银行需要向监管机构提出申请，并附上解散理由及债务清偿计划。经批准后，银行将进入解散程序，包括成立清算组、公告债权人、清理财产和处理债权债务，直至银行法人资格的消灭。

（3）撤销。当商业银行违反法律法规或相关规定时，监管机构可能会依法撤销其经营许可证。撤销旨在终止银行的金融业务资格，防止其继续违法经营。撤销后，监管机构会组织清算组对银行进行清算，清算组负责清理银行的财产和债权债务关系，直至银行法人资格的消灭。

（4）破产。如果商业银行无法支付到期债务，经监管机构同意并由人民法院依法宣告破产。破产的目的是通过法律程序公平清偿银行债务，保护债权人利益。破产程序包括破产申请、受理、财产管理、债权申报与确认、破产财产分配等环节。人民法院会指定管理人负责破产事务的处理，直至银行法人资格的消灭。

（5）并购。在商业银行退出监管中，并购指的是经营管理良好的银行或其他金融机构对问题银行进行兼并与收购。并购的目的是整合资源，提高经营效率和竞争力，并实现问题银行的有序退出。并购过程包括尽职调查、谈判协商、签订并购协议、履行审批程序等。并购完成后，被并购银行的法人资格可能保留或消灭，这取决于并购协议和监管机构的批准。

这些措施共同构成了商业银行退出监管的框架，旨在维护金融市场的秩序和稳定，同时保护存款人和其他利益相关者的权利。

三、银行业经营监管

（一）骆驼法则

1. 骆驼法则的含义

美国的信用体系极为成熟，特别是在 1978 年之后，美国联邦储备系统颁布了《统一鉴别法》，旨在为商业银行制定统一的评价标准。该标准综合考虑了资本充足性、资产质量、管理能力、收益水平以及流动性五个关键维度，对商业银行的经营状况进行全面评估。这五个维度的英文首字母组合为"CAMEL"，与英文单词"骆驼"（Camel）相同，因此国际上通常将美国的这一评级体系称为"骆驼评级法"。

2. 骆驼法则的具体内容

（1）C（Capital）代表资本。骆驼法则将资本充足率作为评估银行稳健性的首要指标。资本充足率是衡量银行资本总额与资产总额之比的关键指标，反映了银行抵御潜在损失的能力。监管机构通过这一比率来确保商业银行具备足够的资本来支持其运营并吸收意外损失。对于不同产权组织形式的商业银行，资本的构成可能有所差异。例如，股份制商业银行通常将股本作为其主要的资本形式。股本不仅是银行永久性的资金来源，而且在面临损失时，还能作为风险缓冲。然而，股东对股本投入自然期望获得合理的回报，这就导致资本充足率与银行的盈利能力之间存在一定的权衡关系。为了平衡资本充足率和盈利能力，同时确保银行业的公平竞争，建立国际统一的监管标准显得尤为重要。这些标准旨在为全球银行业提供一个平等的竞技场，促进健康、稳定和高效的金融环境。

（2）A（Asset）代表资产。资产质量是监管机构评估银行稳健性的关键指标，它从多个维度反映银行的风险状况。监管机构特别关注风险资产的规模、逾期贷款的数量及其变化趋势，以及呆账准备金的充足性，这些都是衡量银行资产安全性的重要参数。同时，管理资产的人员的素质也是监管机构考察的重点，因为专业团队能有效识别和管理风险。贷款集中度亦是监管的关注点，包括对单一贷款的法定限制、行业集中和地区集中的风险，以避免过度依赖特定借款人或市场。监管机构通过这些综合评估，旨在确保银行资产的质量和整体的财务稳定，促进银行业的长期健康发展。

（3）M（Management）代表管理。管理层的素质和能力对商业银行的成功运营至关重要，因此监管机构对管理人员，包括董事会成员的评估尤为严格。监管人员将深入考察管理人员的专业素质、从业经验以及业务执行能力。他们还将评估董事会成员是否有效履行其职责，以及在面对突发事件时的应对策略和能力。此外，监管人员还会关注管理人员在制订和执行战略计划方面的表现，这包括他们对市场趋势的洞察力、长期规划能力以及实施战略时的执行力。通过这些综合评估，监管机构能够确保银行管理层具备引领银行稳健发展和应对市场变化的能力。

（4）E（Earning）代表收益。商业银行的盈利能力主要通过资产收益率和资本收益率两个指标来衡量。其中，资产收益率＝净利润／总资产，资本收益率＝净利润／总权益。需要注意的是，这两个指标只有在同业比较中才有意义。此外，监管人员还需要考虑近年的收益率走势、资产收益质量、盈利分配等情况。

（5）L（Liquidity）代表清偿能力。清偿能力是指商业银行在不出售其资产的条件下满足客户提款与借款需求的能力。监管人员对商业银行的存款变动情况、资产负债管理能力以及流动性比率等进行考察，以评价商业银行当前的清偿能力及其未来变化趋势。

监管人员完成了上述五个方面的评级后，会对商业银行进行综合评级。监管部门会对不同部分按重要性程度赋予不同的权重，或者直接进行简单的算术平均，或者在独立评级的基础上，加上自己对该商业银行的判断，最终得出的评级结果分五级。

（二）监管手段

监管当局对商业银行的监管手段包括法律手段、行政手段、经济手段、科技手段以及国际合作与协调等方面。这些手段相互补充、相互配合，共同构成了我国银行业监管的完整体系。

（1）监管当局通过立法机构制定了一系列相关法律法规，为银行业监管提供了坚实的法律基础。这些法律法规明确了监管的框架和要求，为监管工作提供了明确的依据。其中，确立资本充足率标准是重要的一项监管手段，它要求商业银行必须维持充足的资本水平，以有效抵御各种风险。这一标准的实施确保了银行具备足够的资本缓冲，能够吸收潜在损失，从而维护金融体系的稳定。除了资本充足率监管，监管当局还密切关注商业银行的流动性状况。流动性监管旨在确保银行具备足够的流动性来应对资金需求和风险，包括监测流动性指标、评估流动性风险敞口等措施。通过流动性监管，监管当局可以及时发现银行在流动性方面存在的问题，并采取相应的措施进行干预，以确保银行的稳健运营。

此外，监管当局还通过调整存贷款利率和存款准备金率等经济手段来影响银行的资金成本和收益，引导其合理定价和稳健经营。这些经济手段的运用可以在一定程度上调节银行的行为，使其更加符合监管要求和市场规律。

（2）在监管手段的实施过程中，监管当局注重现场检查与非现场监管的结合。定期进行现场检查可以了解银行的经营和风险状况，及时发现并纠正存在的问题，防止风险扩散。而利用信息技术对银行的财务报表、业务数据进行远程监控，则可以实现持续、动态的监管，及时发现异常和潜在风险。

（3）为了进一步提高监管效率和准确性，监管当局还建立和完善了银行监管信息系统。这一系统的建立实现了对银行的全面、实时、动态监管，为监管工作提供了有力的技术支持。同时，大数据技术的应用也使监管当局能够更加深入地分析和挖掘银行的业务数据，发现潜在的风险点和问题，为制定监管政策和措施提供依据。

（4）在国际合作方面，监管当局积极参与国际金融监管标准的制定工作，借鉴国际先进经验和技术手段，不断提升国内银行业监管水平和国际竞争力。对于跨境经营的银行，监管当局还加强了与国外监管机构的合作与协调，共同应对跨国金融风险和挑战，实现对银行全球业务的全面监管，维护国际金融市场的稳定和安全。

第二节　中国银行业监管框架

一、金融安全网

金融安全网是维护金融系统稳定和防范系统性风险的关键机制。通常认为，其由以下三大支柱构成。

"存款保险"标识背后的意义与银行体系的安全保障

（一）最后贷款人制度

最后贷款人制度是中央银行的关键职责之一，其设计初衷是在银行体系面临流动性紧张，尤其是当市场力量无法满足银行体系对流动性的迫切需求时，中央银行能够及时介入，提供必要的流动性支持。这一制度的核心目标是防止银行挤兑现象的发生，避免系统性风险的扩散，确保整个金融系统的稳定和健康。

通过最后贷款人的操作，中央银行能够在关键时刻为银行体系注入流动性，缓解市场紧张情绪，稳定金融市场信心。这种支持不仅有助于保护存款人的利益，避免因恐慌情绪导致的非理性行为，而且对维护整个金融体系的信用创造功能和金融服务的连续性至关重要。

1. 中央银行是承担最后贷款人角色的主要机构

中央银行作为法定货币的发行者，拥有对货币供应的绝对控制权，这一独特地位赋予了它在金融机构面临流动性困境时提供资金支持的能力，以维护金融稳定。中央银行的非盈利性和独立性特点，使其能够超越个体利益，从宏观经济的视角出发，客观评估并履行最后贷款人的职责。

不以营利为目的的中央银行，能够更加公正地判断金融机构的风险状况，并在必要时提供援助，确保金融系统的平稳运行。最后贷款人制度的核心目标是防范系统性金融风险，中央银行作为金融体系的"守护者"，肩负着重要职责，通过其行动防止局部风险演变为系统性危机。

2. 最后贷款人的操作方式

当中央银行担当最后贷款人的角色时，通常会采取一系列措施来确保金融系统的稳定。

（1）再贴现窗口。中央银行利用再贴现窗口机制，向商业银行提供贴现贷款，这为银行提供了一种解决短期流动性问题的直接途径。通过这种方式，中央银行能够迅速响应银行的流动性需求，保障其日常运营不受影响。

（2）公开市场业务。中央银行通过在公开市场上购买合格的金融资产，向市场注入流动性。这种操作不仅能够提供即时的资金支持，还有助于稳定市场利率和预期，缓解市场的紧张情绪。

（3）协调贷款。在特定情况下，中央银行可能会协调其他金融机构，组织它们向面临流动性困境的银行提供贷款。这种集体行动有助于集中资源，共同应对流动性风险，保护整个金融系统的稳定。

（二）审慎监管

审慎监管，也称为金融风险监管或监督，是金融监管机构对金融机构的风险管理和控制能力进行监督和管理的一种制度。其核心目标在于通过制订和执行审慎的经营规则，保障金融机构拥有充足的资本和流动性，以应对可能的风险挑战，从而维护整个金融体系的稳定和健康。

1. 审慎监管的来由

审慎监管原则的形成，是金融机构风险管理深刻理解与长期实践经验的结晶。作为货币经营和支付中介服务的提供者，金融机构的业务活动需遵循极高的审慎标准，以有效防范和控制风险。这一理念最初在 1997 年巴塞尔委员会发布的《银行业有效监管核心原则》中得以明确，并被确立为银行业监管的基石。该原则涵盖了银行业有效监管的条件、结构、法规、方法、信息披露以及监管权力等多个关键领域，是全球近百年银行监管经验的集大成者，体现了国际银行业发展的最新动态和监管的新方向。

2. 金融机构审慎监管的实现

审慎监管的实现涉及多个方面。资本充足率监管，确保银行持有足够的资本来吸收损失，保持金融稳定。流动性监管，确保银行在面对资金需求时具备足够的流动性。风险管理，监管机构要求银行建立有效的风险管理体系。内部控制，强化银行的内控制度，确保业务流程的合规性。信息披露，要求银行提供准确、全面的信息披露，以增强透明度和市场约束。

（三）存款保险制度

存款保险制度是一项关键的金融安全网构成，其核心机制是参与该制度的银行业金融机构缴纳保费，共同形成存款保险基金。当成员机构面临经营困境时，存款保险基金管理机构将依据规定动用该基金，对存款人进行及时偿付。这一制度的首要职能是维护存款人的利益，确保其存款安全，不受银行经营风险的影响。

此外，存款保险制度还具备防止恐慌情绪蔓延和挤兑现象发生的作用，这对保障整个金融体系的稳定至关重要。通过减少存款人对单个银行破产可能带来的连锁反应的担忧，存款保险制度有助于避免金融市场的过度波动，促进金融环境的健康发展。

存款保险机构通过收取保费、管理存款保险基金、制订偿付规则等方式来实施存款保险制度。当银行发生破产等风险事件时，存款保险机构会按照规定的程序和标准对存款人进行偿付，确保存款人的利益得到保护。

1. 我国存款保险制度的内容

1）目的

存款保险制度通过为存款人提供一定限额的保险赔付，有效保障了存款人的合法权益。该制度有助于及时防范和化解金融风险，维护金融体系的整体稳定。存款保险制度降低了市场准入门槛，有助于促进各类银行公平竞争、均衡发展。

2）投保机构

在中华人民共和国境内经营的商业银行、农村合作银行、农村信用合作社等存款类金融机构，根据《存款保险条例》要求，都必须参加存款保险。这些被称为投保机构的银行，通过保险机制来增强存款的安全性和稳定性。然而，这一规定并不适用于投保机构在境外设立的分支机构，同样也不适用于外国银行在中华人民共和国境内的分支机构。这一例外是为了保证制度的适用性和灵活性，同时也考虑到不同国家和地区之间可能存在的双边或多边存款保险安排。

3）承保范围

人民币存款和外币存款，无论是以活期、定期还是通知存款的形式存在，都被纳入存款保险的保护范围。这意味着，储户的本金和利息都得到了相应的保险覆盖，从而为资金安全提供了一层额外的保障。然而，存款保险制度也明确了某些存款类型不属于保险范围。具体来说，金融机构之间的同业存款，以及投保机构高级管理人员在本机构的存款，都不在保险保障之内。这样的规定有助于确保存款保险制度的公平性和有效性，同时避免潜在的利益冲突。

4）最高偿付限额

存款保险制度通过设定限额偿付原则，为存款人提供了明确而具体的保障。在这一制度下，对于每位存款人在同一投保机构持有的所有被保险存款账户，其本金和利息的总和若不超过设定的最高偿付限额——人民币 50 万元，将得到全额偿付。

这一规定确保了绝大多数存款人的资金安全，同时体现了对普通储户利益的保护。对于那些存款总额超过最高偿付限额的部分，存款保险机构将依法按照破产清算程序，从投保机构的清算财产中进行相应的偿付。

5）存款保险赔付资金来源

存款保险基金是确保存款保险制度有效运行的财务基础，其资金来源多元化，具体包括以下方面：①保费缴纳，投保机构根据规定向存款保险基金缴纳保费，这是基金的主要来源之一。②清算财产分配，当投保机构进行清算时，其分配的财产中的一部分将纳入存款保险基金，以增强基金的偿付能力。③投资管理收益，存款保险基金管理机构通过专业运作，将基金投资于安全稳健的金融产品，所获得的收益也构成基金的重要补充。④其他合法途径，基金还可能包括来自其他合法渠道的收入，如利息收入等。

6）存款保险费率

存款保险费率的设计采用了双重结构，包括基准费率和风险差别费率两个部分。这种费率体系能够更准确地反映不同投保机构的风险状况。基准费率是所有投保机构都需要缴纳的基础费率；风险差别费率根据各投保机构的风险评估结果进行调整，以体现风险导向的监管原则。费率的制定和调整是一个动态的过程，存款保险基金管理机构会综合考虑多种因素，包括但不限于经济金融的发展状况、存款的结构变化，以及存款保险基金自身的累积水平。这些费率标准在制定和调整后，需要提交给国务院进行批准，以确保其合理性和权威性。得到批准后，投保机构必须按照存款保险基金管理机构的规定执行，通常每 6 个月缴纳一次保费，以确保基金的稳定增长和风险覆盖能力。

7）被保险存款的赔付

在明确了保险金的支付范围之后，存款保险公司将迅速启动赔付流程，确保存款人的权益得到及时保障。在这一过程中，会先尝试联系救助机构，如果存款人无法从原银行取回其存款，那么救助机构将动用存款保险基金来提供赔付。此外，存款保险公司在进行赔付操作时，拥有从被保险机构资产中追偿的权利。这一措施不仅保障了存款人的即时利益，也为保险公司自身的风险控制提供了法律支撑。

2. 存款保险的作用

我国的存款保险制度扮演着至关重要的角色，它在保护存款人利益、维护金融市场稳定以及促进银行业公平竞争等方面发挥着不可替代的作用。随着金融市场的持续发展和日趋成熟，存款保险制度也在不断地进行优化和调整，以确保其能够更加精准地满足市场的需求，并为金融安全提供更为坚实的保障。

二、中国银行业监管的历史

（一）初步确立阶段（1984—1993年）

根据1983年9月中华人民共和国国务院颁布《国务院关于中国人民银行专门行使中央银行职能的决定》，自1984年起，中国人民银行正式肩负起银行监管的职责。为此，该机构于同年设立了专门的金融管理部门，旨在维护金融市场的稳定与秩序。1985年7月之后，金融管理部门进一步细化为金融机构管理部门与非银行金融机构管理部门，以适应金融市场日趋复杂的发展需求。为确保金融市场的有序运行并有效防范违规经营行为，中国人民银行根据1985年颁布的《中国人民银行稽核工作暂行规定》，在其内部设立了稽核部门。这一部门的核心职责是对专业银行和其他金融机构的业务活动进行严格的监督与检查，并对发现的违规行为进行必要的处罚。

这一时期，银行监管运行机制有两个特点：一是监管职责配置趋于部门化，形成了一种功能化的监管组织架构。金融管理部门承担起市场准入与退出的审批、违规行为的处罚职责，而稽核部门则专注于现场检查与违规处罚，二者各司其职。二是监管运行机制的概念尚未形成完整体系，制度层面的安排更是亟待完善。行政管理与处罚、现场检查与处罚等权力往往集中于同一部门，导致监管行为的过程控制尚未得到有效建立。

（二）探索成形阶段（1994—1997年）

1995年3月颁布的《中华人民共和国中国人民银行法》，赋予了中国人民银行依法进行金融监管的权力和责任，银行监管运行出现了很多新的变化，更加适应银行市场化经营和发展的需要。1994年，随着《商业银行资产负债比例管理考核（暂行办法）》的正式颁布，中国人民银行非现场监管工作正式拉开帷幕。紧接着，1995年发布的《非现场稽核监督暂行规定》为非现场监管工作提供了更为详尽的指导和规范。这不仅丰富了人民银行的监管职责，还进一步明确了非现场监管作为重要监管工具的地位，使其与原有的行政审批、现场检查等监管手段相辅相成，共同维护金融市场的稳定与健康发展。

这一时期，监管职权根据不同类型的机构特点分布于不同的内设部门，并出现了一些积极的变化，初步形成了机构监管的组织架构。在这一阶段，银行监管手段进一步丰富，非现场监管得到引入，并与现场检查形成有效配合。然而，各相关部门仍独立行使处罚权，且职责加重，"部门执法"现象凸显。尽管制度设计已初步涉及权责分配、激励约束和再监督等方面，但尚未对监管运行机制和绩效产生实质性影响。总体来看，这一阶段的银行监管仍处于探索和初创阶段，需要进一步完善和优化监管机制。

（三）改革调整阶段（1998—2003年）

随着金融环境的持续变化和巴塞尔委员会《有效银行监管核心原则》的指导，银行业监管的重点已经逐步转向以风险监管为核心的系统性监管和依法监管。2000年，《金融机构高级管理人员任职资格管理办法》的正式实施，标志着对银行业金融机构高级管理人员的严格准入监管已成为银行监管的关键环节。进入2001年上半年，为了进一步提高监管效率，依据"坚持改革、合理分工、管监分离、集中监管"的原则，监管机构再次对内部监管机构及其职责进行了优化和调整。特别地，单独设立了银行管理部门，专门负责国有独资商业银行、政策性银行、外资银行、股份制商业银行以及金融资产管理公司和邮政储蓄机构的市场准入与退出管理。同时，针对国有商业银行，还按照被监管行类设立了专门的监管部门，专门负责所在地银行的现场检查与非现场监管工作。对于非银行金融机构、农村合作金融机构和地方中小金融机构的监管，则继续沿用部门负责的体制。这一阶段，银行监管运行机制有三个特点：一是打破了过去法人金融机构由多部门分割监管的旧有格局，确立了一体化的全程监管原则，集中行使对银行业的日常监管职责。二是对主要银行业机构实行职责分离，监管政策制定、行政管理与非现场监管、现场检查等职责分别由不同部门承担。三是因缺乏专门的协调与再监督部门，监管部门间的协作仍显不足，需进一步完善监管体系。

（四）形成完善阶段（2003—2017年）

2003年4月26日，中华人民共和国第十届全国人民代表大会第二次会议通过决议，授权中国银行业监督管理委员会履行原本由中国人民银行履行的监督管理职责。中国银行业监督管理委员会的成立，是深化金融改革、强化金融监管、完善金融市场体系的关键步骤，同时也是我国金融业积极应对加入世界贸易组织挑战的重大举措。这一里程碑式的事件，标志着我国银行业监管工作迈入了新的发展阶段，展现了我国在金融监管领域的决心和行动，为金融市场的健康发展奠定了坚实基础。

中国银行业监督管理委员会成立后，明确提出了四个监管理念、四大监管目标以及六条良好监管标准，在此基础上，先后出台了各种政策措施完善监管治理，不断加强自身管理，提高监管治理有效性，加速银行监管工作与国际接轨的步伐，提高了监管效率和权威性，监管治理得到完善，银行监管工作进入一个新的发展阶段。

（五）改革完善阶段（自2017年至今）

自2017年以来，面对国内外复杂多变的经济金融环境，中国启动了新一轮的金融监管改革，目前新金融监管框架正逐步成型。2017年7月，第五届全国金融工作会议提出了设立国务院金融稳定发展委员会的提议，旨在加强人民银行在宏观审慎管理和系统性风险防范方面的职责；同时，地方政府也被要求根据中央统一的规则，加强对属地金融风险的处置责任。2018年，根据第十三届全国人民代表大会第一次会议审议通过的《国务院机构改革方案》，原银监会和原银保监会的职能进行了整合，成立了中国银行保险监督管理委员会，作为国务院直属的事业单位。这一改革将原银监会和原保监会负责拟定银行业、保险业重要法律法规草案和审慎监管基本制度的职责划归人民银行。

2018年的改革之后，中国的金融监管框架转变为"一委一行两会一局"，即国务院金融稳定发展委员会、中国人民银行、中国银行保险监督管理委员会、中国证券监督管理委员会以及各地金融监管局。中国银行保险监督管理委员会的成立，标志着依法依规对全国银行业和保险业实行统一监督管理的新阶段，其职责包括维护银行业和保险业的合法、稳健运行，防范和化解金融风险，保护金融消费者合法权益，维护金融稳定。

到了 2023 年 5 月 18 日，中国金融监管体系迎来了新的发展阶段，形成了"一行一总局一会一局"的新架构，即中国人民银行、国家金融监督管理总局、中国证券监督管理委员会、国家外汇管理局。国家金融监督管理总局的成立，标志着金融监管体系的进一步完善，它在原银保监会的基础上组建，统一负责除证券业之外的金融业监管，为金融行业的健康发展提供了更加坚实的监管保障。

当前阶段的银行监管运行机制展现出四个显著特点。一是顶层协调的强化。通过设立中央金融委员会，加强了金融监管的顶层设计和协调，同时赋予该委员会在决策议事、统筹协调以及监管问责方面的职能，确保金融政策的一致性和有效性。二是系统性风险防控与宏观审慎管理。人民银行的职责得到加强，以构建更为健全的货币政策和宏观审慎双支柱调控框架。通过完善宏观审慎管理架构和政策工具，实现逆周期调节，并对金融控股公司及系统重要性金融机构进行有效监管，重点防范跨市场、跨行业、跨区域以及跨国境的风险传染。三是金融管理部门间的协调。在中央金融委员会的统筹下，各金融监管机构在坚守各自职责的同时，加强沟通协作，确保政策执行的协同效应。同时，货币政策和信贷政策与财政、产业、就业、区域等经济社会政策紧密配合，形成政策合力。四是中央与地方间的协作配合。通过强化对地方金融发展改革与风险防控的指导、协调和监督，激发中央和地方两级的积极性，实现全国范围内的金融监管和风险防控的统一协调，即形成全国"一盘棋"的金融监管格局。

三、银行业监管的四个层次

（一）银行自我监管

商业银行自我监管通过内部治理、内部控制与内部审计实现。

监管当局通过精准施策，引导商业银行构建责权明晰的内部治理架构，完善并严格执行内控制度。在此基础上，积极推动商业银行建立健全法人治理结构，确保股东大会、董事会、监事会充分发挥对管理层的监督约束作用。同时，设立独立的公司审计委员会，协助董事会工作，进一步强化了公司治理的透明度和规范性。新构建的内部审计体制直接受法人或董事会领导，受审计委员会垂直管理，将极大提升内部审计的效率和权威。这一体制的完善，将极大释放生产力，内审工作将更加活跃和深入，对优化公司治理、完善内部控制具有举足轻重的推动作用。

（二）外部监管

银行业外部监管构成了金融监管体系中的顶层架构，它是由国务院授权成立的国家金融监督管理总局来执行的。该总局肩负着对银行、金融资产管理公司、信托投资公司以及其他存款类金融机构的统一监督管理职责，其核心目标是确保这些金融机构的合法性和稳健性，保障整个银行业的有序和健康发展。

（三）行业自律

银行同业组织的行业自律是其自我管理与约束的重要体现。自律组织对会员的监管通常采取两种方式：一是定期例行检查，包括对会员的财务状况、业务执行及服务质量等的检查。二是对日常业务活动进行实时监管，包括业务指导、会员关系协调，并对违法违规行为进行调查处理。

（四）市场约束

市场约束，也称为市场纪律，是指银行的债权人或所有者，借助银行的信息披露以及律师事务所、会计师事务所等社会中介机构的力量，通过主动监督银行活动，对管理不善或不稳健的银行施加压力，甚至将其逐出市场，以确保银行稳健运营的过程。市场约束机制的核心表现之一就是强化信息披露。

四、中国银行业监管规则

银行业监管规则体系由四个层次构成：首先是法律，为监管提供最高指导原则；其次是行政法规，对法律进行具体化；再次是部门规章，详细规范银行业务与监管操作；最后是规范性文件，作为日常监管的具体指导。

（一）中国银行业监管法律法规

银行业监管法律体系由一系列法律法规构成，其中《中华人民共和国银行业监督管理法》是核心，它明确了银行业监管的目标、原则和职责。《中华人民共和国商业银行法》进一步规定了商业银行在开展业务时应遵守的监管要求，包括接受国务院银行业监督管理机构的监管和中国人民银行的监督检查。同时，《中华人民共和国中国人民银行法》赋予中国人民银行对银行业机构参与金融市场活动的监管权，以及对可能影响金融稳定的机构进行检查监督的权力。

银行业监管的行政法规主要包括《中华人民共和国外资银行管理条例》等，其中规定了外资银行同样需要接受国务院银行业监督管理机构的监管以及来自中国人民银行的监督检查等要求。

（二）中国银行业监管部门规章与规范性文件

目前主要的部门规章与规范性文件以管理办法与管理指引的形式发布。随着法律法规的动态变化，对相关文件"立改废"情况及时调整并向社会公布，不断完善层次清晰、内容完整、体系统一、公开透明的银行业监管法规体系。

第三节　全球银行业监管发展趋势

一、加强审慎监管和系统性风险防范

自 2008 年国际金融危机以来，在全球金融监管改革中，针对系统重要性金融机构的监管是一个重要的内容。为缓解国际金融危机所暴露出来的"大而不倒"问题，降低大型商业银行的道德风险，包括巴塞尔委员会在内的国际组织和各国监管当局对系统重要性金融机构的政策框架进行了完善，主要围绕两个方面展开：一是完善系统重要性金融机构的处置框架，以确保在不破坏金融体系稳定性、使纳税人免受损失的前提下，安全、迅速地处置所有金融机构。二是对系统重要性金融机构进行更严格的审慎监管，要求其具备更高的损失吸收能力（即保持更高的资本充足率水平）。此外，还对其风险管理、治理架构、内部控制以及信息披露提出了更高要求。

巴塞尔银行监管委员会颁布的《巴塞尔协议Ⅲ》在金融监管领域具有划时代意义。它不仅在微观审慎层面深化了资本和流动性的监管标准，更在宏观审慎层面，从时间和跨业两个维度显著加强了对系统性风险的防范。从国际监管改革的视角来审视，宏观审慎监管框架的核心可归纳为三个关键要素：首先，宏观审慎分析，其核心在于对系统性风险的精准识别和全面评估。这一要素旨在及时捕捉金融体系的潜在脆弱性，为政策制定者提供有力依据，以便有针对性地制定和实施相关政策措施。其次，宏观审慎监管工具的设计与应用，这一要素着眼于监管工具的创新与完善。根据关注点的不同，宏观审慎监管工具可细分为时间维度和跨业维度两大类，旨在从多维度、全方位地加强对金融市场的监管和调控。最后，宏观审慎治理机制的构建与完善是金融监管中的关键一环。这一机制的核心在于实现政策间的协调与配合，以有效防范系统性风险。为了达到这一目标，必须加强宏观审慎监管政策与微观审慎监管政策、货币政策、财政政策等其他相关政策的协同。通过这种跨领域的政策整合，可以形成强大的政策合力，共同促进金融市场的稳定与健康发展。

在国际金融危机之后，宏观审慎监管被提升至金融监管的核心地位。在这一框架下，逆周期监管作为实践维度下的关键监管工具，旨在通过特定的机制和工具，

缓解金融市场的顺周期效应，削弱经济周期的波动幅度，从而确保市场的稳定、健康运行。具体而言，银行监管通常运用逆周期监管策略，对以下四个方面进行重点监控和管理：首先，对资本进行逆周期监管，通过调整资本充足率要求，确保银行在经济繁荣时期积累足够的资本缓冲，以应对经济衰退时期的潜在风险。其次，对风险进行逆周期监管，这包括识别和评估潜在的系统性风险，并采取相应的风险管理和控制措施，以防止风险在经济周期的不同阶段过度累积和放大。再次，对机制和政策进行逆周期监管，这涉及对金融市场机制、监管政策和货币政策等的全面审视和调整，以确保这些政策和机制在经济周期的各个阶段都能发挥有效的调控作用。最后，对杠杆类产品进行监督，这是逆周期监管中不可或缺的一环。通过加强对杠杆类产品的监管，可以有效控制市场中的过度杠杆化现象，防止其引发系统性风险。

（一）美国

在国际金融危机后，美国政府颁布了一系列法规以加强金融监管，包括《现代化金融监管架构蓝图》《金融监管改革——新基础 重建金融监管》等。经过多次讨论修改，美国参众两院最终达成一致，并在2010年6月通过《多德－弗兰克华尔街改革与消费者保护法案》（以下简称《多德－弗兰克法案》）。《多德－弗兰克法案》确立了美国金融监管体制改革的方向。

《多德－弗兰克法案》的立法宗旨是完善美国金融系统的问责制并提高其透明度，结束"大而不倒"的现象，避免消费者落入潜在的金融服务陷阱等。其主要内容包括对监管机构的重新构建，提高了宏观审慎监管的标准，旨在解决"大而不倒"的金融机构问题，加强了对金融衍生工具、信用评级机构以及对冲基金的监管。这些改革措施显著增强了大型金融机构的抗压能力，使美国金融体系运行更为稳健。然而，由于《多德－弗兰克法案》赋予了美联储过多的权力，以及实现改革目标所需的时间较长且配套规定众多，该法案在美国国内仍引发了较大的争议。这些争议主要围绕权力分配、政策执行效率以及监管成本等方面展开，体现了在追求金融稳定与平衡各方利益之间的复杂挑战。

（二）英国

在 2008 年后，随着新一届政府上台，英国的监管改革方案发生了根本性逆转。2011 年 6 月，英国政府发布了包括《〈2012 年金融服务法〉草案》在内的《金融监管新办法：改革蓝图》白皮书，全面阐述政府监管改革设想。该草案在 2012 年年底获批，新的监管体制于 2013 年 4 月开始运作。新的体制取消了金融服务管理局、并将其职能交给英格兰银行下的三家机构，分别为金融政策委员会（Financial Policy Committee，FPC）、审慎监管局（Prudential Regulation Authority，PRA）和金融行为监管局（Financial Conduct Authority，FCA）。

英国的金融监管模式较为独特，既非传统的单一监管，也非基于机构或功能的多头监管，而是倾向于"双峰"模式，即根据审慎监管和消费者保护目标设立相应的监管机构和权限。然而，在审慎监管局和金融行为监管局之上，由英格兰银行担任总体监管者，统揽全局。此外，英国财政部还保留了最终否决权。因此，目前英国的这一监管模式被称为"准双峰"模式。

（三）欧盟

欧盟金融监管体制改革的下一个目标是建立欧元区统一银行监管机制。2013 年 10 月 15 日，欧盟财长会议通过了建立银行业单一监管机制的决议。欧元区银行业单一监管机制于 2013 年 11 月 4 日正式启动。自当日起，欧洲央行将全面承担起欧元区银行业的监管职能，直接监管欧元区最大的约 130 家银行，并对全体 6400 多家银行承担最终责任。欧元区以外的其他欧盟成员可以自愿加入统一银行业监管机制。从组织框架上看，统一银行业监管机制由欧洲中央银行、欧洲银行监管局及欧元区各国监管当局构成。其中，欧洲中央银行居核心地位，集货币政策制定与金融监管职能于一身。展望未来，欧盟金融监管体制改革将凸显监管当局的重要性，宏观审慎监管的导向将更为明确，监管一体化亦将不断深化。

二、国际反洗钱联合监管

经过国际社会多年努力，反洗钱法律机制不断完善，逐渐发展成包括国际法和国内法、刑法和金融法、实体法和程序法、反洗钱技术培训在内的综合法律体系，特别是在全球经济金融一体化的大背景下，各国金融市场彼此关联且相互影响，越来越多国家参加了国际反洗钱联合监管，反洗钱的国际合作还将进一步加强。

近年来，我国的反洗钱国际合作也在不断深化。2019年7月，我国正式担任反洗钱金融行动特别工作组主席国；此前，我国已先后担任亚太反洗钱组织联合主席、欧亚反洗钱和反恐怖融资组织主席。与此同时，我国还先后派员参与对俄罗斯、韩国、丹麦、巴基斯坦等10个国家的反洗钱国际评估工作，成为国际反洗钱组织的重要力量。在双边合作中，我国与阿根廷、俄罗斯、澳大利亚等多个国家和地区建立了反洗钱监管合作机制。2024年1月，我国与61个国家和地区签署了金融情报交流合作备忘录，使我国的反洗钱国际合作范围不断扩大。

三、数字化监管

（一）央行数字货币

全球主要经济体正积极投入央行数字货币的研究中。2021年10月，七国集团（G7）的财长和央行行长们就央行数字货币达成了一致，确定了共同的指导原则。其中，他们特别强调了在数字货币发行过程中对用户隐私保护的重视和监管问题的关注。G7在公布的"原则"中明确指出，央行数字货币在发挥其流动性等功能的同时，应被视为主权货币的一种补充形式。这一原则在肯定其创新价值的同时，也为其设定了明确的使用规则和局限，确保在利用加密技术保障安全性的同时，不损害金融体系的稳定性和安全性。与此同时，欧盟的监管机构也公布了一项为期三年的战略方针，其中明确表达了将数字货币纳入法律框架的意愿。这一战略方针的公布，标志着欧洲在数字货币监管领域迈出了实质性的步伐，为数字货币的健康发展提供了有力的法律保障。

（二）明确监管框架

日本和新加坡政府明确了监管数字货币交易和服务的法律框架。日本包含虚拟货币相关规定的修订版《资金结算法》于2020年5月开始生效，加密保管服务提供商和加密衍生品业务现在分别受到《支付服务法案》《金融工具和交易法》和《资金结算法》的监管。新加坡的《支付服务法案》于 2020 年 1 月生效，新的《支付服务法案》是首个针对企业从事代币交易等活动的综合性监管规定。

（三）鼓励区块链技术应用

从全球范围内审视主要国家和地区对区块链行业的监管策略，可以观察到几个趋势。从监管主体层面来看，参与监管的机构日趋多元化，不仅涵盖了国内机构，还有跨国机构共同参与，形成了多维度的监管网络。在监管工具方面，众多国家已经明确了加密货币、虚拟货币、数字货币的法律地位，通过将其纳入现有的法律框架或制定专门的法律进行监管，以确保这些新型货币形式的合法性和规范性。监管对象也呈现出广泛性，涵盖了从企业到个人在内的各类市场参与者，确保了整个区块链行业生态的合规性。这些日益明晰的监管规则不仅有助于规范区块链行业的健康发展，而且能够引导其向合法、合规的方向持续迈进，为行业的长远稳定奠定了坚实的基础。

四、金融监管国际合作

金融监管国际合作，作为金融开放与全球一体化的必然产物，其核心在于不同国际金融监管部门之间的有效沟通、协调统一的标准（规则）和行动。这一合作旨在消除监管竞争和监管套利现象，进而确保国际金融体系的稳定与有序运行。金融监管国际合作的内容丰富多样，涵盖了金融管辖权的明确与协调、国际监管标准的确立与统一、监管信息的交流与共享，以及监管方法的支持与援助等多个方面。这些内容共同构成了一个全面的国际合作框架，为各国在金融领域的协同发展提供了有力支持。随着经济全球化的深入发展，各国对加强金融监管国际协调和合作的认识不断加深。这种认识的提高促使各国积极寻求更加紧密的监管合作，以应对全球金融市场的挑战。同时，金融监管国际协作和合作的机制也逐渐健全，为各国之间的监管合作提供了更加有效的制度保障。在全球化的大背景下，金融监管法制也呈现出趋同化和国际化的发展趋势。各国金融监管机构在监管标准、监管方法和监管手段等方面逐渐趋于一致，这种趋同化为国际金融监管合作提供了更加坚实的基础。同时，金融监管的国际化发展也促使各国在监管领域展开更加广泛的合作与交流，共同维护国际金融市场的稳定与繁荣。

案例分析

存款保险制度

存款保险制度源于 20 世纪 30 年代的美国，当时股市的崩溃触发了银行倒闭的连锁反应。为了应对这一危机，1933 年美国通过《紧急银行法》和《格拉斯－斯蒂格尔法案》，成立了联邦存款保险公司，标志着存款保险制度的正式确立。该制度不仅恢复了公众对银行体系的信心，也有效控制了银行挤兑的现象。

20 世纪 70 年代，面对金融市场的波动，许多西方国家也开始引入存款保险制度，以此增强金融系统的稳定性。全球的存款保险机构主要分为三种：第一种是由政府直接设立的官方机构；第二种是政府与银行业共同建立的合作机构；第三种是在政府支持下由银行业自发形成的机构。

中国的存款保险制度探索始于 1985 年，当时中国人民银行在一份研究提纲中首次提出了建立存款保险制度的初步设想。1993 年，《国务院关于金融体制改革的决定》中明确提出了设立存款保险制度的建议，为中国金融体系的改革和发展指明了方向。经过二十多年的深入研究和周密准备，2004 年，中国人民银行成立了专门负责存款保险制度实施的部门。

2014 年，《存款保险条例（征求意见稿）》的发布，标志着制度正式出台的准备工作进入了关键阶段。2015 年 2 月 17 日，《存款保险条例》正式颁布，并宣布自 2015 年 5 月 1 日起实施，中国成为全球第 114 个实行存款保险制度的国家。这一制度的确立，不仅为存款人提供了更为坚实的资金安全保障，也为中国金融市场的稳定和健康发展提供了重要支撑。

在我国，根据《存款保险条例》的规定，存款保险实行限额偿付，最高偿付限额为人民币 50 万元。这主要是考虑到我国居民储蓄倾向较高，而且储蓄很大程度上承担着医疗、教育等方面的社会保障功能，所以国家在确定偿付限额时，设计了一个比较高的偿付限额。这一水平大概是我国当时人均 GDP 的 12 倍，高于国际水平。根据测算，50 万元偿付限额能够为 99.63% 的存款人全额保护。

此外，存款保险制度在实际运用中展现出了其重要性，特别是在包商银行事件中，有效地保护了存款人的利益并稳定了金融体系。该事件中，由于大股东"明天系"的违规行为，包商银行面临了逾 1500 亿元的资金占用，导致严重的资不抵债和信用风险。2019 年 5 月 4 日，中国人民银行和中国银行保险监督管理委员会联合接管了包商银行，并展开了为期一年多的风险处置工作。

根据《2020 年第二季度中国货币政策执行报告》中披露的内容，个人存款和绝大多数机构债权得到了存款保险基金和中国人民银行的先行全额保障。在推进包商银行的改革重组过程中，监管机构采取了新设银行收购承接的策略。2020 年 4 月 30 日，蒙商银行正式成立并开始运营。同日，包商银行接管组发布了相关业务、资产及负债转让的公告，将这些转让至蒙商银行和徽商银行。

存款保险基金依据《存款保险条例》第十八条，为蒙商银行和徽商银行提供了资金支持，并分担了原包商银行的资产减值损失。这一举措促进了蒙商银行和徽商银行对相关业务的顺利收购和承接，确保了业务的平稳过渡和持续运营。

分析该案例所蕴含的思政元素：

银行倒闭最直接的影响就是储户的存款无法提取，储户利益遭受损失，会迅速引发储户恐慌，从而导致风险传染，形成连锁反应，引起更多银行挤兑现象，即使经营正常的银行也无法幸免，甚至可能导致整个金融系统的崩溃，进而影响整个国家的经济运行。我们常说，如果把国家看成一个健康的成年人，那么经济就是肌体，金融就是血液，资金就是红细胞，银行倒闭导致社会资金紧张、金融市场运转失效，红细胞和血液出现问题，就会导致肌体贫血或失血过多而死亡。

通过该案例，引导学生认识银行稳健经营的重要性，银行经营原则以安全性为基础和前提，流动性是银行经营的条件和手段，在保证安全性的基础上，通过流动性管理来获得盈利性。因此银行倒闭是一个非常严重的系统性风险问题，政府会采取相关行动来防止其发生，建立存款保险制度就势在必行。

存款保险制度的确立对维护存款人利益、增强公众对银行体系信任具有重要意义。它旨在将存款人的潜在损失降至最低，确保存款的安全性。该制度不仅是一种事后补救措施,其存在本身就向公众传递了积极的信号,有助于减少金融风险的传播和缓解银行挤兑的压力。

此外,通过强制执行存款保险制度,可以促进银行业的公平竞争环境,有助于打破大型银行的市场垄断,支持中小型银行的健康成长。存款保险制度使公众明白,无论存款在大型银行还是中小型银行,其存款都享有同等的保障。这种认知转变鼓励银行业将竞争焦点从规模转向服务质量和创新能力,从而推动整个行业的持续进步和客户服务的提升。

因此,该案例所蕴含的思政元素是"客户利益至上""安全意识""风险意识""责任意识"。

本章小结

商业银行在吸引公众储蓄方面扮演着关键角色，尤其是个人和家庭存款，这些存款通常具有较短的期限和较高的流动性。商业银行的稳定对经济和社会的稳定至关重要。一旦银行倒闭，存款人可能面临资金损失，引发严重的经济和社会后果。因此，政府有责任对银行业进行监管，以保护公众利益和防范风险。中央银行作为货币政策的制定者，必须密切关注商业银行，确保其稳健运行，因为它们是货币政策传导的核心。

为避免商业银行在授信过程中的歧视行为，确保普惠金融的实现，政府的监管至关重要。在我国，金融业实行分业经营，商业银行的业务范围受到法律和政策的规定，可以开展存贷款业务、结算业务、票据承兑与贴现业务、发行金融债券等，但不得从事信托投资和股票业务，不得投资于非自用不动产，也不得向非银行金融机构和企业投资。

美国联邦储备委员会的《统一鉴别法》建立了一套评价商业银行的标准，即"骆驼法则"，从资本充足、资产质量、管理能力、收益状况和流动性五个方面综合评估银行的经营状况。

中国的银行业监管框架由中央银行的最后贷款人制度、金融监管机构的审慎监管和存款保险制度构成，这三大支柱共同构成了金融安全网。

全球银行业监管的发展趋势指向加强宏观审慎监管和系统性风险防范、国际反洗钱监管合作、数字化监管手段的应用，以及金融监管的国际合作，以适应金融市场的全球化和数字化挑战。

第十章 练习题

一、思考题

1. 政府对银行业进行监管的目的是什么？
2. 如何平衡政府对银行业的监管与银行业自主经营的关系？
3. 在数字化时代，政府对银行业的监管面临哪些新的挑战和机遇？

参考文献

[1] 财富重庆．招行首创"投融资一体化"服务 打造家庭资产解决方案 [EB/OL]．（2018-09-14）．https://www.sohu.com/a/253887369_100130203.

[2] 戴国强．商业银行经营学（第 6 版）[M]．北京：高等教育出版社，2022.

[3] 韩宗英．商业银行经营管理 [M]．北京：人民邮电出版社，2017.

[4] 和讯．硅谷银行：一个风险管理缺位的经典案例 [EB/OL]．（2023-05-29）．https://stock.hexun.com/2023-05-29/208754467.html.

[5] 和讯．南京爱立信倒戈投奔花旗 此举震惊南京银行业 [EB/OL]．（2002-03-26）．https://finance.sina.com.cn/b/20020326/185350.html.

[6] 零号轻烟．巴林银行的悲剧，因为一个叫尼克里森的交易员，他到底做了什么？[EB/OL]．（2023-09-28）．https://baijiahao.baidu.com/s?id=1778275001645612213&wfr=spider&for=pc.

[7] 刘链．房贷新政考验银行资产调整能力 [EB/OL]．（2021-01-11）．http://mp.cnfol.com/26051/article/1610380342-139618834.html.

[8] 米什金．货币金融学（第 11 版）[M]．北京：中国人民大学出版社，2016.

[9] 澎湃新闻．业内专家谈新金融与旧金融之争：理解监管规则，创新者的常识 [EB/OL]．（2020-11-02）．https://m.thepaper.cn/baijiahao_9812075.

[10] 王红梅．商业银行经营管理（第 3 版）[M]．北京：中国人民大学出版社，2019.

[11] 翁舟杰．货币金融学课程思政案例集 [M]．成都：西南财经大学出版社，2021.

[12] 吴睿鸫．评论：教育储蓄为何变成食之无味的"鸡肋"[EB/OL]．（2006-09-01）．https://news.sina.com.cn/o/2006-09-01/00019903416s.shtml.

[13] 央广网．数字人民币为经济添活力 [EB/OL]．（2022-02-23）．https://baijiahao.baidu.com/s?id=1725547333193456670&wfr=spider&for=pc.

[14] 中国青年网．中国存款保险全额保障99%以上存款人 [EB/OL]．（2023-03-16）．https://baijiahao.baidu.com/s?id=1760484236851874286&wfr=spider&for=pc.

[15] 中国银行业协会银行业专业人员职业资格考试办公室．银行业法律法规与综合能力 [M]．北京：中国金融出版社，2021.

[16] 庄毓敏．商业银行业务与经营（第 6 版）[M]．北京：中国人民大学出版社，2022.

更多线上资源参见：https://coursehome.zhihuishu.com/courseHome/1000082384#teachTeam.